知的障害教育の「教科別の指導」と「合わせた指導」

新学習指導要領を踏まえた
19の学習指導案

監修・編著 三浦 光哉
編著 岩松 雅文・川村 修弘

はじめに

　2017（平成29）年・2019（平成31）年に特別支援学校の学習指導要領が改訂され，小学部は2020（令和2）年度，中学部は2021（令和3）年度から完全実施されています。2022（令和4）年度からは高等部が完全実施となります。今回の学習指導要領においては，特に，小・中学校に準じた改善を図ることとして，育成を目指す資質・能力の明確化，「主体的・対話的で深い学び」の実現に向けた授業改善の推進，各学校におけるカリキュラム・マネジメントの推進などが示されました。また，障害のある児童生徒の学びの場の柔軟な選択を踏まえ，小・中・高等学校の教育課程の連続性を重視することも強く求められています。学びの連続性を重視するために，特別支援学校の小・中・高等部の各段階には，目標と内容が設定され，中学部は1段階から2段階となりました。その他，自立活動の指導を充実することや，自立と社会参加に向けた教育の充実も示されています。このようなことを端的に換言すれば，今後の特別支援教育は，「教育課程の編成の在り方と授業づくりの改善」ということでしょうか。

　さて，これまで知的障害教育における教育課程の編成については，国語や算数などの各教科の指導を中心とした「系統的な教科指導」（以下，"教科別の指導"）と，各教科や領域を合わせた生活単元学習や作業学習といった生活や経験を中心とした「生活経験主義の指導」（以下，"合わせた指導"）とに二分され，様々な論議がなされてきました。その要因は，これまでの学習指導要領において，一貫して教科等（小学部では，生活，国語，算数，音楽，図画工作及び体育，道徳，特別活動並びに自立活動）を中心として示されているのに対して，実際の指導では，日常生活の指導，遊びの指導，生活単元学習，作業学習といった"合わせた指導"を教育課程の中核に据えてきた経緯があるからでしょう。この"合わせた指導"は，学習指導要領解説の中に僅か6ページしか割かれていないことも指導の困難さに拍車をかけているようです。また，近年，知的障害児に対する学力保障と教科指導の重要性が言及されていることもあり，なお一層，知的障害児に対しての教育課程の編成や授業づくりの難しさを感じています。

　今回，学習指導要領が改訂されたことにより，その基本方針からも教科の指導がますます重要であることがうかがえます。折しも，筆者が学校運営アドバイザーとして関わっている名古屋市立特別支援学校では，名古屋市教育委員会の主導の下，2020（令和2）年度より，"合わせた指導"から"教科別の指導"へと教育課程の中核を転換したところです。また，全国の知的障害特別支援学校の動向を見てみると，山形県や沖縄県のいくつかの特別支援学校など，少なからず"教科別の指導"の重視へと教育課程の重心を変更している学校もあります。

その一方で，従来からの"合わせた指導"を継続している学校も多く見受けられます。しかしながら，学習指導要領において教科学習の重要性が指摘されたこともあり，"合わせた指導"においては，これまでの内容・方法，あるいは授業計画である「学習指導案」において，児童生徒の資質・能力の3本柱（「知識及び技能」「思考力，判断力，表現力等」「学びに向かう力，人間性等」）を育成するために，アクティブ・ラーニング（主体的・対話的で深い学び）による授業改善を行う必要性があると考えます。

　このようなことから，知的障害教育における今後の教育の在り方を探るための指南書を企画しました。まず，第1章では，特別支援学校（養護学校）学習指導要領の変遷と知的障害教育の内容・方法，新しく改訂された学習指導要領の要点について示します。そして，第2章では，これまで教育課程の中核として実際に取り組まれてきた"合わせた指導"の誕生と経緯，その効果と課題及び今後の展開について述べます。その上で第3章では，"合わせた指導"から"教科別の指導"へと教育課程の中核を転換する場合，どのような手順で行えばよいか，また，その際に教育委員会・管理職・教務主任・研究主任・学部主任などの主導者や関係者はどのように支援したり教育体制を整えたりすればよいかについて解説します。第4章では，教育課程に示されている"教科別の指導"や"合わせた指導"の学習指導案と授業づくりについて，全国の同志が例示を紹介します。さらに，児童生徒の障害の改善・克服に重要な授業である「自立活動」については，第5章において"本人参画型"としての計画作成と実践の在り方について学習指導案を提案しながら紹介します。

　このような本書を通読していただき，皆様からの忌憚のないご意見を承りたいと存じます。末筆になりましたが，本書の出版を快く引き受けてくださいましたジアース教育新社の加藤勝博社長，編集担当の市川千秋様には，衷心より感謝申し上げます。

2021（令和3）年10月29日

三浦　光哉

■ 目 次

はじめに

第 1 部 　理論編

第 1 章 　学習指導要領と知的障害教育

第 2 章 　知的障害教育の"合わせた指導"

第 3 章 　"合わせた指導"から"教科別の指導"への転換

第1部　理論編

第1章

学習指導要領と知的障害教育

1.　学習指導要領の制定にあたって

　知的障害児を対象とした戦後最初の学習指導要領は，1963（昭和 38）年 2 月 27 日に公示された文部事務次官通達の『養護学校小学部・中学部学習指導要領　精神薄弱教育編』です。この学習指導要領が公示されるまでには，紆余曲折があったようです。その当時の知的障害教育の教育課程は各学校で独自編成していて，文部省の研究指定を受けていた東京都品川区立中延小学校・浜川中学校が，「道徳的」「情操的」「知識的」「技術的」「身体的」といった 5 領域案を発表しました。これを受けて，文部省は，『昭和 34 年度精神薄弱教育指導者講座』において，「生活」「情操」「生産」「健康」「言語」「数量」といった 6 領域案を示していました。しかし，1960（昭和 35）年 4 月に『特殊教育調査研究会養護学校および特殊学級部会精神薄弱小委員会』が設置されると，その委員会の中では，"6 領域案" か "教科案" かで意見が分かれました。結局，小学校と中学校の学習指導要領と同様に，最初となる学習指導要領では，「教科，道徳，特別教育活動，学校行事」の内容に決まりました。

　このような経緯から，知的障害教育の学習指導要領は，当初から現在に至るまで一貫して，"教科別の指導" が示されています。

2.　知的障害児を対象とした教育課程の基本構造の変遷

　小・中学部の知的障害児を対象とした学習指導要領は，1963（昭和 38）年 2 月 27 日に最初の『養護学校小学部・中学部学習指導要領　精神薄弱教育編』【昭和 37 年度版】が公示されて以来，1971（昭和 46）年 3 月 13 日告示【昭和 45 年度版】，1979（昭和 54）年 7 月 2 日告示【昭和 54 年度版】，1989（平成 2）年 10 月 24 日告示【平成元年度版】，1999（平成 11）年 3 月 29 日告示【平成 10 年度版】，2009（平成 21）年 3 月 9 日告示【平成 20 年度版】，2017（平成 29）年 4 月 30 日告示【平成 29 年度版＝現行】と 6 回改訂されてきました。これらの学習指導要領の中で，教育課程の基本構造（各教科や領域等）は，表 1 − 1 に示した変遷をたどってきました。

　各教科は，昭和 45 年度版から小学部で 6 教科，中学部で 8 教科と継続されていましたが，現行の平成 29 年度版から「道徳」が領域から特別の教科に移行されました。また，中学部では，平成 10 年度版から「外国語科」が特に必要な場合に実施することができると示されました。領域では，昭和 45 年度版から新設された「養護・訓練」が，平成

10年度版から「自立活動」へと名称変更されました。その他，平成10年度版から「総合的な学習の時間」が新設されました。ただし，実施するのは中学部以降となっています。

　一方，"合わせた指導"については，学習指導要領ではなく，学習指導要領解説に示されています。昭和42年5月の学習指導要領解説では，領域・教科を合わせた指導の形態として，「生活単元学習」「作業を中心とした学習」「日常の生活指導」の3つが例示されました。また，昭和49年10月の同解説では，「生活単元学習」「作業学習」「日常生活の指導」と名称変更しました。さらに，平成3年3月の同解説からは，それら3つに「遊びの指導」が加わり，4つの例示として現行に至っています。

　このように学習指導要領や同解説の変遷をたどってみると，昭和45年度版で教育課程の枠組みが確立されて，その後，若干の新設や名称変更があるものの，その枠組みが現行まで脈々と受け継がれていることが分かります。

表1−1　知的障害を対象とする学習指導要領（小・中学部）の教育課程の基本構造

学習指導要領	昭和37年度版 (昭和38年2月27日)	昭和45年度版 (昭和46年3月13日)	昭和54年度版 (昭和54年7月2日)	平成元年度版 (平成元年10月24日)	平成10年度版 (平成11年3月29日)	平成20年度版 (平成21年3月9日)	平成29年度版 (平成29年4月30日)
各教科 （小学部）	国語 社会 算数 理科 音楽 図画工作 家庭 体育	生活 国語 算数 音楽 図画工作 体育	生活 国語 算数 音楽 図画工作 体育	生活 国語 算数 音楽 図画工作 体育	生活 国語 算数 音楽 図画工作 体育	生活 国語 算数 音楽 図画工作 体育	生活 国語 算数 音楽 図画工作 体育 ＊道徳
領域等 （小学部）	道徳 特別教育活動 学校行事等	道徳 特別活動 養護・訓練	道徳 特別活動 養護・訓練	道徳 特別活動 養護・訓練	道徳 特別活動 自立活動	道徳 特別活動 自立活動	特別活動 自立活動
各教科 （中学部）	国語 社会 数学 理科 音楽 図画工作 保健体育 職業・家庭	国語 社会 数学 理科 音楽 美術 保健体育 職業・家庭	国語 社会 数学 理科 音楽 美術 保健体育 職業・家庭	国語 社会 数学 理科 音楽 美術 保健体育 職業・家庭	国語 社会 数学 理科 音楽 美術 保健体育 職業・家庭 （外国語）	国語 社会 数学 理科 音楽 美術 保健体育 職業・家庭 （外国語）	国語 社会 数学 理科 音楽 美術 保健体育 職業・家庭 （外国語）
領域等 （中学部）	道徳 特別教育活動 学校行事等	道徳 特別活動 養護・訓練	道徳 特別活動 養護・訓練	道徳 特別活動 養護・訓練	道徳 特別活動 自立活動 総合的な学習の時間	道徳 特別活動 自立活動 総合的な学習の時間	特別活動 自立活動 総合的な学習の時間
学習指導要領解説	昭和42年5月	昭和49年10月	昭和58年3月	平成3年3月	平成12年3月	平成21年6月	平成30年3月
合わせた指導 （小・中共通）	日常生活の指導 生活単元学習 作業を中心とした学習	日常生活の指導 生活単元学習 作業学習	日常生活の指導 生活単元学習 作業学習	日常生活の指導 遊びの指導 生活単元学習 作業学習	日常生活の指導 遊びの指導 生活単元学習 作業学習	日常生活の指導 遊びの指導 生活単元学習 作業学習	日常生活の指導 遊びの指導 生活単元学習 作業学習

注1："合わせた指導"の形態は，学習指導要領解説に示されています。
注2：中学部の外国語科は，必要に応じて設けることができます。
注3：平成29年度版の道徳は，「特別の教科」になります。

1. 新学習指導要領の要点

　2017（平成29）年4月30日に告示された『特別支援学校幼稚部教育要領小学部・中学部学習指導要領』及び2018（平成31）年2月4日に告示された『特別支援学校高等部学習指導要領』（「新学習指導要領」と称す）では，その改訂の基本的な考え方として，①幼稚園，小学校，中学校及び高等学校の教育課程の改善に準じた改善，②障害の重度・重複化，多様化に対応し，一人一人に応じた指導を一層充実，③自立と社会参加を推進するため，職業教育等を充実，の3つを掲げています。そして，主な改善事項として，表1-2の4点が示されています。

表1-2　新学習指導要領の主な改善事項

障害の重度・重複化，多様化への対応	○障害の重度・重複化，発達障害を含む多様な障害に応じた指導を充実するため，「自立活動」の指導内容として，「障害の特性の理解と生活環境の調整」などを規定 ○重複障害者の指導に当たっては，教師間の協力した指導や外部の専門家を活用するなどして，学習効果を高めるようにすることを規定
一人一人に応じた指導の充実	○一人一人の実態に応じた指導を充実するため，すべての幼児児童生徒に「個別の指導計画」を作成することを義務付け ○学校，医療，福祉，労働等の関係機関が連携し，一人一人のニーズに応じた支援を行うため，すべての幼児児童生徒に「個別の教育支援計画」を作成することを義務付け
自立と社会参加に向けた職業教育の充実	○特別支援学校（知的障害）における職業教育を充実するため，高等部の専門教科として「福祉」を新設 ○地域や産業界と連携し，職業教育や進路指導の充実を図ることを規定
交流及び共同学習の推進	○障害のある子供と障害のない子供との交流及び共同学習を計画的・組織的に行うことを規定

　そこで，新学習指導要領の要点について，以下の8点に絞って説明します。
　（1）「生きる力」の育成
　「生きる力」の目標を継続し，その理念の具体化や資質・能力と教育課程とのつながりを明確にして確実に育むことが求められています。
　（2）新学習指導要領の方向性の明示
　「社会に開かれた教育課程」の実現，育成を目指す資質・能力，主体的・対話的で深い学

びの実現に向けた授業改善，各学校におけるカリキュラム・マネジメントの確立など改善・充実の方向性が示されています。

(3)「社会に開かれた教育課程」を明確化

「よりよい学校教育を通して，よりよい社会を創る」という理念を学校と社会が共有し，両者が連携・協働して，これからの時代に目指すべき教育を実現していくことが求められています。

(4) 教育課程編成の視点を設定

学習指導要領が学校や家庭，地域の関係者が幅広く共有し，活用できる「学びの地図」としての役割を果たすことができるよう，表1-3の6点について内容を充実・改善します。

表1-3　教育課程編成の6つの視点

①何ができるようになるか	・育成を目指す資質・能力（「知識及び技能」「思考力，判断力，表現力等」「学びに向かう力，人間性等」の三つの柱）
② 何を学ぶか	・教科等を学ぶ意義と教科等間・学校段階間のつながりを踏まえた教育課程の編成
③どのように学ぶか	・各教科等の指導計画の作成と実施，学習・指導の改善・充実（「主体的・対話的で深い学び」の視点に基づく授業改善，各教科等の「見方・考え方」を働かせる）
④子供一人一人の発達をどのように支援するか	・子供の発達を踏まえた指導
⑤何が身に付いたか	・学習評価の充実（「知識・技能」「思考・判断・表現」「主体的に学習に取り組む態度」の3観点）
⑥実施するために何が必要か	・学習指導要領の理念を実現するために必要な方策

(5) 観点別評価と授業評価

学習評価は，これまでの「関心・意欲・態度」「思考・判断・表現」「技能」「知識・理解」の4観点から「知識・技能」「思考・判断・表現」「主体的に学習に取り組む態度」の3観点で示します。そして，各教科の目標に準拠した評価の観点による学習評価を基に授業評価や指導評価を行い，教育課程の改善・充実に活かすことのできるPDCAサイクル（計画（Plan）－実施（Do）－評価（Check）－改善（Action））を確立していきます。

(6) 学びの連続性，教科別の目標・内容の連続性

育成を目指す資質・能力の三つの柱に基づいて，各教科等の目標や内容が構造的に示され，小学校及び中学校の各教科等の目標や内容等との連続性や関連性が整理されました。また，各段階における育成を目指す資質・能力を明確にするために，段階ごとの目標が新設されました。さらに，各段階間の円滑な接続を図るために，各段階の内容のつながりを整理し，段階間で系統性のある内容が設定され，小学部，中学部及び高等部の

内容のつながりを充実させるために，中学部が「1段階」から「2段階」に設定されました。

　(7)　個別の教育支援計画と個別の指導計画の義務化

　通級による指導及び特別支援学級に在籍する児童生徒には，「個別の教育支援計画」と「個別の指導計画」の作成が義務化されました。

　(8)　各教科等における障害に応じた指導上の工夫

　全ての教科等において，一人一人の教育的ニーズに応じたきめ細かな指導や支援ができるよう，障害種別の指導の工夫のみならず，各教科等の学びの過程において考えられる困難さに対する指導上の工夫の意図，手立ての例を具体的に示しています。

2.　学習指導要領改訂の趣旨と知的障害教育

　新学習指導要領では，小学校，中学校，高等学校と同様の考え方で教育の方向性が示されました。改訂の経緯を要約すると，子供一人一人が持続可能な社会の担い手として，その多様性を原動力として，質的な豊かさを伴った個人と社会の成長につながる新たな価値を生み出していくことが期待されています。学校教育では，子供たちが様々な変化に積極的に向き合い，他者と協働して課題を解決していくことや，様々な情報を見極め，知識の概念的な理解を実現し情報を再構成するなどして新たな価値につなげていくこと，複雑な状況変化の中で目的を再構築できるようにすることが求められています。

　こうした状況を踏まえて，障害のある子供たちには，将来の自立と社会参加を見据え，その教育的ニーズに最も的確に応える指導を提供していかなければなりません。そのためには，育成すべき資質・能力をしっかりと身に付けることができる教育課程の基準の改善を図っていくことが重要となります。

　知的障害のある子供は，その特性から記憶，推理，判断などの知的機能の発達に遅れが見られ，社会生活などへの適応が難しい状態にあります。そのような子供が社会の中で生き抜くための「生きる力」を身に付け，一人一人が社会の構成員として活躍できるように育成していく新たな教育が望まれています。

教育課程の編成と教育委員会の主導・支援

ゆでガエル理論

　ゆでガエル理論という言葉を聞いたことがありますか。

　「カエルをいきなり熱湯に入れると驚いて逃げ出す。常温の水に入れ，徐々に水温を上げると逃げ出すタイミングを失い，ゆで上がってしまう。」

　この言葉は，ゆっくりと進む変化や危機に対応する難しさ，大切さを説くときに用います。長らく伝統的に"合わせた指導"を行ってきた学校・学級では，ゆでガエル理論で言うところの「ゆっくりと進む変化や危機」に気付いていない，まさに，ゆでガエル状態の危険性があるかもしれませんね。

　予測困難な時代に入り，育成を目指す資質・能力が示された今後は，この状態を打開するために抜本的に教育課程を見直す必要があると言えましょう。とはいえ，学校や教員の自助努力だけで抜本的な見直しを行うのは，かなり難しいと思います。実際，そのような声を学校現場から多く聞きました。したがって，だからこそ，時には，教育委員会主導で教育課程の編成を行うことも必要なのではないでしょうか。

悪戦苦闘！

　"合わせた指導"から"教科別の指導"へと教育課程の中核を転換することは，学校にとって，コペルニクス的転回の状況と言えます。この状況は，筆者に，「総合的な学習の時間」が新設された時のことを思い起こさせてくれました。当時，筆者は小学校に勤務し，「総合的な学習の時間」の教育課程編成の中心的な役割を任されていました。教科書がないだけに，単元，目標，評価規準，系統性など，全てを新しく創り出さなければならず，それを検討する作業が求められました。

　悪戦苦闘！この言葉が，当時の状況を言い表しています。しかし，悪戦苦闘した分，「総合的な学習の時間」についての理解を深めることができたように思います。

　"教科別の指導"への転換にあたり，教員が学習指導要領及び同解説や教科書を読み込み，これまでの授業を再構築しようとする姿が多く見受けられます。この機会が，各教科の深い理解に結び付くことを期待しています。

長期的な視野に立って

　相撲界には，3年先の稽古という言葉があります。これは，「力士の実力は，すぐに身に付くものではない。先を見据えてじっくり体をつくれ。」という教えです。"教科別の指導"への転換の取り組みも，この教えのように目先の結果にとらわれず，長期的な視野に立って取り組む必要があります。

　そこで，新しい教育課程を基に，こつこつと地道に授業実践を行うことが大切だと思います。実践の積み重ねによりブラッシュアップされた教育課程が，学校の財産として伝統的に活用されるようになることを願っています。

1．学力とは

　これまで，小学校及び中学校では，学力について「学力低下」あるいは「学力向上」という言葉で，数多くの議論がなされてきた経緯があります。しかしながら，知的障害特別支援学級及び知的障害特別支援学校の児童生徒（以下，知的障害児）の学力については，これまであまり議論される機会がなかったのではないでしょうか。そのため，「知的障害と学力」についての関係性や在り方を考える機会がほとんどなく，知的障害児にとっての学力は，関係性の薄いものとなってしまい，現在に至っているのではないかと考えます。その理由として，学力という言葉が，通常の学級の児童生徒の学習面を「テスト」という客観的指標で評価する言葉だと捉える人が数多くいる一方で，知的障害児に対しては，テストで評価をする機会が少ないために，あまり関連がないと捉えている人が多かったからなのではないでしょう。また，学力という言葉そのものを通常の学級における教科教育の学力テストや単元テストで評価することが可能な狭義的なものとして捉える人が多かったからなのではないでしょうか。したがって，知的障害と学力ということばを聞くと，知的障害児の学習面の評価を学力テストや単元テストによって測定し，評価すると解釈してしまう人がいるかもしれません。しかしながら，テストによって評価するということは，これまでの特殊教育から特別支援教育の時代になっても，知的障害教育において実施されてはいません。つまり，「学力＝テストによる評価」ではないということです。それでは，知的障害児の学力とは，一体どのようなものなのでしょうか。知的障害教育における学力を論じる場合には，まず学力そのものを定義する必要があります。学力の定義は様々ですが，ここでは，学力を以下のように定義します。

> 「学力」とは，「学ぶ力」であり，「学んでいる力」であり，「学んだ力」

　これは渡邉（2014）が述べているもので，知的障害教育において学力を議論するときには，通常の学級における学力テスト等で測定できる学力の一側面を数値化して捉えた能力主義的な考え方に基づく狭義的な意味での学力ではなく，学力そのものを広義的に捉えることが重要であると考えます。つまり，上記で定義した「学ぶ力」であり，「学んでいる力」であり，「学んだ力」です。そして，「学んだ力」のその先にある「人生や社会に生かす力」が何よりも重要であると考えます。

　学習指導要領解説総則編第2章第2節の3には，「生きる力」の育成という教育の目標が各学校の特色を生かした教育課程の編成により具体化され，教育課程に基づく個々の教育活動が，児童生徒一人一人に社会の変化に受け身で対応するのではなく，主体的に向き合って関わり合い，自らの可能性を発揮し多様な他者と協働しながら，よりよい社会と幸福な人生を切り開き，未来の創り手となるために必要な力を育むことに効果的につながっていくようにすることを目指していると示されています。

　つまり，学校で育成された力が学校だけで活用されるのではなく，学習者の将来にわたって活用できるものでなければならないと解釈することができます。

2.　学力と生きる力

　これまで，知的障害教育は，自立と社会参加を目指し，日々の教育活動が知的障害特別支援学級及び知的障害特別支援学校で行われてきました。まさしく，「人生や社会に生かす力」を育成してきたと言っても過言ではありません。どのようにして，自立や社会参加を目指していくのかという議論はあっても，どのようにして学力を高めていくのか，知的障害児にとって学力とは何かについての議論があまりされてこなかったのは事実でしょう。しかしながら，自立や社会参加を考える上で，学力をぬきにして自立や社会参加を語ることはできないと言えます。それは，知的障害教育においても自立や社会参加を考える場合に「生きる力」を育成することを念頭に置いて学習内容，学習活動が組まれていることは言うまでもないからです。つまり，知的障害特別支援学級及び知的障害特別支援学校の教育課程は，知的障害児の生きる力を育むためのものであり，その教育課程は生きる力を育むように設定されていなければならないものです。

　では，そもそも「生きる力」とはどのようなものなのでしょうか。「生きる力」という言葉が初めて出てきたのは，1996年7月の中央教育審議会答申においてです。その中で，「生きる力」とは，基礎・基本を確実に身に付け，いかに社会が変化しようと，自ら課題を見つけ，自ら学び，自ら考え，主体的に判断し，行動し，よりよく問題を解決する資質や能力，自らを律しつつ，他人とともに協調し，他人を思いやる心や感動する心などの豊かな人間性，たくましく生きるための健康や体力などであると指摘しています。そして，2003年10月の中央教育審議会答申『初等中等教育における当面の教育課程及び指導の充実・改善方策について』では，生きる力の育成を基本理念とし，それを構成するものとして「確かな学力」「豊かな人間性」「健康・体力」が示されました。また，2006年の教育基本法の改正等を踏まえ，2008年3月の告示では，幼稚園，小学校，中学校，高等学校及び特別支援学校の学習指導要領において，「生きる力」は「確かな学力」「豊かな人間性」「健康・体力」のバランスのとれた力であると説明されました。これは，特別支援学校における新学習指導要領にも貫かれている理念であることは言うま

でもありません。「生きる力」を構成する三要素の一つである「確かな学力」, つまり知・徳・体の「知」がこれまでの知的障害教育の中で軽視されてきたのではないでしょうか。「生きる力」, つまり, 生きる力を構成する一要素である「確かな学力」とは, 通常の学級においても知的障害教育においても, 「ゆとり」か「詰め込み」かの二者択一の議論ではなく, 基礎的・基本的な知識及び技能の習得と思考力, 判断力, 表現力等の育成との両方が必要です。

　ここでは, 知的障害と学力について生きる力を構成する要素の一つである「確かな学力」の観点から論じてきました。知的障害教育においても, 小学校, 中学校及び高等学校の通常の学級同様, 学力は重要な要素であり, おろそかにしてはいけないことです。ただし, それは狭義の意味での学力ではなく, 繰り返しになりますが「学ぶ力」であり, 「学んでいる力」であり, 「学んだ力」です。そして, 「学んだ力」のその先にある「人生や社会に生かす力」がなによりも重要であるという広義の意味としての学力の捉えが知的障害教育においては重要であると考えます。

　今後, 「知的障害教育における学力」を共通言語にする必要があると考えます。そのためには, 知的障害教育における学力とは何かについて, 全国で議論をさらに深めていくことが必要でしょう。知的障害特別支援学級及び知的障害特別支援学校では, 生きる力を構成する徳の側面である豊かな人間性, 体の側面である健康や体力だけでなく, 知の側面である確かな学力についてバランスよく発達させることが重要です。それが, これからの時代に求められる力であり教育なのではないでしょうか。

第2章

知的障害教育の
"合わせた指導"

1. "合わせた指導" の法的根拠

"合わせた指導" とは，国語や算数・数学などの教科だけではなく，領域を含む「各教科等を合わせた指導」のことを言います。しばしば特別支援学校では，別の言い方で "領域・教科を合わせた指導" と呼ばれることもあります（国立特別支援教育総合研究所，2015）。この「各教科等を合わせた指導」（以下，"合わせた指導"）の法的根拠は，学校教育法施行規則第130条第2項に，特別支援学校において「知的障害者である児童若しくは生徒又は複数の種類の障害を併せ有する児童若しくは生徒を教育する場合において特に必要があるときは，各教科，道徳，外国語活動，特別活動及び自立活動の全部又は一部について，合わせて授業を行うことができる」とされていることにあります（文部科学省，2018）。

また，"合わせた指導" の主な指導の形態には，日常生活の指導，遊びの指導，生活単元学習，作業学習などがあり，従前より実践されています。名古屋（2016）は，これらの指導の形態の特徴について『領域や教科の内容が未分化に含まれている総合的な生活活動そのものを教育内容とする指導の形態です。（中略）自然で実際的な「本物の生活」そのものを学習活動として位置づける指導の形態ということができます。』と述べています。学習指導要領解説には，知的障害のある児童生徒の学習上の特性等について，「学習によって得た知識や技能が断片的になりやすく，実際の生活の場面の中で生かすことが難しいことが挙げられる。そのため，実際の生活場面に即しながら，繰り返して学習することにより，必要な知識や技能等を身に付けられるようにする断続的，段階的な指導が重要となる。」ことや，児童生徒への指導について，「抽象的な内容の指導よりも，実際的な生活場面の中で，具体的に思考や判断，表現できるようにする指導が効果的である。」と述べています。

これらのことから，実際的な生活そのものを学習活動として位置づけている特徴がある "合わせた指導" は，知的障害のある児童生徒に対する教育を行う特別支援学校においてこれまで伝統的に実施されており，教育課程の中核に置かれて実践されてきているものであると言うことができます（田淵・佐々木ら，2020）。

2. "合わせた指導"の特徴

　"合わせた指導"として実践されている日常生活の指導，遊びの指導，生活単元学習，作業学習の特徴は，同解説において表2-1のように説明されています。

表2-1　"合わせた指導"の内容

合わせた指導	内　容
日常生活の指導	児童生徒の日常生活が充実し，高まるように日常生活の諸活動について，知的障害の状態，生活年齢，学習状況や経験等を踏まえながら計画的に指導するものである。
遊びの指導	主に小学部段階において，遊びを学習活動の中心に据えて取り組み，身体活動を活発にし，仲間とのかかわりを促し，意欲的な活動を育み，心身の発達を促していくものである。
生活単元学習	児童生徒が生活上の目標を達成したり，課題を解決したりするために，一連の活動を組織的・体系的に経験することによって，自立や社会参加のために必要な事柄を実際的・総合的に学習するものである。
作業学習	作業活動を学習活動の中心にしながら，児童生徒の働く意欲を培い，将来の職業生活や社会自立に必要な事柄を総合的に学習するものである。

　これらのような特徴をまとめると，"合わせた指導"とは，「子供本人が将来にわたりよりよく生きるための，様々な生活に即した実際的・具体的な内容を中心に行う学習指導である」と言うことができるのではないでしょうか。

　また，"合わせた指導"の指導方法については，その指導の形態や対象とする子供の実態に応じて検討していく必要があります。基本的には，"合わせた指導"においても各教科で育成を目指す資質・能力を明確にした上で，計画（Plan）-実施（Do）-評価（Check）-改善（Action）を行うPDCAサイクルに基づいて効果的に実施していくことが重要となります（文部科学省，2018）。

1. "合わせた指導" が誕生するまで

　知的障害教育における"合わせた指導"の誕生と特徴については，次のような経緯があります。

　名古屋（2016）は，戦後の知的障害教育の実践で行われた，習得可能な学年の内容まで難易度を下げて指導を行ったり少ない学習内容を通常の教育と同じ時間で行ったりする，いわゆる「水増し教育」の問題点を指摘しています。その中で，「水増し教育」がもたらした明確な教育目標の不在という問題点を解決するために，知的障害教育の実践者たちは，独自の教育目標の模索を始め，その結果見いだされたのが「子どもの実生活での自立」や「社会自立」という教育目標であったと述べています。

　また，知的障害のある子供への独自の教育の追求を先導したのが，東京都品川区立大崎中学校分教場（後の東京都立青鳥養護学校）であることを述べています。ここでの教育は，生活と生産に直結するものでなければならないという方針が示され，独自の教育が模索されました。知的障害教育を通常の教育の単なる追従から離脱させ，独自の教育の基盤を確立させた実践が，1951（昭和26）年の「バザー単元」と言われるものでした。校舎の移転をきっかけにして始まった，生徒らによる備品購入のための資金獲得を目標とした約4か月に及ぶ教育活動が，まさに「生活単元学習」そのものでした。この「バザー単元」より以前の知的障害教育においても，生活単元学習は実践されていたようですが，それは教科の内容を核としたものであり，生活活動の文脈に即して配列したものではありませんでした。実践された「バザー単元」は，「バザーを成功させよう」というテーマを核にして，その目的達成に必要な生活活動で構成されたものでした。そのため，この「バザー単元」は，今日の生活単元学習の原型であると言われています。さらに，ここで展開された実社会と直結して年間を通じて行う生産活動の方法は，今日の作業学習の原型であるとも言われています。

2. 学習指導要領の改訂と "合わせた指導"

　特別支援学校学習指導要領は，1960（昭和35）年に『暫定案』が示されたことを経て，1963（昭和38）年2月27日に初めての『養護学校小学部・中学部学習指導要領精神薄弱教育編』が示されました。ここでの注目は，教育課程の編成にあたって教科を

合わせたり領域の内容を統合したりすることができるという特例が設けられた点にあります。その後，1967（昭和42）年5月に作成された『養護学校小学部・中学部学習指導要領精神薄弱教育編解説』では，教科を合わせることや領域の内容を統合することについて，精神薄弱教育の長い歴史の過程で発展してきたものであり，知的障害者の学習指導上の特性や学級集団における個人差の大きさに対応する必要性などから，このような特例が意義をもつものであることが説明されました。

　1971（昭和46）年3月13日には，学習指導要領の最初の改訂が行われました。この改訂では，学校教育法施行規則の一部改正に伴って，当時の第73条11の規定が「各教科，道徳，特別活動及び養護・訓練の全部または一部について，合わせて授業を行うことができる」（第73条11第2項）と変更され，"領域・教科を合わせた指導"として，教育課程の中で1つの指導の形態として法的に認められました。また，指導の形態の名称が生活単元学習，作業学習，日常生活の指導と変更され，解説が加えられました。

　では，遊びの指導についてはどうでしょうか。遊びの指導が，学習指導要領解説に初めて取り上げられたのは，1983（昭和58）年3月のことでした（進藤・今野，2013）。しかし，当時の遊びの指導は，生活単元学習から派生する形で誕生したものであり，まだ，遊びの指導としての項立てはありませんでした。遊びの指導の定義や目的に関しての記述がなされ，明確に項立てされたのは，1991（平成3）年3月の『特殊教育諸学校小学部・中学部学習指導要領解説－養護学校（精神薄弱教育）編－』でした。この解説書では，「精神発達の未分化な児童生徒に対しては，総合的な学習活動が適合しやすいため，実際の指導を計画し，展開する段階では，指導内容を教科別又は領域別に分けない指導，すなわち，領域・教科を合わせた指導の形態が大切にされる。」として，指導内容の分類と指導の形態との関係を構造化し，図2－1のように示しました。さらに，「一般に，領域・教科を合わせた指導を主軸として，教科別，領域別の指導が補足的なものとして位置付けられている。」と述べ，知的障害児の教育課程は"合わせた指導"を中核にして編成されることが強調されました。

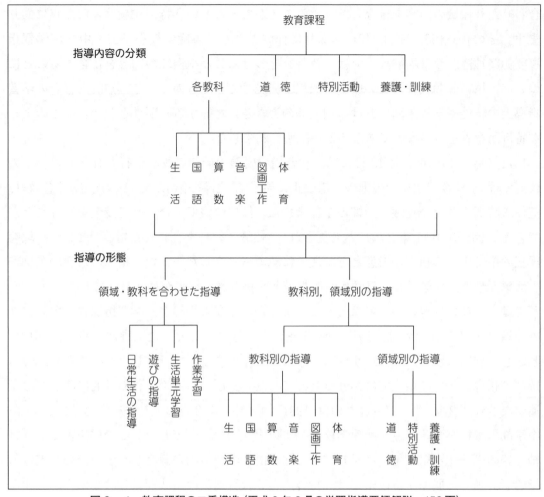

図2-1　教育課程の二重構造（平成3年3月の学習指導要領解説，156頁）

3. "教科別の指導" との関係

　一方，"教科別の指導"においては，「教科別の指導を計画するに当たっては，生活単元学習等との関連を図ることが大切である。教科別の指導が，生活単元学習等の発展的な指導になることもあり，補足的な指導になることもある。」というように，"合わせた指導"が主で，"教科別の指導"が従であるといった主従関係を示しています。

　新学習指導要領解説では，「各教科等を合わせて指導を行う場合においても，各教科等の目標を達成していくことになり，育成を目指す資質・能力を明確にして指導計画を立てることが重要となる。」と記載されているように，さらに文言が細かく加筆し修正され，より具体的な内容になっています。

　このことは，今後はこれまでとは違う視点で"合わせた指導"の授業づくりをしていくことが重要であり，各教科との関連をより明確にしていく必要があるのではないかと考えることができます。

通常の学級から見た特別支援学級や特別支援学校の授業

　教員は皆，「良い授業」を目指しているはずです。では，「良い授業」とはどういったものでしょうか？それぞれの教員が思い描く「良い授業」には，その教員の指導観，換言すれば目指す子供の姿が色濃く反映されていると考えます。

　皆さんは，以下の2つのタイプの「良い授業」のうち，どちらを支持しますか？

> Ａ：子供たちにできる喜びを感じさせたい。だから私は，子供たちがなるべく迷わないように指導している。
>
> Ｂ：子供たちに考える面白さを感じさせたい。だから私は，子供たちが迷う場面を大切に指導している。

　Ａタイプもβタイプも「良い授業」と言えますが，通常の学級での経験しかない筆者が見た特別支援学級や特別支援学校の授業は，Ａタイプが多かったように感じました。Ａタイプは「できる喜びを感じさせたい。」「子供の自己肯定感を高めてあげたい。」など教員の思いが反映されている「良い授業」だと思います。一方，筆者は，ＡタイプよりもむしろＢタイプの授業を目指し，子供たちが頭を悩ます姿が見られたときに，授業の手応えを感じたほどでした。

　さて，「良い授業」は，違う角度から見ると「良くない授業」にもなってしまう危険性があります。Ａタイプのように指導することは，教員が主導することが多くなるので，一方的な学びになったり，簡単なことを繰り返すだけの時間に陥ったりして，子供を伸ばすことができなくなる可能性もあることに留意する必要があります。

　例えば，算数科の授業で立方体の見取り図をかく授業を考えたとき，以下のような授業の展開例はどう思いますか。

> ①正しい見取り図をしっかり観察させた後，図を隠す。
> ②（立体を見ながら）自分なりの見取り図をかかせる。
> ③不十分な見取り図（例えば右図）を取り上げ，不十分な箇所や理由を考えさせる。

　このように展開することは，かき方を丁寧に教えて，しっかり練習させる授業（Ａタイプの授業）に比べて，最初からうまくかけることを期待するのは難しいでしょう。しかし，自分で考える姿勢を育むことが期待できるのではないでしょうか。

　さて，特別支援学級や特別支援学校で広く行われてきた"合わせた指導"は，教科等の目標を達成するために効果的な指導の形態となっているでしょうか？

　「活動ありきで学びなし」と批判されないような指導の在り方を再考する時期にきたのかもしれませんね。

第3節 "合わせた指導" の実践の効果と課題

1. "合わせた指導" の実践の効果

　読者の中には，長年にわたり知的障害特別支援学校及び知的障害特別支援学級において"合わせた指導"を実践してきた方が少なくないのではないでしょうか。

　日常生活の指導では，排泄や食事，衣服の着脱など様々な活動があります。また，遊びの指導では，学校の築山にブルーシートと簡易プールなどを配置し，巨大ウォータースライダーを作ったり，体育館の中に巨大な遊具を作って遊ばせたりする活動があります。さらに，生活単元学習では，教室内に陳列棚を配置し，実際の商品や値札をはじめ，本物のレジスターなどを使用して買い物学習を行う活動もあります。加えて，作業学習では，腐葉土を作って季節の野菜を種から栽培して収穫をし，それを食べたり販売をしたりする活動があります。また，工芸品やアクセサリー，織物などを製作して販売する活動などもあります。ここに挙げた活動はごく一例であり，それぞれの学校や地域の特色に応じて様々な活動内容があり，数多くの実践がなされています。これらのように，"合わせた指導"を通じて，子供たちに身に付けてほしい力の育成について，実際の生活に即した形で具体的な内容を中心にした指導をしてきました。細川・橋本ら（2021）による生活単元学習と遊びの指導を対象にした調査では，"合わせた指導"を国語や算数などの教科と同じように週時程の中に位置づけて行っている学校が多く見られます。また，「生活単元学習」では，行事単元（文化祭をがんばろう，宿泊学習に行こう，学習発表会をしよう，運動会を成功させよう等）が最も多く，次いで，季節単元や調理活動などが多く実践されています。

　では，"合わせた指導"の実践にはどのような効果があるのでしょうか。教育課程上に位置づけられて各教科と同様に実施されている"合わせた指導"には，各教科や領域別の指導と比較して実践の中で期待できる効果があることが言われています（細川・橋本ら，2021）。表2－2には，期待できる効果について，目指す資質・能力との関連を示しました。効果的であるとされるこれらの質問項目を見ると，"合わせた指導"の実践において期待できる効果は，子供自身の主体性や自主性，思考力，判断力，表現力等，生活に必要な知識及び技能，問題解決力，達成感，自尊感情や自己有用感，社会性などの育成です。子供たちは，"合わせた指導"の実践の中で，繰り返し学習を行ったり仲間と共に活動したりすることを通して，実感を伴いながら様々な資質・能力を身に付けていきます。

表2-2　"合わせた指導"について期待される効果（細川・橋本ら，2021）

（筆者が「目指す資質・能力」との関連で修正）

目指す資質・能力との関連	期待されるとされた質問項目
知識及び技能	・生活に必要な知識や技能が身に付く
思考力，判断力，表現力等	・自ら思考したり判断したりする力が身に付く ・表現する力が身に付く
学びに向かう力，人間性等	・主体性や自主性のある姿が身に付く ・学ぶ意欲や態度が身に付く ・友達と協力・協働してやろうとする態度が身に付く ・他者を意識したり，人と関わったりする力などの社会性が身に付く ・達成感を味わえる ・自尊感情や自己有能感が向上する

　また，名古屋（2017）は，"合わせた指導"の魅力について，「教育目標」，「指導法」，「現場の本音」という3つの点から述べています。"合わせた指導"の1つ目の魅力は，特別支援教育が掲げる教育目標の「自立」をダイレクトに実現する指導形態であり，子供が自分から・自分で・めいっぱい取り組む姿や主体的な姿が，教育目標にある子供の「自立」につながるものであると述べられています。2つ目は，多様な各教科等の内容を豊かに習得できるものであるとともに，自立的な生活に必要な事柄を実際的・総合的に学習することができると述べられています。そして3つ目は，子供が本物の生活に主体的に取り組むことができ，さらに教員も子供と共に活動を共有できるものであると述べられています。これらのように，魅力として言われていることは，そのまま"合わせた指導"の効果であるとも換言できるのではないでしょうか。例えば，生活単元学習で，調理学習を行ったとします。子供たちは，まずは何を作るのかを考えるでしょう。そして次に，どんな食材を使って，どんな方法で，どのくらい作ったらよいのかなどを計画していきます。最後には，調理学習で作った料理をどうするのか（食べるのか，人に振る舞うのかなど）についても考えていきます。そして実践へと進みます。この調理学習では，一人で調理を進める子供，友達と協力して調理を進める子供，教員と一緒に調理を進める子供など様々いるでしょう。また，この活動の中には，各教科等で学ぶ様々な力が含まれています。さらには，学習活動で学んだことは，子供自身の将来の生活にも大いに影響すると考えられます。これがまさに，特別支援教育の教育目標に掲げる「自立」（自分で何でもできるという狭義な意味の自立ではない）にもつながり，"合わせた指導"に期待できる効果であるとも考えます。

　したがって，これらのことから，長年にわたり"合わせた指導"が多くの学校で実践され，知的障害教育の特徴として伝統的に継続してきたのではないでしょうか。

2. "合わせた指導"の実践の課題

　一方，知的障害教育において，"合わせた指導"には，成果もありますが課題もあることが報告されています。木村・小塩ら（2006）は，生活単元学習における実践の課題について，国立特殊教育総合研究所の長期・短期研修に参加した教員から出された意見をまとめたものがあります（表2－3）。生活単元学習の実践の課題として挙げられた内容を見ると，教員らは，生活単元学習そのものへの理解や単元の内容の取り扱い，指導計画作成に関わる目標や評価の在り方，授業方法などに課題があると考えているようです。このことについては，細川・橋本ら（2021）も同様で，"合わせた指導"は，教師主導の授業になりがちであること，目標や評価の明確化が難しいこと，授業の内容や計画が難しいことなどが挙げられています。このように，長年にわたり"合わせた指導"の実践上の課題には大きな変化がなく，学校現場で実践に取り組んでいる教師たちが同じような難しさを感じていることがわかります。

　さらに，新学習指導要領解説では，"合わせた指導"の特徴と留意点に関して，大きく加筆され，より具体的な関連する教科名が加えられたり，留意点がより詳しく記載されたりしています。このことにより，"合わせた指導"においても，各教科の目標や内容を扱う必要があることが，より強調されて述べられています。つまり，今後の"合わせた指導"では，関連する各教科を明確にして，目標や内容を考えた上で実践することが重要であり，今後の課題であると考えられます。

表2－3　生活単元学習の実践上の課題点（木村・小塩ら，2006）（筆者が一部修正）

主な課題点の内容	課題点の説明
生活単元学習の未理解	・教師が生活単元学習についての理解が不十分のまま，授業を行っていることがある。 ・生活単元学習について明確に説明することが難しい。
活動内容の発展性	・学年が進行しても，同じような単元を行っている。 ・子供の実態から，単元や活動内容がパターン化していることがある。
目標と評価の在り方の明確化	・どのような目標や教師の願いを持って指導を行うのか，何をどのように評価するのかが，押さえられていないことがある。
授業の実施方法・内容	・子供の主体的活動と言いつつ，教師の主観的・主導的な指導になることがある。 ・子供の実態に合わせた，授業のテーマ設定が難しい。 ・集団で活動する際に，個に配慮した授業を行うことが難しい。

教育の質向上に必要不可欠な教育行政の手腕

教育行政の役割

　教育行政の難しさは，学校現場のプロである教員の中に混じって，行政職員が仕事をすることにあります。例えるなら，プロ野球チームに野球未経験者が放り込まれるようなものです。実際，これまで筆者は，教育とは全く畑違いの仕事をしてきました。全国には同じような境遇の方も数多くいるのではないでしょうか。しかしながら，教育行政に携わる者として，ただ事務仕事に終始するのではなく，行政としての視点や立場を活かし，学校現場を支えていかなければなりません。

教員の"夢"と財政担当の"現実"のギャップ

　世の中，お金がなくてはできないことがたくさんあります。教育も同じです。どんなに理想を掲げても，その理想を実現するためには予算を獲得しなければなりません。この予算に対する意識が，多くの教員の方々は薄いように感じます。

　筆者が勤務する教育委員会では，長年の悲願として高等特別支援学校の建設を掲げていました。その予算を確保するためには，予算を管理する財政担当との交渉が必要になります。教員の方々は熱いハートの持ち主ですから，様々な夢を語ります。そして，お金に無頓着です。一方，上層部の財政局はクールで現実的ですから，夢では動きません。したがって，最初からお互いの論点がすれ違っているわけです。彼らの財布の紐のかたさは，筆者のお小遣いを管理する妻といい勝負ですから，生半可な説得力では太刀打ちできません。教員の考えに，誰もが理解し納得できる"根拠"を用意してあげなければなりません。そこに教育行政の力が必要なのです。

　高等特別支援学校の建設にあたっては，将来にわたって特別支援学校全体の教室不足を一定解消しつつ，増加する障害のある子供の就労ニーズを満たす効率的・効果的な施策である根拠をデータ化・可視化し，施策の必要性を分かりやすく伝えるとともに，既設の高等学校との併設により，設備を最大限活用することで，財政的なメリットを生み出し，予算化を実現することができました。教員の視点と行政の視点を組み合わせながら，その施策をブラッシュアップできた成果だと考えます。

教育行政の腕の見せ所

　時折，教員の方々の考え方は，行政職員にとって，突拍子もないことに見えたり，無謀に思えたりします。しかしながら，その根底には，教育をよりよいものにしたい気持ちがあります。行政職員は，ただ前例に当てはめ，その実現性の難しさを論ずるのではなく，どうすればそれが実現できるのかを考えるべきです。そこが教育行政の腕の見せ所であり，面白さではないでしょうか。

1. "合わせた指導"の展開

"合わせた指導"は，今後，どのように展開していったらよいのでしょうか。名古屋 (2020) は，「各教科等を合わせた指導を，それとは独立した時間で実施する教科別の指導と関連付けて指導し，双方の効果を高めることである」と述べています。このことは，丹野 (2018) が指摘しているように「各教科等を俯瞰する視点をもつ」ことにもつながります。このような考え方で実践していくと，知的障害のある児童生徒には，日常生活の指導, 遊びの指導, 生活単元学習, 作業学習といった"合わせた指導"の方が,「国語科」「生活科」「社会科」「算数科」「理科」といった"教科別で指導"するよりも，より生活に深く結びつき，子供の豊かな生活を実現し効果的な指導となっているといった「必要不可欠な根拠」をより一層明確に示しながら，さらに，"各教科"とも関連するように相互還流させることが重要であると考えられます。したがって，従来から見られるような年度末反省において，ただ単にこれまでの伝統や前年度踏襲といった毎年同じように繰り返す消極的な教育課程の見直しからの脱却が求められます。

今後の知的障害特別支援学校における"合わせた指導"の教育課程の編成は，以下のように【転換タイプ】【中核タイプ】【混合タイプ】の3つに大別されることでしょう。

表2-4　今後の"合わせた指導"の3つのタイプ

タイプ	内　容
①"教科別の指導"への【転換タイプ】	"合わせた指導"から"教科別の指導"へと，大幅に教育課程を転換するケース
②"合わせた指導"の【中核タイプ】	これまでと同様に"合わせた指導"を教育課程の中核に据えるケース
③"合わせた指導"と"教科別の指導"の【混合タイプ】	"合わせた指導"を残しながらも，国語や算数等の"教科別の指導"も教育課程の中に加えて折衷するケース

いずれにしても，知的障害教育にとって教科指導の視点は欠かすことができないということは確かです。これまでの教育課程の編成では，「生活中心か」，それとも「教科中心か」といった対立軸として考えてきたような気がします。これからは，「時代の流れを受けて必要な内容を教育課程に位置づけて実施すること」（野崎ら，2018）であり，知的障害のある児童生徒にとって，どのような指導が資質能力を最大限に育成し，豊かな生活を実現させることができるかといった観点で考えることが重要です。次項では，

今後の"合わせた指導"の実践の在り方を考えていきます。

2. "合わせた指導"の在り方

　知的障害教育の教育課程の編成において，今後も日常生活の指導，遊びの指導，生活単元，作業学習等の"合わせた指導"を教育課程の中核に据えて教育内容や教育方法を展開する場合には，新学習指導要領の趣旨や，新たに示された目標・内容・方法・評価を理解しながら，これまでの"合わせた指導"をよりよく改善していくことが求められます。そのためには，以下の5つのポイントを明確にしていくことが重要であると考えます。

> 【ポイント1】　毎年繰り返す単元や題材は，学年別段階表を作成して系統的・発展的に示す。
> 【ポイント2】　単元や題材は，児童生徒ごとに各教科の内容との関連を示す。
> 【ポイント3】　目標は3観点で示し，関連する各教科の段階の目標及び内容を明確にする。
> 【ポイント4】　評価は3観点で示し，評定を活用するなど様々な評価技法で明確にする。
> 【ポイント5】　各教科で示されている内容は，学習漏れを生じさせないようにする。
> 【ポイント6】　指導要録は，教科とも関連付けて示す。

【ポイント1】　毎年繰り返す単元や題材は，学年別段階表を作成して系統的・発展的に示す。

　"合わせた指導"の中には，毎年同じような単元や題材の学習活動が繰り返し実施されることがあります。この場合には，系統性・発展性が分かるように，学年ごとの目標，学習活動の具体的な内容，関連する教科の段階の目標及び内容などを示します。たとえば，表2－5のような「学年別段階表」などです。生活単元学習の『買い物をして調理をしよう』などは毎年継続して実施されますので，学年別段階表を作成することにより，学部や学年における学習活動の目安となります。さらに，表2－7に示した「学部ごとの社会体験活動の内容」も備えておけば，小学部1年生から高等部3年生までの校外学習の内容の系統性・発展性が明確になるでしょう。

【ポイント2】単元や題材は，児童生徒ごとに各教科の内容との関連を示す。

　"合わせた指導"では，様々な教科を合わせた活動になるので，それぞれの単元や題材において，どの教科と関連しているのか複雑になっています。そこで，一目でわかるように，たとえば，表2－6に示したように，児童生徒一人一人の教科ごとに学習する内容を一覧表で作成しておき，各教科の内容との関連を網掛けなどしておくと明確になるでしょう。

表2-5　生活単元学習「買い物をして調理をしよう」における学年別段階表

段階	学年	目　標	主な学習活動	関連する教科の目標及び内容
1	1年	①教師が提示した料理について，知ることができる。 ・何の料理をどのような手順で作るのかを知ることができる。　　　　　　　　　　　　　【知識及び技能】 ・これまで食べたことがあるのかどうかを思い出し，どのような食材を使うのかを考えて，発表したり買い物リストにまとめたりすることができる。　　　　　　　【思考力，判断力，表現力等】 ・教師の話を聞き，これからの買い物や調理に対して見通しをもち，意欲的に取り組もうとすることができる。　　【学びに向かう力，人間性等】 ②調理に必要な食材を教師と一緒に探して，買い物かごの中に入れることができる。 ・必要なものを買い物かごに入れ支払いをするというスーパーマーケットでの買い物のルールを知り，必要な食材を教師と一緒に探すことができる。　　　　　　　　　　　　【知識及び技能】 ・スーパーマーケットの売り場のどこに調理に必要な食材があるのかを考え，必要な食材を買い物かごの中に入れることができる。　　　　　　【思考力，判断力，表現力等】 ・教師と一緒に最後まで買い物をすることができる。　　　　　　　　　　　【学びに向かう力，人間性等】 ③衛生面や安全面について教師の指示を聞いて取り組み，教師と一緒にすべての調理工程を体験することができる。 ・エプロン，マスク，三角巾をすることや手を洗うことの必要性を知り，教師と一緒に身支度を整え，手洗いをすることができる。　　【知識及び技能】 ・教師の指示を聞いて何をどのようにするのかを考え，教師のやり方を十分見て手本にした上で，教師と一緒にすべての調理工程を体験することができる。　　　　　　【思考力，判断力，表現力等】 ・教師と一緒にすべての調理工程に最後まで体験することができる。　　　　　　【学びに向かう力，人間性等】	・映像を見て何の料理を作るのかを知る。 ・スーパーマーケットに行き，買い物リストに書かれてある食材を教師と一緒に探して買う。 ・身支度を整え，手洗いをする。 ・食材を洗う，切る，炒める，煮る等のすべての調理工程を体験する。 ・調理後に試食をする。	「生活科」1段階 ク金銭の扱い(ア) (イ) 「国語科」1段階 A 聞くこと・話すこと　イ B 書くこと　ア C 読むこと　ウ 「算数科」1段階 A 数量の基礎　イ B 数と計算　イ
2	2年	①教師が提示したいくつかの料理の中から教師との話し合いをもとに自分が作りたい料理を選ぶことができる。 ・教師が提示した料理を知り，どのような手順で作るのかを知ることができる。　　　　　　　　　　【知識及び技能】 ・教師との話し合いを基に自分が作りたい料理を考えて選び，どのような食材を使うのかを考えて，発表したり買い物リストにまとめたりすることができる。　　【思考力，判断力，表現力等】 ・作りたい料理を選択し，これからの買い物や調理に対して見通しをもち，意欲的に取り組もうとすることができる。　　【学びに向かう力，人間性等】 ②料理に必要な食材を教師と一緒に探して，買い物かごの中に入れ，レジに持っていくことができる。 ・必要なものを買い物かごに入れ支払いをするというスーパーマーケットでの買い物のルールを知り，必要な食材を教師と一緒に探して買い物かごの中に入れ，レジに持っていくことができる。　　　【知識及び技能】 ・スーパーマーケットの売り場のどこに調理に必要な食材があるのかを考え，必要な食材の量を教師と一緒に考えて決め，必要な量の食材を買い物かごの中に入れることができる。　　【思考力，判断力，表現力等】 ・教師と一緒に買い物をし，買ったものをレジまで持っていくことができる。　　　　【学びに向かう力，人間性等】 ③衛生面や安全面について教師の指示を聞いて取り組み，教師と一緒に	・いくつかの料理の中から作りたい料理を選択する。 ・スーパーマーケットに行き，料理に必要な食材を探し，買い物かごに入れ，レジに並ぶ。 ・身支度を整え，手洗いをする。 ・食材を洗う，切る，炒める，煮る等を教師と一緒に取り組む。 ・調理後に試食をする。	「生活科」1段階 ク金銭の扱い(ア) (イ) 「国語科」1段階 A 聞くこと・話すこと　イ B 書くこと　ア C 読むこと　ウ 「算数科」1段階 A 数量の基礎　イ B 数と計算　イ

		調理をすることができる。 ・エプロン, マスク, 三角巾をすることや手を洗うことの必要性を知り, 教師の指示を聞いて身支度を整え, 手洗いをすることができる。【知識及び技能】 ・教師の指示を聞いて何をどのようにするのかを考え, 教師のやり方を十分見て手本にした上で, 教師と一緒にすべての調理工程に取り組むことができる。　　　　　　　　　　　　【思考力, 判断力, 表現力等】 ・教師と一緒にすべての調理工程に最後まで取り組むことができる。　　　　　　　　　　　　【学びに向かう力, 人間性等】		
3	3年	①教師が提示したいくつかの料理の中から自分が作りたい料理を選ぶことができる。そして, 料理に必要な食材の買い物リストを作成することができる。 ・教師が提示した料理を知り, どのような手順で作るのかを知ることができる。　　　　　　　　　　　　　　　　【知識及び技能】 ・自分が作りたい料理を考えて選び, どのような食材を使うのかを調べて, 買い物リストにまとめることができる。　　【思考力, 判断力, 表現力等】 ・自分が作りたい料理を選択し, これからの買い物や調理に対して見通しをもち, 意欲的に取り組もうとすることができる。 　　　　　　　　　　　　【学びに向かう力, 人間性等】 ②料理に必要な食材を教師と一緒に探して, 買い物かごに入れ, 教師の支援を受けながらレジで支払いをして買うことができる。 ・必要な食材を教師と一緒に探して買い物かごの中に入れ, 教師の支援を受けながらレジで支払いをすることができる。　　【知識及び技能】 ・スーパーマーケットの売り場のどこに調理に必要な食材があるのかを考え, 必要な食材の量や価格について教師と一緒に考えて決め, 必要な量と価格の食材を買い物かごの中に入れることができる。 　　　　　　　　　　　　【思考力, 判断力, 表現力等】 ・教師と一緒に買い物をし, 買ったものをレジまで持って行き, 教師の支援を受けながらレジで最後まで支払いをすることができる。 　　　　　　　　　　　　【学びに向かう力, 人間性等】 ③衛生面や安全面に気を付け, 教師と一緒に必要な調理器具を準備し, 調理することができる。 ・調理をする上での衛生面や安全面を知り, 身支度を自分で整え, 手洗いをし, 調理前の準備をすることができる。　　　　【知識及び技能】 ・教師の指示を聞いて教師と一緒に必要な調理器具を準備し, 教師のやり方を十分見て手本にした上で, 教師と一緒にすべての調理工程に取り組むことができる。　　　　　　　【思考力, 判断力, 表現力等】 ・教師と一緒に必要な調理器具を準備し, すべての調理工程に最後まで取り組むことができる。　　　　　【学びに向かう力, 人間性等】	・いくつかの料理の中から作りたい料理を選択する。 ・料理に必要な食材の買い物リストを作成する。 ・スーパーマーケットに行き, 料理に必要な食材を探し, 買い物かごに入れ, レジに並び料金を支払う。 ・身支度を整え, 手洗いをする。 ・教師と一緒に必要な調理器具を準備する。 ・教師と一緒に調理に取り組む。 ・調理後に試食をする。	「生活科」1段階 ク金銭の扱い(ア)　(イ) 国語科」2段階 A 聞くこと・話すこと　イ B 書くこと　ア C 読むこと　ウ 「算数科」1段階 A 数量の基礎　イ B 数と計算　イ D 測定　ア
4	4年	①教師が提示したいくつかの料理の中から自分の作りたい料理を選ぶことができる。また, その料理に必要な食材をタブレットPC等を活用して調べ, 買い物リストを作成することができる。 ・教師が提示した料理を知り, どのような手順で作るのかを知ることができる。　　　　　　　　　　　　　　　　【知識及び技能】 ・自分が作りたい料理を考えて選び, どのような食材を使うのかをタブレットPC等を活用して調べて, 買い物リストにまとめることができる。 　　　　　　　　　　　　【思考力, 判断力, 表現力等】 ・自分が作りたい料理を選択し, これからの買い物や調理に対して見通しをもち, 意欲的に取り組もうとすることができる。 　　　　　　　　　　　　【学びに向かう力, 人間性等】 ②料理に必要な食材を自分で探して買い物かごに入れ, 一人でレジで支払いをして買うことができる。	・いくつかの料理の中から作りたい料理を選択する。 ・タブレットPC等を活用して, 料理に必要な食材の買い物リストを作成する。 ・スーパーマーケットに行き, 料理に必要な食材を自分自身で探し, 買い物かごに入	「生活科」2段階 ク金銭の扱い(ア)　(イ) 「国語科」2段階 A 聞くこと・話すこと　イ B 書くこと　ア C 読むこと　ウ 「算数科」2段階 A 数と計算　イ C 測定　ア

		・必要な食材を自分で探して買い物かごの中に入れ，一人でレジで支払いをして買うことができる。　　　　　　　　　　　【知識及び技能】 ・スーパーマーケットの売り場のどこに調理に必要な食材があるのかを考え，必要な食材の量や価格について教師との話し合いをもとに自分決め，必要な量と価格の食材を買い物かごの中に入れることができる。 　　　　　　　　　　　　　　　　　【思考力，判断力，表現力等】 ・料理に必要な食材を自分自身で買い物をし，買ったものをレジまで持って行き，一人でレジで最後まで支払いをして買うことができる。 　　　　　　　　　　　　　　　　【学びに向かう力，人間性等】 ③衛生面や安全面に気を付け，教師と一緒に必要な調理器具を準備し，調理することができる。また，教師の指示を聞いて，教師と一緒に片付けをすることができる。 ・調理をする上での衛生面や安全面を知り，身支度を自分で整え，手洗いをすることができる。また，教師と一緒に調理前の準備及び調理後の片付けをすることができる。　　　　　　　　　　　　　　【知識及び技能】 ・教師の指示を聞いて必要な調理器具を考えて教師と一緒に準備をし，教師のやり方を十分見て手本にした上で，教師と一緒にすべての調理工程に取り組むことができる。また，教師の指示を聞いて教師と一緒に片付けをすることができる。　　　　　【思考力，判断力，表現力等】 ・教師と一緒に必要な調理器具を準備し，すべての調理工程に最後まで取り組むことができる。また，教師の指示を聞いて教師と一緒に片付けをすることができる。　　　　　　　　【学びに向かう力，人間性等】	・れ，一人でレジで支払いをして買う。 ・身支度を整え，手洗いをする。 ・教師と一緒に必要な調理器具を準備する。 ・教師と一緒に調理に取り組む。 ・調理後に試食をする。 ・教師の指示を聞いて，教師と一緒に片付けをする。	
5	5年	①教師が提示したいくつかの料理から作りたい料理を選び，その料理に必要な食材をタブレットPC等を活用して調べることができる。また，買い物リストと調理手順表を作成することができる。 ・教師が提示した料理，使用食材，調理手順を知ることができる。 　　　　　　　　　　　　　　　　　　　　　　　　　【知識及び技能】 ・自分が作りたい料理を考えて選び，どのような食材を使うのかをタブレットPC等を活用して調べて，買い物リストにまとめることができる。また，調理手順表を作成することができる。　　　　【思考力，判断力，表現力等】 ・自分が作りたい料理を選択し，これからの買い物や調理に対して自分なりに計画し，意欲的に取り組もうとすることができる。 　　　　　　　　　　　　　　　　　【学びに向かう力，人間性等】 ②料理に必要な食材を予算の範囲内で選び，一人でレジで支払いをして買うことができる。 ・必要な食材を自分自身で探し，予算の範囲内で買うことができる食材を買い物かごの中に入れ，一人でレジで支払いをして買うことができる。 　　　　　　　　　　　　　　　　　　　　　　　　　【知識及び技能】 ・予算の範囲内で料理に必要な食材の量を自分で考えて決め，食材を買い物かごの中に入れ，一人でレジで支払いをすることができる。 　　　　　　　　　　　　　　　　　【思考力，判断力，表現力等】 ・予算内で料理に必要な食材が揃うように自分自身で買い物をし，買ったものをレジまで持って行き，一人でレジで支払いをして買い物を一人ですることができる。　　　　　　　　　　【学びに向かう力，人間性等】 ③衛生面や安全面に気を付け，教師の指示を聞いて調理器具を自分自身で準備し，一人で調理することができる。また，教師の指示を聞いて，片付けをすることができる。 ・調理をする上での衛生面や安全面に十分注意して，身支度を自分で整え，手洗いをすることができる。また，作成した料理手順表を基に一人で調理をすることができる。さらに，教師の指示を聞いて調理前の準備及び調理後の片付けを自分ですることができる。　　　　【知識及び技能】	・いくつかの料理の中から作りたい料理を選択する。 ・料理に必要な食材をタブレットPC等を活用して，調べる。 ・買い物リストと調理手順表を作成する。 ・スーパーマーケットに行き，料理に必要な食材を予算の範囲内で選び，一人でレジで支払いをして買う。 ・身支度を整え，手洗いをする。 ・教師の指示を聞いて調理器具を自分自身で準備する。 ・一人で調理に取り組む。 ・調理後に試食をする。 ・教師の指示を聞いて，片付けをする。	「生活科」2段階 ク金銭の扱い（ア）（イ） 「国語科」3段階 A 聞くこと・話すこと　ウ B 書くこと　ア C 読むこと　ウ 「算数科」2段階 A 数と計算　イ C 測定　ア

		・教師の指示を聞いて必要な調理器具を考えて自分で準備をし，自分で作成した料理手順表を基に調理に一人で取り組むことができる。また，教師の指示を聞いて自分で片付けをすることができる。 【思考力，判断力，表現力等】 ・教師の指示を聞いて必要な調理器具を自分で準備し，すべての調理工程を一人で最後まで取り組むことができる。また，教師の指示を聞いて自分で片付けをすることができる。　【学びに向かう力，人間性等】		
6	6年	①どのような食材を使って，どのような料理を作るのかをタブレットPC等を活用して自分自身で決めることができる。また，買い物リストと調理手順表を作成することができる。 ・料理，使用食材，調理手順を自分自身で調べて決めることができる。 【知識及び技能】 ・自分が作りたい料理をタブレットPC等を活用し決めることができる。また，どのような食材を使うのかを調べ，買い物リストにまとめることができる。さらに，調理手順表を作成することができる。　【思考力，判断力，表現力等】 ・自分が作りたい料理を自分自身で決め，これからの買い物や調理に対して自分で計画を立て，意欲的に取り組もうとすることができる。 【学びに向かう力，人間性等】 ②自分自身で予算を決めて，料理に必要な食材を予算の範囲内で選び，一人でレジで支払いをして買うことができる。 ・必要な食材を自分自身で探し，自分で決めた予算の範囲内で買うことができる食材を買い物かごの中に入れ，一人でレジで支払いをして買うことができる。　【知識及び技能】 ・料理にかかる予算を自分自身で決め，予算の範囲内で料理に必要な食材の量を自分で考えて決め，食材を買い物かごの中に入れ，一人でレジで支払いをして買うことができる。　【思考力，判断力，表現力等】 ・自分で決めた予算内で料理に必要な食材が揃うように自分自身で買い物をし，買ったものをレジまで持って行き，レジで支払いをして買い物を一人ですることができる。　【学びに向かう力，人間性等】 ③必要な調理器具を自分自身で準備し，衛生面や安全面に気を付け，一人で調理することができる。また，片付けについても自分自身で行うことができる。 ・調理をする上での衛生面や安全面に十分注意して，身支度を自分で整え，手洗いをすることができる。また，作成した料理手順表を基に一人で調理をすることができる。さらに，調理前の準備及び調理後の片付けを自分自身で行うことができる。　【知識及び技能】 ・必要な調理器具を自分で考え，準備をし，自分で作成した料理手順表を基に調理に一人で取り組むことができる。また，自分で片付けをすることができる。　【思考力，判断力，表現力等】 ・必要な調理器具を自分で準備し，すべての調理工程を一人で最後まで取り組むことができる。また，自分で片付けをすることができる。 【学びに向かう力，人間性等】	・自分自身でどのような食材を使って，どのような料理を作るのかをタブレットPCなどを活用して決める。 ・買い物リストと調理手順表を作成する。 ・自分自身で予算を決める。 ・スーパーマーケットに行き料理に必要な食材を予算の範囲内で選び，一人でレジで支払いをして買う。 ・身支度を整え，手洗いをする。 ・必要な調理器具を自分自身で準備する。 ・一人で調理に取り組む。 ・調理後に試食をする。 ・片付けを自分自身で行う。	「生活科」３段階ク金銭の扱い（ア）（イ） 「国語科」３段階A 聞くこと・話すこと　ウ B 書くこと　ア，イ C 読むこと　ウ 「算数科」３段階A 数と計算　イ C 測定　ア

表2−6　生活単元学習「買い物をして調理をしよう」と各教科の内容との関連（中1年A男）

＊網掛けの部分が関連する内容

教科	項目等	学習する内容（教科別の学習内容に置き換え）
国語	A（聞くこと・話すこと）	・言葉には物事や内容や経験を伝える働きがあることに気付く　・書き留めたり分からないことを聞き返したりして，話の大体を捉える　・分かったことや感じたことを伝え合う
	B（書くこと）	・伝えたい事柄を選び，書く内容を大まかにまとめる　・文の構成，語句の使い方 ・文章に対する感想をもち，伝え合う
	C（読むこと）	・簡単な文章を読み，場面の様子や登場人物の心情を想像する　・時間的な順序や事柄の順序などの内容の大体を捉える　・文章を読んで分かったことを伝えたり，感想をもったりする
社会	ア（社会参加ときまり）	・集団生活の中で何が必要かに気付き，自分の役割を考え，表現する ・社会生活ときまりとの関連を考え，表現する
	イ（公共施設と制度）	・身近な公共施設や公共物の役割が分かる ・身近な生活に関する制度が分かる
	ウ（地域の安全）	・地域の安全を守るため関係機関が地域の人々と協力していることが分かる　・地域における災害等に対する施設などの配置，緊急時への対応に着目し働きを考えたり表現したりする
	エ（産業と生活）	・生産の仕事は，地域の人々の生活と密接な関わりがあることが分かる ・販売の仕事は，消費者のことを考え，工夫して行われていることが分かる
	オ（我が国の地理や歴史）	・身近な地域や自分たちの市の様子が分かる ・身近な地域や自分たちの市の様子，人々の生活は，時間とともに移り変わってきたことを知る
	カ（外国の様子）	・文化や風習の特徴や違いを知る ・そこに暮らす人々の生活などに着目して，日本との違いを考え，表現する
数学	A（数と計算）	・100までの数について，数詞を唱えたり，数の系列を理解したりする ・数を2や5，10のまとまりとして数えたり書き表したりする　・20までの加法，減法の計算をする
	B（図形）	・身の回りにあるものの形を観察などし，ものの形を認識したり，特徴を捉えたりする ・傾斜が変化したときの斜面と底面の作り出す開き具合について「大きい・小さい」と表現する
	C（測定）	・身の回りのものの長さ，広さ，かさについて，その単位に着目して大小を比較する ・時刻の読み方を日常生活に生かして，時刻と生活を結び付けて表現する
	D（データの活用）	・ものとものとの対応や個数について，簡単な絵や図に表して整理したり，それらを読んだりする ・個数の把握や比較のために簡単な絵や図，記号に置き換えて簡潔に表現する
理科	A（生命）	・昆虫や植物の育ちには一定の順序があることを知る　・身の回りの生物について調べる中で，差異点や共通点に気付き，生物の姿についての疑問をもち，表現する
	B（地球・自然）	・地面は太陽によって暖められ，日なたと日陰では地面の暖かさに違いがあることを知る ・太陽と地面との関係に疑問をもち，表現する
	C（物質・エネルギー）	・物の形の変化や体積と重さとの関係を知る　・風やゴムの力の働きを知る　・光や音，磁石の性質を知る　・物と重さ，風やゴムの力，光や音，磁石の性質に疑問をもち，表現する
音楽	A（表現）	・歌唱表現に対する思いをもちながら，曲の雰囲気と速さ，強弱の関わりや曲名や歌詞に使われている言葉から受けるイメージと曲の雰囲気との関わりに気付く ・楽器表現に対する思いをもちながら，リズム，速度や強弱の違いや演奏の仕方による楽器の音色の違いに気付く ・音の面白への気付きや音楽づくりの発想を得たり，どのように音を音楽にしていくかについて思いをもったりする　・身の回りの音の特徴や簡単なリズム・パターンの特徴に気付く ・簡単なリズムや旋律の特徴，歌詞，体を動かすことに思いをもちながら，曲のリズム，旋律，曲名，歌詞の一部などに気付く　・リズムや旋律を意識，様々な体の動きで表現する技能
	B（鑑賞）	・曲や演奏の楽しさを見いだしながら聴く ・曲想や楽器の音色，リズムや速度，旋律の特徴に気付く
美術	A（表現）	・材料や感じたこと，想像したこと，見たこと，思ったことから表したいことを思い付く ・様々な材料や用具を使い，工夫して絵をかいたり，作品をつくったりする

	B（鑑賞）	・自分のたちの作品や日常生活の中にあるものなどの形や色，表し方の面白さについて感じ取り，自分の見方や感じ方を広げる
保健体育	A（体つくり運動）	・体ほぐし運動を通して，その行い方が分かり，友達と関わったり動きを持続する能力を高めたり，自分の課題を見付け，考えたり工夫したりしたことを他者に伝えたりする ・体ほぐし運動に進んで取り組み，きまりを守り，友達と協力したり場や用具の安全を留意したりし，最後まで楽しく運動をする
	B（器械運動）	・器械・器具を使った運動の楽しさや喜びに触れ，その行い方が分かり，基本的な動きや技を身に付けたり，自分の課題を見付け，考えたり工夫したりしたことを他者に伝えたりする ・器械・器具を使った運動に進んで取り組み，きまりを守り，友達と協力したり場や器械・器具の安全を留意したりし，最後まで楽しく運動をする
	C（陸上運動）	・陸上運動の楽しさや喜びに触れ，その行い方が分かり，基本的な動きや技能を身に付けたり，自分の課題を見付け，考えたり工夫したりしたことを他者に伝えたりする ・陸上運動に進んで取り組み，きまりを守り，友達と協力したり場や用具の安全を留意したりし，最後まで楽しく運動をする
	D（水泳運動）	・初歩的な泳ぎの楽しさや喜びに触れ，その行い方が分かり，基本的な動きや技能を身に付けたり，自分の課題を見付け，考えたり工夫したりしたことを他者に伝えたりする ・初歩的な泳ぎに進んで取り組み，きまりを守り，友達と協力したり場や用具の安全を留意したりし，最後まで楽しく運動をする
	E（球技）	・球技の楽しさや喜びに触れ，その行い方が分かり，基本的な動きを身に付け，簡易化したゲームを行ったり，自分の課題を見付け，考えたり工夫したりしたことを他者に伝えたりする ・球技に進んで取り組み，きまりを守り，友達と協力したり場や用具の安全を留意したりし，最後まで楽しく運動をする
	F（武道）	・武道の楽しさを感じ，その行い方や伝統的な考え方が分かり，基本的な技を用いて，簡易な攻防を展開したり，自分の課題を見付け，考えたり工夫したりしたことを他者に伝える ・武道に進んで取り組み，きまりや伝統的な行動の仕方を守り，友達と協力したり場や用具の安全を留意したりし，最後まで楽しく運動をする
	G（ダンス）	・ダンスの楽しさや喜びに触れ，その行い方が分かり，基本的な動きや技能を身に付け，表現したり，自分の課題を見付け，考えたり工夫したりしたことを他者に伝えたりする ・ダンスに進んで取り組み，友達の動きを認め協力したり，場や用具の安全を留意したりし，最後まで楽しく運動をする
	H（保健）	・体の発育やけがの防止，病気の予防などの仕方が分かり，基本的な知識・技能を身に付ける ・自分の健康・安全についての課題解決にむけて考え，工夫したことを他者に伝える
職業・家庭科	職A（職業生活）	・働くことの目的を知る　・職業生活に必要な知識や技能について知る ・作業の持続性や巧緻性などを身に付ける　・安全や衛生に気付き，工夫する
	職B（情報機器の活用）	・情報機器の初歩的な操作の仕方を知る ・情報機器に触れ，体験したことなどを他者に伝える
	職C（産業現場等における実習）	・職業や進路に関心をもったり調べたりする ・職業や職業生活，進路について気付き，他者に伝える
	家A（家族・家庭生活）	・家庭生活の大切さを知る　・家庭生活に必要なことや自分の役割に気付き，他者に伝える ・余暇の過ごし方について知り，実践しようとする　・幼児の特徴や過ごし方を知る
	家B（衣食住の生活）	・健康な生活と食事の役割を知る　・簡単な調理の仕方や手順について知り，できるようにする ・日常着の着方や手入れの仕方を工夫する ・住まいの主な働きや整理整頓等の仕方を知り，実践しようとする
	家C（消費生活・環境）	・生活に必要な物の選び方，買い方，計画的な使い方などを知り，実践しようとする ・身近な生活の中で，環境に配慮した物の使い方などについて考え，工夫する

表2－7 学部ごとの社会体験活動の内容

	小学部	中学部	高等部
交通機関	バス，電車	バス，電車，地下鉄	バス，電車，新幹線，地下鉄，飛行機
宿泊施設	校内宿泊棟，少年自然の家	校内宿泊棟，少年自然の家，ホテル	校内宿泊棟，少年自然の家，青年の家，ホテル，旅館
運動娯楽・遊技施設	遊園地，動物園，水族館，プール，スキー場，スケート場	動物園，水族館，プール，ボウリング場，スキー場，スケート場，映画館	体育館，プール，ボウリング場，スキー場，スケート場，映画館，カラオケ，スポーツジム
公共施設社会資源	図書館，公園，交番	図書館，科学館，公園，県庁，市区役所及び町村役場，病院，警察署（交番），消防署	図書館，科学館，博物館，美術館，県庁，市区役所及び町村役場，病院，警察署（交番），消防署
買い物金融機関	コンビニ，スーパー，デパート	コンビニ，スーパー，デパート，専門店	コンビニ，スーパー，デパート，専門店，郵便局，銀行，ATM
コミュニケーション情報通信	挨拶，応答，手紙・はがき，電話，パソコン	挨拶，応答，手紙・はがき，電話，パソコン，スマートフォン，タブレット	挨拶，応答，手紙・はがき，電話（携帯電話），パソコン，スマートフォン，タブレット，インターネット，メール，動画
身辺自立	トイレ使用	トイレ使用，身だしなみ	トイレ使用，身だしなみ，化粧
衣食住	レストラン・飲食店での食事，調理，清掃，服装	レストラン・飲食店での食事とマナー，調理，清掃，服装，洗濯	レストラン・飲食店での食事とマナー，調理，清掃，服装，洗濯，裁縫
職業・進路職場体験	作品展見学	作品展見学，作品販売，特別支援学校高等部の見学，高等特別支援学校の見学	作品展見学，作品販売，職場見学，ハローワーク見学，奉仕作業，事業所・作業所の実習

【ポイント3】目標は3観点で示し，関連する各教科の段階の目標及び内容を明確にする。

　単元や題材の目標における評価は，3観点で示し，その目標と関連する各教科の段階の目標及び内容を示します。例えば，後述する日常生活の指導「あさのじゅんび，あさのかい」の学習指導案14（175頁）では，表2－8のように，観点，個人目標，関連する教科の目標及び内容が具体的に書かれています。

表2－8 観点別の個人目標と関連する教科の目標及び内容

児童	観点	個人目標	関連する教科の目標及び内容
A2年	知識及び技能	・登校後からの朝の活動内容（荷物の整理整頓，朝の会など）が分かり，時間までに準備を終え，次にやるべきことを理解することができる。	生活科3段階 (1) 目標ア，ウ (2) 内容ウ，カ 日課・予定（ア）（イ） 役割（ア） 国語科1段階 (1) 目標イ，ウ (2) 内容ウ （思考力，判断力，表現力等）Aウ
	思考力，判断力，表現力等	・登校後からの自分のやるべきことを考え，連絡帳などの家庭からの提出物を出したり，係の仕事を行ったりしながら，できたことを教員に伝えることができる。	
	学びに向かう力，人間性等	・活動の嬉しさを感じながら，自信をもって進んで活動しようとすることができる。	

【ポイント4】　評価は３観点で示し，評定を活用するなど様々な評価技法で明確にする。

　評価は，目標の３観点に沿って示すとともに，関連する教科の段階の目標及び内容の評価についても具体的に示します。次年度の学習活動の目安となるためにも，簡単な評定（◎○△）を記載することもよいでしょう。例えば，後述する遊びの指導「おにごっこをしよう」の学習指導案15（187頁）では，表２－９のように，観点，個人目標の学習評価，関連する教科の目標及び内容と評価が具体的に書かれています。

表２－９　観点別の個人目標の学習評価と関連する教科の目標及び内容と評価

児童	観　点	個人目標の学習評価（◎○△）	関連する教科の目標及び内容と評価（◎○△）
A 5 年	知識・技能	・友達の働き掛けや教員の促しに応じる姿が見られ，簡単なきまりのある遊びに慣れてきている様子は見られるが，きまりを守ることは難しかった。（△）	生活科１段階 (1) 目標ア（△） (2) 内容エ遊び 　(7)（○）
	思考・判断・表現	・イラストカードの中から「これ」と言って１つ指差しして選択することができたが，友達に伝えるときは，教員の支援を必要とすることがあった。（○）	体育科１段階 (1) 目標ア（○） (2) 内容 　A体つくり運動遊び 　ウ（○） 　C走・跳の運動遊び 　ウ（○）
	主体的に学習に取り組む態度	・友達の様子を見て自分の動きを止めたり，教員のポーズをまねるよう促すと体を動かそうとしたりしていた。（◎）	

　また，３観点だけでなく，表２－10のような評価技法の７Ｐモデルを参考にしながら具体的に書き表すと更に詳しい評価が可能となります。

表２－10　評価技法の７Ｐモデル（高浦，1998）

評価モデル	内　容
Portfolio ポートフォリオ	・ファイル等を蓄積した学習プリント，資料，写真，カード等を整理し，教師と子供が対話しながら行う評価である。
Profile プロフィール	・いくつかの観点に沿って，点数化し，その結果をレーダーチャートに図示し，学習のプロフィールを見ながら，次の学習課題を設定する評価である。
Performance パフォーマンス	・観察，実験，実技，討論，発表などの子供たちの活動を，主に観察法を使いながら評価する。
Product プロジェクト	・作文，レポート，工作や模型，絵画や彫刻，CDやホームページ，料理や建物などの作品のよさを評価する。
Process プロセス	・学習課程における興味や関心，友達との協調性，課題意識の深まり，学習の満足感等について，数分程度で記入できるカードを用いて評価する。
Project プロジェクト	・あるテーマとしてプロジェクトの企画と運営の在り方を自己評価する。
Personality パーソナリティ	・これまでの自分の成長を年表形式で，振り返らせたりして，１年間の学習を通して観点別に評価する。

【ポイント5】 各教科で示されている内容は，学習漏れを生じさせないようにする。

　【中核タイプ】の教育課程では，主要な教科（国語科・社会科・算数科・理科など）が設定されてないため，"合わせた指導"の単元や題材の中で，関連する教科を見据えながら特に必要とされる内容を取り扱っています。一方，【混合タイプ】の教育課程においても，国語科や算数科の授業が週1～2時間程度の設定なので，指導時数の制約上，限定的な内容を取り扱っているはずです。そのため，必ずしも系統的な学習になっていないのではないでしょうか。また，理科や社会科が設定されていないこともあります。

　例えば，表2－11のように特別支援学校中学部における理科の1段階には，内容として，＜A生命＞＜B地球・自然＞＜C物質・エネルギー＞の3つがあり，それぞれに具体的に指導する内容が示されています。しかし，【中核タイプ】や【混合タイプ】の教育課程では，これらの内容を全てにおいて学習することができているのでしょうか。障害が重いという理由で「学習内容を取り扱わない」のは，学習の未履修につながるのではないかと考えます。

　学習指導要領で示されている教科等の内容は，知的障害児にとっても全人格を形成する上でとても重要になります。したがって，【中核タイプ】や【混合タイプ】の教育課程においては，可能な限り教科等の内容に漏れが生じないように実施することが望まれます。例えば，【混合タイプ】の教育課程では，国語科や算数科の授業を週2時間程度から4時間程度に増やせば，少なからず系統的・発展的な学習となるでしょう。教科等の内容を全て学習することは総授業時数との兼ね合いから不可能かもしれませんが，学部6年間や3年間といった長期間の中で，可能な限り各学年の内容を取り扱うようにしたいものです。

【ポイント6】 指導要録は，教科とも関連付けて示す。

　指導要録は，児童生徒の学習活動の記録として法的に定められているものです。指導要録の記載にあたっては，日常生活の指導，遊びの指導，生活単元学習，作業学習などの"合わせた指導"における学習活動の取り組みの様子や評価だけでなく，教科と関連する3段階の目標と内容を示しながら，その評価を具体的に記載することが重要となります。

表2-11　特別支援学校中学部の理科における1段階の内容

A　生命	ア　身の回りの生物	㋐生物は，色，形，大きさ，姿に違いがあること。 ㋑昆虫や植物の育ち方には，一定の順序があること。
B　地球・自然	ア　太陽と地面の様子	㋐日陰は太陽の光を遮るとできること。 ㋑地面は太陽によって暖められ，日なたと日陰では地面の暖かさに違いがあること。
C　物質・エネルギー	ア　物と重さ	㋐物は，形が変わっても重さは変わらないこと。 ㋑物は，体積は同じでも重さは違うことがあること。
	イ　風やゴムの力の働き	㋐風の力は，物を動かすことができること。また，風の力の大きさを変えると，物が動く様子も変わること。 ㋑ゴムの力は物を動かすことができること。また，ゴムの力の大きさを変えると，物が動く様子も変わること。
	ウ　光や音の性質	㋐日光は，直進すること。 ㋑物に光を当てると，物の明るさや暖かさが変わること。 ㋒物から音が出たり伝わったりするとき，物は震えていること。
	エ　磁石の性質	㋐磁石に引き付けられる物と引き付けられない物があること。 ㋑磁石の異極は引き合い，同極は退き合うこと。
	オ　電気の通り道	㋐電気を通すつなぎ方と通さないつなぎ方があること。 ㋑電気を通す物と通さない物があること。

第3章

"合わせた指導" から
"教科別の指導" への転換

1. 教育課程の転換の動機

　各学校において，教育課程を多少変更したり改善したりする程度で済む場合には，年度末反省等で事足りるでしょう。しかし，教育課程の根幹である教育内容や教育方法を"転換"するようなレベルの場合には，容易ではないはずです。それを可能にする例としては，「研究指定校」として教育課程の改善に取り組んだり，国立大学附属特別支援学校のように「実験学校・地域のモデル校」として研究テーマを掲げて取り組んだりすることが挙げられます。また，管理職や研究主任，あるいは教育委員会等が授業改善に意欲を示し，教育課程の大幅な変更を強く求めるケースもあるでしょう。一方，年度末に教育課程全体を検討して，次年度から一機に転換する場合も考えられますが，教員の共通理解を得られるのに時間がかかり，実際は難しいのではないでしょうか。

　いずれにしても教育課程を変更する手法として，学校管理職の強いリーダーシップの下に行うトップダウン式や教員の意見を集約しながら行うボトムアップ式などがありますが，これまでの教育課程の根幹である指導内容や教育方法を一新することになりますので，教員間での十分な検討と共通理解（納得）が必要であると考えます。

2. 教育課程を転換する理由

　教育課程の根幹を転換するには，それ相当の理由が必要です。ここでは，2020（令和2）年度から，"合わせた指導"から"教科別の指導"へと教育課程の根幹を転換した名古屋市立知的障害特別支援学校を例にして紹介します。

　名古屋市教育委員会では，2017（平成29）年6月に「特別支援学校教育の在り方検討会議」，2020（令和2）年6月に「特別支援学校アドバイザー派遣事業」を立ち上げ，市内5校（本校4校，分校1校）に設置している知的障害特別支援学校の教育改革を打ち出しました。この構成メンバーは，教育委員会，外部有識者（大学教員・弁護士・臨床心理士・事業所関係者等），学校の管理職（校長・教頭・教務主任）で，これまでの教育課程の現状と課題を分析しました。このように，外部有識者を交えての話し合いは，初めてのことです。それだけ，これまでの教育の在り方に課題があったことになります。そして，以下の6点の理由を添えて，"合わせた指導"から"教科別の指導"へと教育課程を転換することを提案しました（仁村・三浦，2020；岡部・和田，2021）。まさしく，

名古屋市教育委員会主導によるトップダウン式の教育改革です。

> ①教科等を学ぶ意義の明確化
> ②特別支援学校における教育課程編成の規定
> ③各教科等における内容の系統性の規定
> ④授業の形骸化と学習評価の不明確
> ⑤各教科の目標や内容と関連付けることの困難性
> ⑥転入生に対する教育課程の連続性

①教科等を学ぶ意義の明確化

教科指導は、「教科そのものに文化伝達の機能が内在化されている」ことから重要であることが指摘されています（丹野, 2018）。今後の予測不能な時代を生き抜くためには、児童生徒が変化に向き合い、他者と協働して課題を解決していく能力、自立と社会参加に向けて育成を目指す資質・能力を身に付けることが必要不可欠です。

②特別支援学校における教育課程編成の規定

学校教育法施行規則第126条～第128条の中には、知的障害教育を主とする特別支援学校の小学部、中学部及び高等部の教科等が明確に規定されており、それを遵守する必要があります。

③各教科等における内容の系統性の規定

学習指導要領総則の第1章第3節の3の（1）のク及び（3）のアの（イ）には、各教科の段階に示す内容を基に、小学部6年間、中学部3年間を見通して計画的に指導することや、各教科等や各学年間の関連を図りながら系統的・発展的な指導ができるようにすることが示されています。

④授業の形骸化と学習評価の不明確

"合わせた指導" の授業においては、毎年、同じ単元・題材を繰り返して設定している場合が多く、指導内容・方法がマンネリ化している傾向にあります。また、"合わせた指導" での学習評価は、「指導要録」の中で記載することになっている "教科別の指導" の学習評価と整合性を見つけにくいことがしばしば見受けられます。

⑤各教科の目標や内容と関連付けることの困難性

経験の浅い教員や通常の学校や特別支援学級から転勤してきた教員にとっては、教科を合わせることの意味が理解できなかったり、「合わせた指導目標や指導内容」をうまく授業の中で引き出せなかったりすることもあります。その結果として、"合わせた指導" が必ずしも子供の成長に寄与しておらず、効果的な指導につながっていない場合が少なくありません。

⑥転入生に対する教育課程の連続性

　特別支援学級から特別支援学校に転入してくる生徒は，これまで"教科別の指導"で学習してきていることが多く，特別支援学校の"合わせた指導"の学習と連続している点が少なく，系統的・発展的な指導になっていないことがしばしば見られます。

　以上の理由から，名古屋市教育委員会では，特別支援学校に対して教育課程の見直しと変更をうながし，"合わせた指導"から"教科別の指導"へと教育課程を転換しました。

急激な企業業態の変化に対応する今後の職業教育

自動化と障害者雇用

テクノロジーの急激な進化にしたがって，今まで人間が行っていた仕事をロボットが行うようになってきました。それに加え，突然の新型コロナウイルス感染症の拡大により企業業績が悪化し，テレワークによる仕事の従事など企業業態の変化に伴い，雇用や働き方が大きく変わってきました。今後，雇用率の減少が想定されるでしょう。

オックスフォード大学の調査研究を基に野村総合研究所が国内の職業について，ロボットや人工知能等によって代替される確率を試算したところ，10〜20年後に日本の労働人口の約49％が職業において，"代替が可能"との推計結果を示しました。その業種の中には，特別支援学校を卒業した多くの生徒が就労する，ビルの清掃員，スーパー店員などが含まれており，今後の障害者雇用はどうなるのか不安を感じます。

一方，雇用賃金の低い業種については，自動化されないという研究もあります。自動化をするための設備投資は，多くのお金がかかるそうです。そのため，雇用賃金の高い業種については，自動化することによって人件費が削減でき，自動化の設備投資のお金の元が取りやすいからだそうです。しかし，人件費が安い業種については，設備投資をしてもなかなか採算が合わないことから，自動化へ踏み出さないのではないかと言われています。障害者が従事する職業は，人件費が高い職業ではないことが多いです。これらのことより，障害者が従事する職業の自動化はなかなか進まないのではないかと思います。また，障害者の雇用については，「障害者雇用法定雇用率」で守られているため，障害者雇用については保証されていくのではないでしょうか。

職業教育のキーワード

しかし，障害者雇用はなくならないからといって，のんびりと構えているわけにはいきません。特別支援学校としては，新学習指導要領を受けて，3つの柱で整理された職業科の目標を達成し，自ら課題を見付け，それを解決できる生徒を育てていかなければなりません。そのためには，今後の職業教育では，「主体的，対話的で深い学び」を重視した生徒主体の授業の在り方を追求するとともに，今まで手厚く配置していた教員の数を見直すなど生徒が自ら考えて動ける環境を整えていく必要があります。また，社会情勢を捉えた作業種目を取り入れていく必要もあります。近年，教育予算は減る一方で，新しい作業種目を展開するための教員研修や道具の購入も難しいのが現状です。

そこで，今後は，企業等と連携を図りながら教育を進めていく必要性を感じています。企業等との連携では，企業から作業の指導のノウハウを教えてもらうことや道具の寄付などが期待できます。また，学校からは生徒の特性に応じた指導法を伝えることができ，双方にとってメリットが大きく，生徒にとって有益となります。今後の職業教育は，「自ら課題を見付け，それを解決できる生徒の育成」と「企業等との連携」をキーワードとして進めていく必要があると考えます。

　長年，"合わせた指導"を教育課程の中核に据えて取り組んできた教育内容や教育方法を突然"教科別の指導"へと転換することは，なかなか簡単にできることではありません。何より，教員は，日常生活の指導，遊びの指導，生活単元学習，作業学習などの"合わせた指導"に深い思い入れと自負をもってこれまで授業に取り組んできたからです。そこで，教員には，時間をかけて教科別の指導への具体的な手順を分かりやすく説明することが必要となります。年度末で時間がない場合には，実践しながら考えていくこともよいかもしれません。

　それでは，"合わせた指導"から"教科別の指導"への転換について，どのような手順で進めていけばよいか4つの手順について，以下に説明します。

手順1　"合わせた指導"を廃止するか，各教科等で取り扱うかを区分する

　最初は，"合わせた指導"である日常生活の指導，遊びの指導，生活単元学習，作業学習について，「廃止する」のか，「各教科等で取り扱う」のかを区分します（表3-1）。

　特に，中学部や高等部では，生活科が設定されていませんので，日常生活の指導の内容をどの教科等で実施するのかが課題になります。これまで少なからず時間をかけていた＜朝の会＞は10分程度にして，必要最小限の内容にします。制服で授業をし，保健体育科や職業科等の時に素早く着替えるように指導すれば可能なのではないでしょうか。＜給食＞も同様で，時間内に準備して食べ終わるように指導します。小学部の延長で同じようなことをしているのではなく，社会生活の様式や自立を目指す中・高校生を

表3-1　"合わせた指導"の廃止と各教科等での取り扱いの例

合わせた指導	小学部	中学部	高等部
日常生活の指導	生活	＊廃止	＊廃止
遊びの指導	生活，体育		
生活単元学習	生活，国語，算数，音楽，図画工作，体育，特別活動	国語，社会，数学，理科，音楽，美術，保健体育，職業・家庭，総合的な学習の時間，特別活動	国語，社会，数学，理科，音楽，美術，保健体育，職業，家庭，総合的な探究の時間，特別活動
作業学習		職業・家庭	職業，家庭

意識させた指導に切り替えることが重要です。もちろん，授業時数にカウントすることはありません。

手順2　内容・単元・題材等を各教科等に振り分ける

次に，日常生活の指導，遊びの指導，生活単元学習，作業学習に含まれる内容・単元・題材等を各教科等に振り分けます（表3−2，表3−3）。

例えば，小学部では，日常生活の指導の＜着替え＞＜衣服の調整＞＜身だしなみ＞＜清潔＞＜整理整頓＞＜排泄＞＜手洗い＞＜食事の準備・後片付け・マナー＞＜歯磨き＞などは，生活科の＜基本的生活習慣＞に該当することから，それに振り分けます。また，生活単元学習の＜調理＞は生活科の＜金銭の取扱い＞に，＜季節の変化＞は生活科の＜生命・自然＞と図画工作科の＜表現＞とに振り分けます。このように，中学部と高等部も同様に該当する各教科等に振り分けていきます。

手順3　授業時数の配分と時間割の作成をする

さらに，年間の授業時数の配分と時間割を作成します。授業時数は，障害の状態や特性や学習の特質を考慮して，「年間授業時数を確保しつつ適切に定める」ことになっています。しかし，学校の事情によっては，スクールバスの利用で登下校時間の制約があったり給食の有無などによって，授業時数のカウントの仕方が異なったりするかもしれません。いずれにしても，各教科等をバランスよく配置し，年間の総授業時数を遵守することが重要です。

手順4　各教科等の指導計画を作成する

最後に，授業時数が決まったら各教科等の指導計画を作成します。そして，一目で分かる「年間の単元・題材配当一覧表」を作成します。それぞれの単元・題材について具体的な「教育内容」を作成して，年間指導計画を完成させます。

表３−２　"合わせた指導"の主な内容・単元・題材等の振り分けの例（小学部）

生活	日常生活の指導	遊びの指導	生活単元学習	国語	算数	音楽	図画工作	体育	特別活動
基本的 生活習慣	着替え，衣服の調整 身だしなみ，清潔 整理整頓 排泄，手洗い 食事の準備・後片づ 　け・マナー 歯磨き								
安全	交通安全 避難訓練 防災	安全な遊び	防災と避難						学校行事
日課・予定	カレンダー 時間割 行事予定				数と計算				
遊び	身の回りの遊び 遊び方	種々の遊び							体つくり 器械・器具 走・跳 ボール
人との かかわり	挨拶，応答 身の回りの人 集団活動	集団遊び		聞く 話す					
役割	集団参加 係分担								
手伝い・仕事	係活動 会の司会			話す					
金銭の扱い	お金の種類 金銭の扱い方		買い物 調理		数と 計算 測定				
きまり	生活ルール マナー	遊びのルール							
社会の仕組み と公共施設	公共施設の利用 交通機関の利用 家族 地域社会		地域の行事 七夕祭り クリスマス会 正月の遊び 公共施設利用	聞く 話す		表現	表現		
生命・自然	健康観察 天気		季節の変化 草花等の栽培 動物等の飼育				表現		
ものの仕組 みと働き	ものづくり 重さや形		施設見学 交通機関利用	聞く 話す	数と計算				
			新しい学年 誕生日会		数量の基礎				学級会
			校内交流会 卒業生送る会						児童会
			入学式 卒業式 対外交流会						学校行事
			宿泊学習 修学旅行						伝統文化

表3－3 "合わせた指導"の主な内容・単元・題材等の振り分けの例（中学部・高等部）

国語	社会	数学	理科	生活単元学習	作業学習	職業	家庭	特活	総合
聞く 話す 読む 書く		数と計算		交通機関の利用　公共施設の見学・利用					
聞く 話す	公共施設			地域の伝統行事					伝統文化
聞く 話す		数と計算	季節 生物	調理・マナー 買い物	食物の栽培		衣食住		
聞く 話す				校内交流会 卒業生を送る会				生徒会	
聞く 話す				入学式 卒業式				行事	
聞く 話す				修学旅行・宿泊					伝統文化
聞く 話す 読む 書く					班別作業	職業生活			
聞く 話す 読む 聞く					職場実習	産業現場 等の実習 職業生活			
話す 書く	社会参加				進路学習	職業生活 情報機器			
話す 書く	公共 地歴				余暇活動		消費生活		

1. "教科別の指導" に転換した授業の意識

"合わせた指導" から "教科別の指導" へと教育課程を転換したからと言って，すぐに，教科の指導がより良くできるとも限りません。なぜなら，これまでの "合わせた指導" の授業づくりの考え方が染みついているからです。例えば，生活単元学習の＜買い物＞や＜調理＞の学習活動は，生活科の＜金銭の取扱い＞の内容，算数科の＜数と計算＞の領域へと転換しますが，実際の学習活動では，「以前と何も変わらないよね？」「何が変わったの？」というように見受けられては転換した意味がありません。明らかに「授業が変わったよね！」と言われるような学習活動にしたいものです。

そのためには，教員自身の日々の授業研究や教材・教具の工夫，様々な教員研修が重要となります。そして，授業計画としての授業づくりがあります。新学習指導要領では，児童生徒の育成すべき資質・能力として 3 本柱（知識及び技能，思考力，判断力，表現力等，学びに向かう力，人間性等）が示されました。この 3 本柱は，障害の有無に関係なく，全ての児童生徒に必要な資質・能力です。したがって，障害を有する児童生徒にも学習活動の中でもこの資質・能力を意識して取り組む必要があります。

また，教科の指導ですから，その内容と目標を強く意識しなければなりません。新学習指導要領では，段階ごとの目標が明確に示されています。特に中学部では，これまでの 1 段階が 2 段階に増えました。このことにより，より細かな内容と目標が設定されるはずです。児童生徒には，「何を目標にして取り組んでいけばよいのか」「何ができて，何ができていないのか」を具体的に示すことにより目標と評価が一体化するでしょう。

結論として，学習指導要領や同解説を何度も読み，理解を深めることが重要です。このことにより，これまで意識していなかった内容や目標が見えてくるのではないでしょうか。

2. 障害の重い児童生徒への教科の授業づくり

障害の重い児童生徒への授業に直面する際には，「障害の重い子供には教科学習が難しいのでは？」「重複障害の子供には，どんな教科の内容を教えればよいの？」「障害の重い子供に学部学年相当の目標を設定するが，その目標が達成できない。前の学部や学年の目標で設定してよいのだろうか？」など，悩みは尽きません。果たして教え切るこ

とができるのでしょうか。筆者は,「どんなに障害が重い子供にも教科学習は必要であり,指導目標も変化(向上)していく」という考えに立っています。もし,障害が重いために目標が達成できないとするなら,小学部から高等部まで12年間ずっと小学部の目標で学習して卒業をしていくことになります。障害の重い児童生徒であっても,これまで積み重ねてきた生活経験は重要です。

例えば,高等部の生徒であれば,高等部の教科の目標や内容を踏まえた上で,小学部や中学部の目標や内容も参考にしながら設定することになります。最初から小学部や中学部の目標や内容を設定するものではありません。

一方,重複障害の児童生徒には,例えば,高等部の生徒が中学部や小学部の目標及び内容に替えることができます。しかし,小学部6年間,中学部3年間,高等部3年間を見通して計画的に指導することが示されています(学習指導要領 第3節3(1)ク)。

ここで,障害の重い児童生徒に対する国語科と数学科の授業づくりを例示します。

例えば,小学部に在籍する障害の重い児童に対して,国語科の1段階(書くことについて)の目標を設定します(図3-1)。この児童は障害が重いために,最も段階の低い目標と内容の設定になります。しかし,目標を達成できるか分かりません。このような児童に対して,目標を達成させるためには,どのような授業が考えられるでしょうか。この場合には,「指導の細分化と原教科」の考え方を導入します。つまり,国語科の授業で「ひらがなを書く前」の学習活動を考えます。具体的には,エンピツの持ち方,様々な線(縦,横,グルグル,一筆など)の書き方を指導します。これを何度か指導していくうちに,それがやがて,ひらがなを書く活動へとつながっていきます。このようにすることで,目標が達成されていくのです。教科指導につながる前の学習活動(原教科)が重要となります。

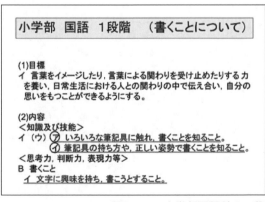 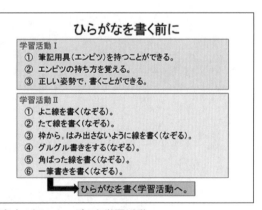

図3-1 小学部国語科の1段階(書くことについて)と学習活動

他方,高等部に在籍する障害の重い生徒(精神年齢4～5歳程度)に対して,数学科の1段階(B図形)の目標を設定します(図3-2)。この生徒も同様に障害が重いために,

最も段階の低い目標と内容の設定になります。これも同様に，「目標・内容の選択と精神年齢に応じた指導の工夫」の考え方を導入します。目標・内容の選択では，＜図形＞の中で【⑰三角形や四角形など多角形についての簡単な性質を理解】を選択して目標にします。その理由は，⑦の平行四辺形，ひし形，台形は，精神年齢が６歳以上にならないと一般的には書けないからです。丸は精神年齢３歳，四角形は精神年齢４歳半，三角形は精神年齢５歳になると一般的に書けると言われています。精神年齢に応じた目標・内容の選択が重要となります。次に学習活動ですが，竹ひご（棒）を活用して，図形の上に竹ひごを乗せたり組み合わせたりしながら理解させていきます。

　このように，障害の重い児童生徒であっても，目標・内容の選択や教材・教具の工夫によって教科の指導は十分にできると考えます。

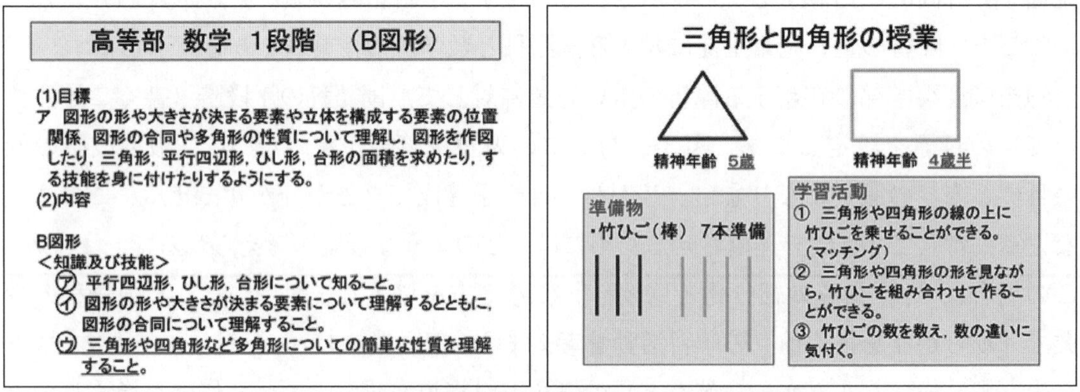

図３－２　高等部数学科の１段階（B図形）と学習活動

学習指導案と授業づくり

授業改善のヒント

　特別支援学校学習指導要領の改訂に伴い，"教科別の指導"を中核とした教育課程を編成している学校もあると思います。先生方も日々，様々な実態をかかえる児童生徒のニーズに応えようと努力しているのではないでしょうか。現在，大きな変革のときでもあり，チームで新たな授業づくりをするのは，エネルギーがいることです。したがって，教員同士が様々な議論をして練り合う指導案づくりこそがとても重要になります。

　授業改善に取り組むのは分かりますが，この子供にとっての教科の指導の必要性とは？この教科の目標は？この単元で付けさせたい力は？そのための学習内容は？実態が違いすぎるクラス全員が分かる授業とは？など悩みは尽きません。そこで，まず，授業者が学習指導案の改善に取り組み，チームで悩みながら話し合った内容を入れ込むことで，進むべき道は自ずと見えてくるのではないでしょうか。そのようにして，授業改善は進んでいきます。

育成すべき3つの柱を盛り込む

　学習指導案を作成する場合には，やはり，子供にどのような力をどうやって身に付けさせたいかを明確にすることが重要です。新学習指導要領を熟読し，その改訂の趣旨や育成すべき三つの柱（「知識及び技能」「思考力，判断力，表現力等」「学びに向かう力，人間性等」）について，具体的に盛り込むようにします。そうすることによって，様々な実態の子供で編成する学習グループでの単元づくりや授業づくりが明確になるはずです。

　"合わせた指導"からの転換を図りながら新しい授業づくりに取り組む場合には，教科別の目標や内容の段階をしっかり把握しながら日々努力してほしいと思います。指導を担う教員が教育内容と指導の形態とを混同し，各教科等の目標や内容への意識が不十分な状態になっていないか，指導案づくりを通して検証してほしいものです。

新しい時代の授業づくりへ

　授業研究会で，筆者が学習指導案について授業担当者に話をする場合には，以下の点を強調します。この単元の総時数は適当ですか？この単元の次は，どの単元につながっていますか？この教科の到達目標は適切ですか？この単元で身に付けさせたい力は何ですか？などです。至極あたりまえのやり取りではありますが，"合わせた指導"から"教科別の指導"に大きくシフトした教員にとっては，"教科別の指導"を理解し，整理するきっかけとなります。そして，話は，学習指導案から授業改善へと進んでいきます。

　年間を通して，個々の児童生徒の実態に応じた授業の工夫をし，段階的・発展的な指導を見える化するためにも，学習指導案は重要なのです。しっかりと作り込んだ学習指導案を基に授業研究を行い，日々の授業を振り返りながら，新しい時代の授業づくりに取り組んでいきましょう。

1. 本当に今のままの教育課程でよいのか

　知的障害特別支援学校では，"合わせた指導"を中核とする教育課程が一般的です。もちろん"合わせた指導"でも教科の目標を達成するための指導が行われていると思いますが，いつのまにか【教科】の色が薄れてしまってはいないでしょうか。例えば，生活単元学習は，＜お楽しみ会をしよう＞＜秋を楽しもう＞＜買い物に行こう＞等の活動を設定し，"楽しく活動する"ということが主たる目標になっています。日常生活の指導での朝の会は，小学部1年生から高等部3年生まで同じような活動を行っています。作業学習は，中学部と高等部の種目や指導内容に大きな違いがありません。こういったことが少なからずあるとしたら，校長としては，これまでの教育課程を見直す勇気と決断が必要なのではないでしょうか。

2. 教育課程を変更することはこれまでの指導を否定することなのか？

　"教科別の指導"の重視というと，"合わせた指導"を否定しているように思われ，教員の中には，抵抗感をもつ場合が少なくありません。しかし，"合わせた指導"の実施は「特に必要があるとき」（学校教育法施行規則第130条第2項）とあることから，"合わせた指導"ありきではないことを理解してもらう必要があります。そして，今後は，「"合わせた指導"をなくしたら，これまでの教育活動がどのように変化するのか」「教科の目標を達成するには"教科別の指導"が効率的ではないか」といった新たな視点での検討が必要だと考えます。

3. 特別支援学校アドバイザー（専門家）からの助言を生かす

　名古屋市では，2019（令和元）年度から特別支援学校の教育を客観的に評価するために，外部の専門家（特別支援学校アドバイザー）が派遣される事業が始まりました。その専門家から得た教育課程への指摘は，以下の内容でした。

・"合わせた指導"の時間数と「教科指導」の時間数のバランスが悪い。
・「生活単元学習」の単元構成が分かりにくく，指導目標や評価，教科との関連が明確になっていない。
・"合わせた指導"では，小学部から高等部まで同じような内容を指導しているように見える授業がある。指導の系統性や段階が分かりにくい。

4. "合わせた指導" から "教科別の指導" への教育課程の転換

　校長のリーダーシップは必要ですが，単なるトップダウン式では本当の意味での改革はできないのではないのでしょうか。教員が自ら学び納得ができるように取り組まなければ，校長の退職や異動と共に改革がストップしてしまう危険性があります。そこで，特別支援学校の校長として，教員一人一人が主体的に教育課程や授業づくりを見直すにはどうしたらよいかについて，以下に３つのポイントを示します。

ポイント1　教員の意識改革への働きかけ　～校長からの発信～

　「"合わせた指導"は特別支援学校の教育課程の中核」といった捉え方をしている多くの教員にとって，「"教科別の指導"を重視」と急に言われても，受け入れ難いことを理解します。専門家の助言も当初は，指導への否定と受け止められます。

　そこで，校長からの発信が重要となります。例えば，国や教育委員会の施策，学校の改革に必要なこと，専門家の助言内容等をまとめた『(仮称)校長だより』を配布し，教員に学校改革や教科指導重視の教育課程の必要性を分かりやすく解説し，知らせます。

ポイント2　校内研修会の見直しと充実　～教員の主体性を高める～

　教育課程を変えていくためには，教員の研修が重要です。研修はどの学校でも開催されていると思いますが，管理職や研修担当が必要だからと企画した「全員参加」の研修は，自分のニーズに合わないという不満も少なからずあります。

　そこで，全員参加の研修の他に「自由参加の研修会」を企画することを提案します。また，研修の企画は分掌に関係なく公募し，講師探しや運営も任せます。そうすることで様々な案（授業づくり，就労，人権教育，自立活動など）が出ます。そして，これを実現できるよう支援します。参加者は限られますが，自分たちの現在の教育が，本当にこれでよいのか，よりよい教育課程とはどのようなものかを考える教員が増え，意欲的で学び合う職場の雰囲気ができます。

ポイント3　教務主任を育てる　～まずはやってみる～

　「まずはやってみる」をキーワードに，"教科別の指導"の年間指導計画を各学部の教務主任から教員に示します。校長は，教務主任を育てることが重要です。

　そこで，教務主任には，教員の授業づくりや評価などで困りごとの相談に乗るように指示します。教員は教務主任から疑問に対する答えや説明を聞くことで課題が解決できるようになるので信頼性が増してきます。例えば，目標の明確化，3観点での評価などは，"合わせた指導"で曖昧だった部分が明確になるでしょう。このような効果は，教科書（☆本）の教材研究，ICT機器を取り入れた授業づくりにも波及していきます。

特別支援学校の教務主任を中心とした校内体制の整備

1. 教育課程の変更に向けて

　子供たちの生活を中心とし，体験的に学ぶことのできる"合わせた指導"は，特に知的障害のある子供の学びには有効であるとの見地から，これまで多くの学校において教育課程の中核に位置づけて教育を行っています。しかしながら，新学習指導要領が完全実施される上で，"教科別の指導"の視点における教育課程"合わせた指導"を"教科別の指導"へと転換していくことは容易ではなく，学校を挙げての取り組みが必要となります。

　まずは，教員一人一人が"合わせた指導"から"教科別の指導"へ考え方を転換する必要があります。どのように舵を切ってくのか，どのように共通理解を図っていくのかが大きな課題となっています。また，実際に現場で働く教員がスムーズに移行できるような体制づくりも進めていかなければなりません。学校の実情や組織に応じて，校長や教頭が主導し教務主任を中心とした組織の構築が必要です。

2. 教員一人一人の意識の改革

　"合わせた指導"を"教科別の指導"へと転換していく中で，現場の教員からは戸惑いの声が多く聞かれます。これまで行ってきたものが，全て新しいものに変わるのではなく，考え方を変えるという発想のもと取り組むことが大切になってきます。

　例えば，"合わせた指導"の年間計画に，具体的な教科名を記します。これにより，どの教科での指導なのかが明確になります。その教科の中でもある一つの領域への偏りやバランスの悪さなどが見えてくるかもしれません。まずは教員が教科学習として指導してきていたということを認識できることが必要です。次に，その学習の目標が教科学習の視点に立ったものであるかどうか検証します。おそらくは，"合わせた指導"ゆえに，教科ごとの目標設定の難しさがあるかもしれません。それを子供の実態に合わせた明確な教科の目標に変えることで授業への取り組み方や進め方，評価なども大きく変わってきます。PDCA サイクルを踏まえた，個別の指導計画にも変化が表れるはずです。また，その子供がこれまで学んできたことや現在取り組んでいる課題，今後付けたい力などがはっきりと見えてきます。そうすると，他の領域はどのように指導計画に盛り込んでいくのか，他の教科とのつながりはどうするのかなど，教員同士が考え検討を重ねることにより，よりよい年間計画が作成されるようになります。

3. 校内体制の整備

　教育課程は，校長が責任者となって編成します。多くの学校は，校長の指導の下，は じめに教務主任や教務部を中心として教育課程の原案を作成し，教育課程検討委員会等 で検討し，最終的に校長が決定しているのが実情です。教務部には学年主任や学部主任 が所属するケースが多いことから，教科別学習の目標や時間割作成の際の必要時数，年 間指導計画を比較的詳細に見通すことができます。加えて，当該学部や学年に管理職の 考えや学校全体の方向性などを即伝えることができるため，情報の共有化も図ることが できます。これを基に，学年部会や学部会などで十分に検討を重ねて議論します。そこ で出た疑問や意見については，主任会や運営委員会等で共有し，校長の考えを確認しな がら進めていくことが必要です。

　校内研究として研究部などの校務分掌との連携が一つの方法です。教員の研修の場と して，新学習指導要領に基づく教科別指導の授業研究会，複数のグループに分かれての 検討会など，多くの教員の意見や考えが反映されるようにすることが大切です。教科等 部会の時間を設定し，教科ごとに議論することも時には必要となるでしょう。各教科の 学習が小学部6年間，中学部3年間，高等部3年間の最長12年間でどのようにつながっ ていくのかを全学部の教員が共有することに意義があります。

　教育課程の編成については，関係機関との連携が重要です。都道府県（市）の教育委 員会への報告や連絡，相談を密に行い，必要に応じて指導助言を受けるようにします。 また，職員の研修の場として，外部講師による講演や指導助言も大切です。自分たちが 進めている計画の方向性が正しいのか，修正や変更が必要なのかを客観的に判断しても らうことが重要です。

4. 教育課程作成後の動きについて

　こうしてでき上がった教育課程は，その後，実際に運営していくことで生きたものに なります。しかし，当初考えていたことが実際の教育現場ではそぐわなかったり，ズレ が生じてきたりする可能性があります。また，児童生徒の実態や学校全体の動き，より よい教育活動の進め方など，現場からの声なども聞こえてきます。各学部や分掌部，各 種委員会などから意見を吸い上げ，成果や課題としてまとめることが大切です。管理職 の助言を得ながら，次年度の教育課程作成の際に生かし，それらを積み重ねながらより よい教育課程が形成されていきます。教育課程作成のための組織も，これまでのメンバー に変更があるかもしれません。いずれにせよ柔軟に対処していくことが大切です。

　学校の体制を変えることは容易ではなく，教育課程の変更を教務主任一人の力で行う ことは不可能です。校内体制の整備では，教員の人数や指導体制，校務分掌など，各校 の実情に合わせて校長のリーダーシップの下で組織的に進めていくことが必要です。

特別支援学級を設置している学校での管理職の役割

1. 管理職のリーダーシップが重要

　全国には，小・中学校と義務教育学校が約 3 万校あり，そのうち約 8 割に特別支援学級が設置されています。しかし，多様な学びの場の連続性の観点から，特別支援学級を設置していない学校の管理職であっても，特別支援学校や特別支援学級等における特別支援教育についての知見が欠かせないものとなっています。

　特別支援学級が設置されている小・中学校等では，特別支援学級の教育課程の編成，交流及び共同学習の充実など，管理職のマネジメントが期待されることが多くあります。その中で最も重要なことは，「教員の意識改革」と「専門性の向上のための研修の推進」に関するリーダーシップではないでしょうか。教員が適切に役割を分担しつつ，相互に連携しながら障害のある児童生徒への指導・支援の質の向上を図っていくことを実現するためには，この 2 つが欠かせません。端的に言えば，やるべきことが分かり（専門性の向上），やる気を出させる（意識改革）ことこそが管理職の最も重要な任務だと言えるでしょう。

　さらに，専門性については，障害のある児童生徒や特別支援学級に在籍する児童生徒の心理・生理・病理及び教育課程や指導法について，校内の支援体制の中で十分に理解し，指導・支援を充実させることが大切です。例えば，心理面はスクールカウンセラー，生理・病理面は養護教諭，教育課程は教務主任，指導法は特別支援学級担任，合理的配慮等の相談は教頭というように，管理職が校内をマネジメントし，特別支援学級の担任に全てを任せるのではなく，多くの教員で児童生徒に関わるようにします。

2. 教育課程の編成と授業改善への具体的支援

　特別支援学級の児童生徒は，一人一人の特性や能力が異なり，また，異学年編制の中で学習が進められます。その中で，特別支援学級の担任は，最大限の力を発揮させるための適切な教育課程を編成し，日々の授業改善をしていくことが求められます。管理職は，それを支えていくために教員集団をマネジメントすることが重要です。

　（1）全教員が特別支援学級を支えるために

・全ての教員が，特別支援学級における「特別の教育課程」の編成や，障害による生活上・学習上の困難を改善・克服するための自立活動の指導を理解します。

・インクルーシブ教育を推進するために，交流及び共同学習は必要であり，通常の学級と特別支援学級は，連続した学びの場であることを理解します。

・特別支援学級の児童生徒には，障害による生活上・学習上の困難さに対して合理的配慮が必要であることを理解します。

（2）教頭・教務主任が特別支援学級を支えるために

・特別支援学級の教育課程は，担任に任せるだけでなく，学級や学校，地域の実情を考慮して，担任とともに教務主任が中心となって計画し，校長が編成します。

・中学校特別支援学級においては，生徒の学年相応の各教科を指導する場合，特別支援学級担任の免許教科外の教科において，教科担当が特別支援学級で授業をしたり，学校全体で交流及び共同学習を計画し，教科担当の授業を受けられるようにしたりすることが必要です。

・教頭や教務主任が「特別支援教育のことは分からない」等の言葉を発しないようにします。

（3）特別支援学級の教育課程と授業改善を支えるために

・特別支援学級の担任と，「教科別の指導」は系統的な教科学習が担保されやすいことを共通理解します。また，以下の点について確認し，授業改善を支えます。

①既習事項が明確にされ，教科の目標や内容は妥当か

集団活動の形態で単元を設定する授業は，集団での活動内容が優先され，個々の教科等の指導が集団での活動内容の制約を受けることになります。学習指導要領に拠って作成された個別の指導計画の目標や内容に沿った内容となっているかを計画段階で確認します。

②「各教科等を合わせた指導」が効果的か

各教科の目標や内容を下学年の教科の目標や内容に替えることが効果的か，各教科を知的障害特別支援学校の各教科に替えることが効果的か，さらに，「各教科等を合わせた指導」を行うことが効果的かを吟味するようにします。

③各教科等の目標や内容の何を合わせた指導なのか

知的障害特別支援学校の各教科等の何段階の目標や内容の授業なのかを学習指導要領で確認します。例えば，季節を題材にした単元で毎年同じような授業を行ってはいないでしょうか。目標や内容が個別の指導計画の各教科等の内容に沿っているかを確認することが必要です。また，「合わせた指導」を実施した場合でも，合わせた指導の形態で指導した教科等の評価規準で評価をすることが重要です。

特別支援学級の担任の意識改革

1. 特別支援学級の教育課程と学習指導要領

　知的障害特別支援学級の中には，"教科別の指導"に加えて，生活単元学習や作業学習などの"合わせた指導"を設定していることが多いのではないでしょうか。新学習指導要領のポイントとして「知的障害のある子供のための各教科の充実」が示されていることを踏まえ，知的障害のある児童生徒にとって，"教科別の指導"を充実させるための教育課程の編成について検討することが迫られています。

　これまで，生活単元学習では，生活経験が不足しがちな児童生徒に対して実際の生活の場を想定し，各教科等の内容を合わせて，体験的な活動を取り入れながら扱ってきました。"合わせた指導"は，児童生徒に即した指導内容にするために，学校ごとに創意工夫された内容で指導を行っています。そのため，児童生徒の転校や進学の際には，学びの連続性が途切れてしまう心配があります。"教科別の指導"を行うことで児童生徒が転校や進学した際にも，各教科の学習内容の系統性が保証され，学びの連続性が確保されると考えます。

　また，"合わせた指導"では，特別支援学級と通常の学級の児童生徒が共に学ぶ活動の充実の壁になってしまう心配があります。"教科別の指導"を中心として行っている通常の学級の児童生徒と，特別支援学級の児童生徒が共に学ぶ活動を充実させるためには，"教科別の指導"を行う必要があるのではないでしょうか。

　さらに，"教科別の指導"を行うことは，学びの場の柔軟な選択をするためにも必要ではないでしょうか。中学校や高等学校への進学する際，特別支援学級に在籍する児童生徒の中にも，通常の学級の児童生徒と一緒に受験することがあります。そのため，各教科の評定や内申点が受験の合否に影響してくる場合があります。"合わせた指導"で行った学習内容を"教科別の指導"の評価と結び付けて評価することや内申点を付けることに困難さがあります。"教科別の指導"を行うことで，特別支援学級に在籍する児童生徒にも通常の学級に在籍する児童生徒にも同等の評価ができると考えます。

　これらのことを総合的に踏まえると，"合わせた指導"で行ってきたことを参考に，"教科別の指導"を中心とした教育課程に今後変更していく必要性を感じています。

2. “教科別の指導” の実践のポイント

“教科別の指導” を実践する際にポイントとなることは以下の３つです。

ポイント 1 児童生徒の疑問や気付きを大切にした単元構成

　理科の＜じしゃくのふしぎ＞の単元では，児童に磁石を渡し，体験的な活動を行います。児童は「磁石は金属にくっつく」「磁石とクリップの間に紙を挟んでもくっついたけど，磁石の力はどれだけ強いのだろう」と気付いたことや疑問に感じたことを挙げ，それを基に学習問題をつくることで，自ら学ぶことができます。体験活動を行い，疑問や気付きから学習問題をつくり，解決していくことで，主体的な学びになります。

ポイント 2 教科指導から日常生活へのつながり

　体育科の＜リズムダンス＞や算数科の＜たし算の筆算＞の単元では，細かく分けた手順カードを並べ替え，フローチャートを作成することで，思考や手順を見えるようにします。その結果，日常生活の中で，横断歩道を渡る場面において，「横断歩道の手前で止まる」「右左右を見る」「手を挙げる」「渡る」という行動を細かく分けて考え，児童が自ら行動できます。思考や手順を可視化することで日常生活の中で思考力・判断力・表現力を身に付けられます。

ポイント 3 ICT の効果的な活用

　GIGA スクール構想により，一人一台タブレット端末が整備されます。タブレット端末で，デジタル教科書やデイジー教科書などを活用すると，授業内容の理解を助けることができます。例えば，該当学年の教科指導の内容を理解できる児童生徒が，漢字を読むことに困難さを抱えている場合には，ルビ打ちや音声読み上げによりその学習内容を行うことができるようになります。ICT の効果的な活用が児童生徒の学びを広げられます。

3. 特別支援学級の担任の意識改革

　新学習指導要領では，特別支援学級と通常の学級の児童生徒が共に学ぶ横のつながりを意識した教育課程を編成していくことが必要です。また，幼稚園から高等学校，さらには自立や社会参加に向けた縦のつながりや学びの連続性を意識した教育課程を編成していくことが必要となります。横と縦のつながりある教育課程を編成していくためには，“教科別の指導” の充実が必要になってくるのではないでしょうか。

　これまでも，“合わせた指導” で児童生徒が主体的に学習に取り組むことができましたが，単元構成や手立て，支援の仕方は，“教科別の指導” でも生かしてくことが必要です。“教科別の指導” でも，主体的・対話的で深い学びを目指して，単元設定や教材の選定を行い，指導していくことが大切となります。

　知的障害児にとって“合わせた指導”が有効な指導の形態として，多くの学校・学級で取り扱われています。しかし“合わせた指導”を行う場合，各教科の目標及び内容を関連づけた指導及び評価の在り方が曖昧になりやすい傾向があり，指導の困難さを感じている教員もいるのではないでしょうか。

　名古屋市教育委員会では，今回の学習指導要領の改訂を機に，特別支援学校を主導し，“合わせた指導”から“教科別の指導”へと教育課程の編成を変更することにしました。しかし，教育課程の中核を転換しても，すぐに適切な授業ができるとは限りません。それを支援するために各種事業や研修等が重要であると考えています。

1.　教育研修の必要性

　特別支援学校における不適切な指導等に関するニュースが，たびたび取り上げられています。特別支援学校は，障害に対する教育の専門的な理解が求められるにもかかわらず，児童生徒にとって人権を侵害する有害な体罰や不適切な指導などが起こりやすい閉鎖的環境に陥っている場合があります。また，教科指導においても，児童生徒の障害の実態に合わせた指導法や個に合わせた教材の作成が必要となり，単なる教科指導だけでなく，特別な指導力が求められます。

　このような特別支援学校の閉鎖的空間の解消や風通しのよい職場づくり，教員の指導力の向上を目指すためには，学校内部による取り組みだけに頼るのではなく，外部機関が直接的に関わったり，教育委員会が先導して実施したりする教育研修の必要性は高いといえるでしょう。

2.　名古屋市教育委員会が取り組んでいる支援策

（1）特別支援学校教育課程の編成

　名古屋市教育委員会では，2019（令和元）年度と2020（令和2）年度に，小学校・中学校・特別支援学校の『名古屋市教育課程』を作成しました。各教科の学びの連続性を重視できるように，教科ごとに段階別の指導展開例や年間指導計画例を示しました。この教育課程は，各学校に配信して活用できるようにしています。

（2）特別支援学校アドバイザー派遣制度

　教育課程編成の改善と教員の指導力の向上等を目指すために，2019（令和元）年度から知的障害特別支援学校に大学教員，弁護士，言語聴覚士等（以下，アドバイザー）を派遣し，専門的な知見を基に指導・助言を受けることができるように「特別支援学校アドバイザー派遣制度」を導入しました。

　アドバイザーは，主に管理職に向けて学校経営や人権・法律などの指導・助言を行う「学校運営アドバイザー」と，教員全体に向けて授業改善（指導計画や単元構成，授業の目標設定，発問の仕方，教材・教具の工夫など），就労，保護者連携等の指導・助言や研修会などを行う「指導法アドバイザー」に分かれています（表3－4）。計18人の専門家が各校に年間計22回訪問しています。

表3－4　特別支援学校アドバイザーの構成と役割

アドバイザーの種類	専門家	助言分野	主な助言内容
学校運営アドバイザー	大学教員（特別支援教育）	学校経営	○ 管理職のマネジメント力向上 ○ 必要な体制整備 ○ 学校評価 ○ 開かれた学校の在り方（カリキュラムマネジメント等）
	弁護士	人権・法律	○ 教職員の人権感覚向上 ○ 教職員の言動 ○ 風通しのよい組織の在り方 ○ 法律の理解と遵守
指導法アドバイザー	大学教員	授業改善	○ 授業参観（希望者等） ○ 授業検討会（事前や事後）への参加及び助言 ○ 授業改善，授業検討会の取り組みの方法への助言 ○ 教育課程の見直し（年間指導計画や指導内容）への助言 ○ 学習指導要領の学習会
	心理職	指導法	○ 課題のある児童生徒の観察と具体的な指導方法への助言 ○ 自閉症や強度行動障害等の障害理解と対応に関する助言 ○ 教員と児童生徒のコミュニケーションの方法 ○ 自傷，他害のある児童生徒への理解と指導方法 ○ ケース会議，虐待防止委員会等への参加及び助言
	事業所関係者	就労	○ 中学部・高等部の職業科の在り方 ○ 企業が求める人材を目指した教育の在り方 ○ 就労や自立に向けての指導内容 ○ 保護者への啓発の仕方
	言語聴覚士	保護者連携	○ 児童生徒 理解（言語，認知，身体等）に関する助言 ○ 個別の教育支援計画の活用の仕方 ○ 保護者との連携の在り方への助言 ○ 保護者と支援方法の共通理解を深めるための助言

（3）教科指導の研修

　名古屋市の特別支援学校教員の特別支援学校教諭免許状保有率は，70％程度（全国約80％）であり，教育の質の向上の点からも，保有率の向上に取り組む必要があります。また，障害のある児童生徒に対する教科の指導法を学ぶ機会としての研修の充実も必要です。特別支援学校で各教科を指導する際は，それを考慮した指導法を身に付ける必要があります。

　また，日常業務を行いながら研修を受けることは，時間的や気持ち的な面での余裕がないのも実情として挙げられますので，研修を受けやすい環境整備に努めています。

（4）校長が市役所でプレゼンテーション

　校長の学校経営のマネジメント力は重要です。2019（令和元）年度から，特別支援学校の校長が年2回開催される「学校経営評価会議」の中で，『学校経営グランドデザイン』を名古屋市役所で発表しています。「社会に開かれた教育課程」としてアピールし，外部有識者による評価を受けています。

3. 継続的な授業改善に向けて

　一時的な事業の取り組みや支援策だけでは，本当の意味での学校改革や教員の指導力向上にはつながりません。また，内部だけでの評価を進めていくと，いずれまたマンネリ化してしまう恐れがあります。継続的に外部の目が入り，学校自体を保護者や地域に向けて開いていくことで，様々な角度からの意見が入り，内部からでは見えない課題や改善点も見えてくるはずです。継続的な授業改善をしていくためにも，学校が主体となって，外部と関わっていくことが重要となります。また，教育委員会は，継続的な学校現場の把握，指導・助言を継続していくことが重要であり，それぞれの取り組みの基礎になるはずです。

第4章

学習指導要領に対応した学習指導案

"教科別の指導"と"合わせた指導"の新たな学習指導案

　新学習指導要領では，児童生徒の育成すべき資質・能力として3つの柱（知識及び技能，思考力，判断力，表現力等，学びに向かう力，人間性等）が示されました。また，アクティブ・ラーニング（主体的・対話的で深い学び）の視点からの授業改善も求められました。これらは，障害を有する児童生徒に対しても同様に，学習活動の中で取り組む必要があります。

　このようなことから，授業計画の基盤である学習指導案にもこれらを反映させる必要があるでしょう。そこで，筆者らは，"教科別の指導"と"合わせた指導"，それに"自立活動の指導"について，新たな学習指導案を考案しました。

　"教科別の指導"と"合わせた指導"の新たな学習指導案の項目については，表4-1に示しました。これまでの一般的な学習指導案の項目に対して，新たに追加した項目が下線部です。具体的には，「単元における主体的・対話的で深い学びの視点」，単元目標や個人目標の中に「資質・能力の3つの柱（知識及び技能，思考力，判断力，表現力等，学びに向かう力，人間性等）」を示しました。そして，それらの目標は，新学習指導指導要領に示されている各教科のどの段階の目標と内容に当てはまるのかについても書き入れました。その他に，「教育活動全体に関わる自立活動の関連目標」「合理的配慮の観点」も加えました。学校教育における合理的配慮の観点は表4-2に示しましたが，学習指導案の中には，観点の番号のみを記載しています。

　そして，項目の最後には，「事後の個人目標の学習評価」を加えました。この項目は，単元での学習活動が開始する前に作成する学習指導"案"とは異なり，学習活動が終了した時点で評価する"事後の結果"となります。したがって，学習指導案と同列に扱いません。学習活動が終了した後で，個人目標が達成されたか否かを明確にするために，簡易的な「◎○△」の3段階評定を付けました。

　このような項目を基本にして，"教科別の指導"の具体的な内容については「学習指導案1～13」，"合わせた指導"の具体的な内容については「学習指導案14～17」に記載しました。

　なお，自立活動の学習指導案については，第5章で述べます。

表4-1 新たな学習指導の項目（下線部は追加した項目）

1. 単元名 ＊題材の場合には「題材」に変更
2. 単元設定の理由
   (1) 単元観
   (2) 児童生徒観
   (3) 指導観
3. 単元における主体的・対話的で深い学びの視点
   ・資質・能力の3本柱（主体的な学び，対話的な学び，深い学び）
4. 単元計画（本時：〇／〇教時目）
5. 単元目標
   (1) 全体目標
   ・3観点（知識及び技能，思考力，判断力，表現力等，学びに向かう力，人間性等）
   (2) 個人目標
   ・3観点（知識及び技能，思考力，判断力，表現力等，学びに向かう力，人間性等）
   ・〇〇の目標及び内容
   (3) 〇〇と関連する「自立活動」の目標
   (4) 〇〇における合理的配慮
6. 本時の学習活動
   (1) 全体目標
   ・3観点（知識及び技能，思考力，判断力，表現力等，学びに向かう力，人間性等）
   (2) 本時までの個人の実態
   (3) 個人目標
   ・3観点（知識及び技能，思考力，判断力，表現力等，学びに向かう力，人間性等）
   ・〇〇の目標及び内容
   (4) 本時の学習活動（〇分）
   (5) 場の設定
   (6) 板書計画
   (7) 教材・教具の工夫
7. 事後の個人目標の学習評価
   ・3観点（知識・技能，思考・判断・表現，主体的に学習に取り組む態度）
   ・〇〇の目標及び内容と評価

表4-2 学校教育における合理的配慮の観点

「合理的配慮」の観点① 教育内容・方法
　①-1 教育内容
　　①-1-1 学習上又は生活上の困難を改善・克服するための配慮
　　①-1-2 学習内容の変更・調整
　①-2 教育方法
　　①-2-1 情報・コミュニケーション及び教材の配慮
　　①-2-2 学習機会や体験の確保
　　①-2-3 心理面・健康面の配慮
「合理的配慮」の観点② 支援体制
　②-1 専門性のある指導体制の整備
　②-2 幼児児童生徒，教職員，保護者，地域の理解啓発を図るための配慮
　②-3 災害時等の支援体制の整備
「合理的配慮」の観点③ 施設・設備
　③-1 校内環境のバリアフリー化
　③-2 発達，障害の状態及び特性等に応じた指導ができる施設・設備の配慮

生活科　安全「交通ルール博士になろう」

▶学習指導要領に対応した知的障害児への授業改善の視点

　「具体的な活動を通して，生活に関わる見方や考え方を学び，実生活に生かすことのできる資質・能力を養う」ことをねらいとし，授業を設定しました。楽しめる活動を取り入れたり，教材・教具の提示の仕方を工夫したりして，児童の興味・関心を引き出しながら必要な知識や技能を身に付け，実生活に応用できる力につながることを願って考えました。

生活科　学習指導案

日　　時：令和3年5月25日（火）3時限
対　　象：小学部第2学年9名（男児6名，女児3名）
場　　所：教室
指導者：仁村裕美子（T1），山口真由美（T2），
　　　　岩田健（T3）

1. 単元名　　　安全「交通ルール博士になろう」

2. 単元設定の理由

（1）単元観

　これまで生活科の安全に関する授業では，校内の危険個所や危険な行為などを確認する学習を行ってきた。校内の移動や日常生活において繰り返し伝えることで，階段や段差に気を付けて歩いたり，進行方向を向いて移動したりして，危険を回避しようとする姿が見られるようになってきた。

　本単元では，安全の交通安全を扱う。これまでは，校内での移動時に「廊下は走らずに，右側を歩く」「進行方向を見て，人や物にぶつからないようにする」など，安全に気を付けて移動する学習に取り組んできた。新学期が始まって約2か月が経ち，学級や学年での活動にも慣れてきたため，活動の場を少しずつ広げていきたいと考えた。そこで，学習の活動内容を校外に広げ，児童自身が交通安全を身近なこととして考えながら，意欲的に授業に取り組む姿を期待し，本単元を設定した。本単元を通じて，楽しみながら交通安全について学び，交通ルールの基本的な知識や技能を習得し，課題に気付いたり主体的・協働的に学習を行ったりすることを通して，実生活に生かすことのできる資質・能力を身に付けてほしいと考える。

（2）児童観

　児童は，第2学年9名（男児6名，女児3名）である。児童は，これまでの交通安全に関す

る学習で，教員や友達と手をつないだり，端に寄ったりすることを意識して歩くことを学んできた。そのため，校内において決まった場所へ移動するときはそのルールを守って歩くことができる児童が多い。しかし，好きな活動や興味のあるものを見付けた際に，手を振りほどいて一人で歩いたり，周りの状況を確認せずに目の前のものに向かって走り出したりする児童がいる。

　また，キャラクターや人形を好み，パペットやペープサートを取り入れた学習活動には興味・関心をもって取り組むことができる児童が多い。児童同士のかかわりもあり，好きなものを共有しようとする姿も見られる。

　ゲームやクイズを楽しむことができる児童もおり，ポイント制やレベルアップを取り入れた内容に意欲を示すことがある。

（3）指導観

　これまでは，室内では走らないことや進行方向に対する危険要素を意識するというような内容を中心とした学習に繰り返し取り組んできた。

　今年度は，児童が活動の場を広げ，より実生活を意識して課題に取り組むことができるように，周りの状況に目を配ったり，校外の危険ポイントに気付いたりしながら交通ルールを学ぶことができるような学習活動を設定した。主に行う指導内容は，動画を活用した学習や横断歩道の渡り方や信号機の見方，クイズやポイント制を取り入れたまとめの学習である。

　動画は，キャラクターや教員の寸劇を取り入れて危険個所や交通ルールの説明をしたり，児童の歩行の様子を撮影して自身の振り返りを行ったりする際に活用する。また，教室内に簡易のコースを作り，自作教材を活用して，横断歩道の渡り方や信号機の見方を学ぶ。クイズやポイント制を取り入れた学習では，これまでの学習内容を含めた問題を作成し，ペアを組んで問題に答えたり，実践したりしながらポイントを獲得して交通ルール博士を目指す。

　危険を察知・回避する能力が低かったり，瞬時に対応して動くことが難しかったりする児童に対し，注目したり，意欲を高められるような学習内容を取り入れたりすることで，課題をより身近なこととして捉え，実生活に活用できる知識や判断力を養うことができると考える。

3. 単元における主体的・対話的で深い学びの視点

主体的な学び	・視聴覚機器を活用して，交通ルールや危険ポイントについて気付いたり，理解したりすることができるようにする。 ・選択問題や体験型の学習を取り入れることで，積極的に取り組めるようにする。 ・クイズの要素を取り入れることで，児童の学習意欲を高めることができるようにする。
対話的な学び	・ペアでの活動を設定することで，交通ルールや安全な方法について，友達と一緒に考えることができるようにする。 ・友達と考えたことを伝え合う活動を行うことで，新たな考え方や方法に気付くことができるようにしていく。
深い学び	・校内から校外へと学習の場を広げていくことで，実生活に必要な知識や判断力を養うことができるようにする。 ・道路や信号を渡る姿をビデオで撮影し，自分の様子を振り返ることで，自己評価をしたり，改善点に気付いたりすることができるようにする。

4. 単元計画（本時：3／5 教時目）

時数	月日	主な学習活動	準備物
1	5／11	「危険ポイントを知ろう」 ・廊下や階段の歩き方について確認する。 ・場面カードを使って，良い例と悪い例を知る。 ・校内を歩き，よく使う経路の曲がり角や交差する箇所を確認する。 ・校内平面図に危険ポイントシールを貼る。 ・問題に答えたり，課題に取り組んだりした後，ポイントカードにスタンプを押す。	・大型テレビ，PC ・場面カード ・校内平面図（写真付き） ・危険ポイントシール ・ポイントカード，スタンプ
2	5／18	「歩道の歩き方や横断歩道の渡り方を知ろう」 ・動画を見て，歩道の歩き方や横断歩道の渡り方，気を付けなければならないことを知る。 ・場面カードで，良い例と悪い例を確認する。 ・横断歩道シートと車シートを使って，横断歩道を渡る練習をする。 ・渡る様子をビデオで撮影し，振り返る。 ・ペアになり，問題に答えたり，課題に取り組んだりした後，ポイントカードにスタンプを押す。	・大型テレビ，PC ・場面カード ・横断歩道シート ・車シート ・ビデオカメラ ・ポイントカード，スタンプ
3	5／25 （本時）	「信号の見方を知ろう」 ・動画を見て，信号機の見方や押しボタン信号機の操作の仕方などを知る。 ・場面カードで，良い例と悪い例を確認する。 ・大型テレビに映した信号機や横断歩道シート，車シートを使って，横断歩道を渡る練習をする。 ・渡る様子をビデオで撮影し，振り返る。 ・ペアになり，問題に答えたり，課題に取り組んだりした後，ポイントカードにスタンプを押す。	・大型テレビ，PC ・場面カード ・横断歩道シート ・車シート ・ビデオカメラ ・チェックシート ・ポイントカード，スタンプ
4	6／1	「交通ルール博士になろう①」（校内編） ・これまでの学習を振り返り，スライドや動画，場面カードを見てクイズに答える。 ・問題に答えたり，課題に取り組んだりした後，ポイントカードにクリアシールを貼る。 ・全問終わったら，校内編合格証を受け取る。	・大型テレビ，PC ・場面カード ・横断歩道シート ・車シート ・ポイントカード ・クリアシール ・校内編合格証
5	6／8	「交通ルール博士になろう②」（実践編） ・これまでの学習を振り返り，危険ポイントや気を付けることを確認する。 ・校外の横断歩道や信号機を使って，歩行する。 ・教室に戻り，撮影した歩行の様子を振り返る。 ・課題に取り組んだ後，ポイントカードにクリアシールを貼る。 ・全問終わり，振り返りをした後，交通ルール博士認定証を受け取る。	・大型テレビ，PC ・ビデオカメラ ・ポイントカード ・クリアシール ・交通ルール博士認定証

5. 単元目標

(1) 全体目標

知識及び技能	・横断歩道や信号機の意味を知り，交通ルールに従って歩行することができるようにする。
思考力，判断力，表現力等	・場所や状況に応じた危険ポイントに気付き，必要な方法を選択して歩行することができる力を養う。
学びに向かう力，人間性等	・提示された教材・教具に注目したり，友達と協力したりしながら，集中して課題に取り組んだり，学んだことを日常生活に生かそうとしたりする態度を養う。

(2) 個人目標

*紙幅の都合上，３名まで掲載

児童	観　点	個　人　目　標	生活科の目標及び内容
A 2年	知識及び技能	・横断歩道や信号機があることを知り，交通ルールに従って歩行することができる。	生活科１段階 (1) 目標ア，イ，ウ (2) 内容 イ　安全 ア，イ
	思考力，判断力，表現力等	・身の回りの危険に気付き，教員と一緒に安全な方法を選んで，歩行することができる。	
	学びに向かう力，人間性等	・教材・教具に注目したり，教員や友達と一緒に活動したりしながら，進んで課題に取り組もうとすることができる。	
B 2年	知識及び技能	・横断歩道や信号機の意味を知り，交通ルールに従って歩行することができる。	生活科２段階 (1) 目標ア，イ，ウ (2) 内容 イ　安全 ア，イ
	思考力，判断力，表現力等	・自動車や自転車の存在に気付いたり，信号機の色を判断したりして，歩行することができる。	
	学びに向かう力，人間性等	・教材・教具に注目したり，友達と協力したりしながら，集中して課題に取り組もうとすることができる。	
C 2年	知識及び技能	・安全な歩行の仕方が分かり，身の回りの危険を回避して歩行することができる。	生活科３段階 (1) 目標ア，イ，ウ (2) 内容 イ　安全 ア，イ
	思考力，判断力，表現力等	・身の回りの安全を確認し，状況に適した方法を選んで歩行することができる。	
	学びに向かう力，人間性等	・学習活動に取り組んだり，友達と協力したりするなかで自分に必要な課題を見付け，解決しようとすることができる。	

(3) 生活科と関連する「自立活動」の目標

児童	自立活動の目標
A 2年	・横断歩道や信号機の学習では，様々な状況に応じて対応が変わることを知り，変化する状況に適切に対処するための行動の仕方を身に付けることができる。（環境の把握）
B 2年	・横断歩道や信号機の学習では，段階的に取り組むことで成功体験を積み，日常生活の似たような場面においても，自信をもって取り組むことができる。（環境の把握）
C 2年	・歩行の仕方を振り返る活動では，自身の行動を客観的に見て自己理解をし，自己肯定感を高めたり，改善点を受け入れたりすることができる。（人間関係の形成）

(4) 生活科における合理的配慮

*合理的配慮の観点（①指導内容・方法，②支援体制，③施設・設備）

児童	合理的配慮の内容	観点
A 2年	・キャラクターや人形を用いたり，視覚教材を活用したりすることで，必要な視覚情報に注目し，課題に取り組むことができるようにする。	①－１－１
B 2年	・繰り返し活動に取り組んだり，できたことをスタンプやシールで自己評価したりすることで，成就感を味わい，自信をもって行動することができるようにする。	①－１－２
C 2年	・自分の行動を撮影した動画を見て振り返り，良い点や課題について考えることで，自分の行動の特徴を理解し，状況に応じた行動ができるようにする。	③－２

6. 本時の学習活動

(1) 全体目標

知識及び技能	・信号の見方や使い方が分かり，表示された色に従って横断歩道を渡ることができるようにする。
思考力，判断力，表現力等	・信号や車の有無に気付き，安全に歩行する方法を選んで横断歩道を渡る力を養う。
学びに向かう力，人間性等	・教材に注目したり，友達と協力したりしながら活動に意欲的に取り組み，交通ルールを守ろうとする態度を養う。

(2) 本時までの個人の実態

児童	児 童 の 実 態
A 2年	・視覚優位の特性があるが，集中して必要な情報に注目することが難しい。移動時には教員と手をつないで歩く。
B 2年	・車が好きで，信号機や横断歩道の存在は知っている。マッチングができる。移動時は教員と手をつないで歩く。
C 2年	・車が近くまで来ているかや信号機の有無は分かる。マッチングができる。移動時は友達と手をつないで歩くことができる。しかし，興味のあるものを見付けると，気持ちがそれてしまうことがある。

(3) 個人目標

児童	観 点	個 人 目 標	生活科の目標及び内容
A 2年	知識及び技能	・信号機があることを知り，表示された色に従って教員と一緒に渡ることができる。	生活科1段階 (1) 目標ア，イ，ウ (2) 内容 イ 安全 ア，イ
	思考力，判断力，表現力等	・教員と一緒に車の有無や信号の色に気付き，安全な方法を選んで，横断歩道を渡ることができる。	
	学びに向かう力，人間性等	・動画や近付く車に注目し，進んで課題に取り組もうとすることができる。	
B 2年	知識及び技能	・信号機の色の意味が分かり，表示された色に従って渡ることができる。	生活科2段階 (1) 目標ア，イ，ウ (2) 内容 イ 安全 ア，イ
	思考力，判断力，表現力等	・自動車の存在に気付いたり，信号機の色を見て判断したりして，横断歩道を渡ることができる。	
	学びに向かう力，人間性等	・教材に注目したり，友達と協力したりしながら，意欲的に課題に取り組もうとすることができる。	
C 2年	知識及び技能	・信号機の色の意味が分かり，表示された色に従って渡ることができる。	生活科3段階 (1) 目標ア，イ，ウ (2) 内容 イ 安全 ア，イ
	思考力，判断力，表現力等	・自動車の有無を考えたり，信号機の色を見て判断したりして，一人で安全に横断歩道を渡ることができる。	
	学びに向かう力，人間性等	・自分の行動を映像で振り返ったり，友達の意見を聞いたりするなかで理解していることや自分に必要な課題を見出し，解決しようとすることができる。	

（4）本時の学習活動（45 分）

時間	主な学習活動	子供の活動（○），教員の指導・支援（・），及び配慮（＊）	準備物
導入 （5 分）	1. 始めの挨拶をする。	○姿勢を整えて着席し，教員に注目する。 ・日直に挨拶の号令を促す。	
	2. 本時の内容を聞く。	○提示された学習カードを見る。 ・T1 はホワイトボードに学習カードを提示し，活動内容を伝える。 ・T2, T3 は児童の傾聴を促す。	・学習カード ・ホワイトボード
展開 （35 分）	3. 信号の見方を知る。 （1）動画を視聴する。	○大型テレビに注目し，動画を見る。 ・T1 は，PC と大型テレビをつなぎ，信号機の見方や押しボタン式信号機の操作の仕方についての動画を再生し説明する。 ・T2, T3 は，児童が画面に注目できるよう，促す。 ＊児童が興味・関心をもって見られるよう，キャラクターを用いた動画を作成する。	・大型テレビ ・PC
	（2）場面カードを使って，良い例と悪い例を知る。	○場面カードを見て，教員の質問に答える。 ・T1 は，動画の内容にふれながら，良い例と悪い例の絵が描かれたカードを児童に見せて，質問する。 ・T2, T3 は，カードを見るよう促し，実態に応じて選択の支援を行う。	・場面カード
	（3）信号を見て横断歩道を渡る練習をする。	○大型テレビに映る信号機の色を見て，横断歩道シートの上を歩く。 ・T1 は，PC を操作する。 ・T2, T3 は信号機に注目するよう促し，児童が横断歩道を渡る際に実態に応じて補助する。 ＊児童の実態に合わせて，信号機の色を変える時間や練習の回数を調整する。	・大型テレビ ・PC ・横断歩道シート
	（4）信号や車を見て横断歩道を渡る練習をする。	○大型テレビに映る信号機の色や教員が動かす車を見て，横断歩道シートの上を歩く。 ・T1 は，定点カメラを設置し，歩行の様子を撮影する。また，車シートを用いて横断歩道に向かって走行する車を表現する。 ・T2 は PC を操作し，児童の実態に応じて補助する。 ・T3 は，児童が信号機に注目するよう促し，実態に応じて渡る際に補助する。	・大型テレビ ・PC ・横断歩道シート ・車シート ・ビデオカメラ
	（5）撮影したビデオ動画を見て振り返る。	○渡る様子を撮影したビデオの映像を見て，自分の様子を振り返る。 ・T1 は，映像を見ながら良かった点や気を付けると良い点などを伝える。 ・T2, T3 は，児童が大型テレビに注目するよう，促す。 ＊自分で課題を見付けてほしい児童には，チェックシートを用意する。	・大型テレビ ・PC ・ビデオカメラ ・チェックシート
	（6）活動を振り返るクイズを行い，ポイントカードにスタンプを押す。	○ペアをつくり，本時の学習で取り上げた内容のクイズに答える。 ○正解数に応じて，ポイントカードにスタンプを押す。 ・T1 は，児童が答えやポイントをつかむことができるよう，分かりやすく質問する。 ＊T2, T3 は，実態に応じて言葉を掛けたり，カードを用いたりして答えを促す。	・問題カード ・○×カード ・ポイントカード ・スタンプ
終末 （5 分）	4. 分かったことや頑張ったことを発表する。	○分かったことや頑張ったことについて，言葉や学習カードで発表する。 ・T1 は，挙手のあった児童を指名し，発表を促す。 ＊T2 は，発表している児童に注目するよう，他の児童に言葉掛けをする。	・学習カード ・ホワイトボード
	5. 終わりの挨拶をする。	○姿勢を整えて着席し，教員に注目する。 ・日直に挨拶の号令を促す。	

(5) 場の設定

【教室配置図】(3の(3)(4)の活動以外時)

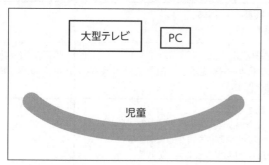

【教室配置図】(3の(3)(4)時)

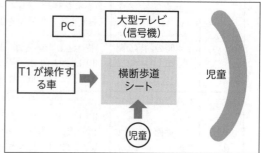

(6) 板書計画

きょうのがくしゅうないよう

1　はじめのあいさつ
2　せんせいのはなし
3　しんごうのみかた

【きょうのめあて】しんごうのみかたをしろう

(1) コノハズクはかせのはなし
(2) いいのはどっち
(3) しんごうをみて，わたろう①
(4) しんごうをみて，わたろう②
(5) じょうずにわたれたかな
(6) くいずにこたえよう
4　わかったことやがんばったこと
5　おわりのあいさつ

(7) 教材・教具の工夫

・動画の映像は，児童がよく活用する場所で撮影する。

・動画に使用するキャラクターは児童が興味・関心のもてるものに変えても良い。

・信号は表示の時間や間隔を調整できるよう，パワーポイントで作成する。(小型の信号機がある場合はそちらを活用してもよい)

・車シートは，車の写真やイラストを分割印刷し，ラミネート加工して貼り付け，裏に取っ手を付ける。顔の部分をくり抜き，教員からは児童の活動の様子が，児童からは教員が運転しているように見えるようにする。

・車を提示する際は，児童の実態に応じて高さを変え，車の存在に気付くことができるようにする。

7. 事後の個人目標の学習評価（学習活動終了後）

児童	観　点	個人目標の学習評価　（◎○△）	生活科の目標及び内容と評価（◎○△）
A 2 年	知識・技能	・信号機を見て，教員と一緒に緑になったことを確認して渡ることができた。（◎）	生活科1段階 (1) 目標ア（◎），イ（○），ウ（◎） (2) 内容 　イ　安全 　　ア（○），イ（◎）
	思考・判断・表現	・教員と一緒に車の有無や信号の色を確認することはできたが，状況を判断して渡ることは難しかった。（○）	
	主体的に学習に取り組む態度	・動画や近付く車に注目したり，進んでスタンプを押したりすることができた。（◎）	
B 2 年	知識・技能	・信号機の「赤は止まる，緑（あお）は進む」の意味が分かり，表示された色に従って渡ることができた。（◎）	生活科2段階 (1) 目標ア（◎），イ（○），ウ（◎） (2) 内容 　イ　安全 　　ア（◎），イ（◎）
	思考・判断・表現	・自動車が近付いていることに気付いたり，信号の色が緑（あお）になっていることを確認してから横断歩道を渡ったりすることができた。（◎）	
	主体的に学習に取り組む態度	・画面に映るものに注目して発言したり，友達と話して答えたりして，課題に取り組むことができた。（◎）	
C 2 年	知識・技能	・信号機の「赤は止まる，緑（あお）は進む」の意味が分かり，表示された色に従って渡ることができた。（◎）	生活科3段階 (1) 目標ア（◎），イ（◎），ウ（○） (2) 内容 　イ　安全 　　ア（◎），イ（◎）
	思考・判断・表現	・信号機の色を見て確認したあと，自動車が近付いていないかを確認してから，一人で横断歩道を渡ることができた。（◎）	
	主体的に学習に取り組む態度	・自分が渡る様子を映像で見て，できたことは理解していたが，課題に気付くことは難しかった。（○）	

国語科 物語「あなたは だあれ」

　この授業は，普段の生活の中で見聞きしやすい動物の名前を「あなたはだあれ」「○○です」と教員や友達とやり取りする学習です。この授業では，答える動物を教科書の挿絵やタブレット端末の画面に映し出した画像を使って，答えるようにします。タブレット端末は，物を可視化する上で強みがあり，容易に画像を入れ替えることができます。そこに，タブレットで問題を作成するという面白みも加わることから，主体的に取り組み，活発な話し合いを促すことができるようになると考えました。

国語科 指導案

　日　　時：令和3年9月17日（水）第2時限
　対　　象：小学部第2学年3名（男児2名，女児1名）
　場　　所：2年教室
　指導者：森浩隆

1. 単元名　　　物語「あなたは　だあれ」

2. 単元設定の理由

（1）単元観

　本単元は，輪郭の中が塗りつぶされた動物を指し示し「あなたはだあれ」と問い掛ける男の子の挿絵を見て，児童が動物の名前を当てる題材である。この物語では，「犬」「猫」「ひよこ」「ぶた」「あひる」「うし」の6匹の動物が，ページをめくるたびに登場し，最後は男の子と動物たちが一緒に散歩をするという物語である。登場する動物は，短い言葉で言いやすく，鳴き声で模倣もしやすいことから，うまく言葉で表現することが難しい児童にとっても回答しやすい。

　そして，物語の展開は分かりやすく，次に登場する動物への期待感を高めることができることから，出来事の順番を考える力や，内容や様子を思い浮かべるなどの想像をする力を養うこともできる。

　また，この単元では，教員から「あなたはだあれ」との問い掛けに，児童が回答者となり答えるといった，クイズのような面白さもあり，「あなたはだあれ」「○○です」といった，形式化されたリズムでやり取りができることからも，知的障害のある児童にも答えやすいと考える。さらに，この物語は，登場する動物を他の動物や人物等に差し替えることが容易にできるため，学芸会や交流及び共同学習といった，別の活動でも用いることができる汎用性の高い単元であると考える。

(2) 児童観

　児童は，第2学年3名（男児2名，女児1名）である。児童は，これまで，家庭において保護者や兄弟と過ごし，保育園や療育センターでは，日常の生活を保育士と一対一で過ごすなど，小さな集団で活動することが多かった。そのため，遊具を共有したり，順番を守って遊んだりすることなど，大きな集団で活動することに抵抗があった。しかし，小学部に入ってからは，学年単位や学部単位，全校での活動を繰り返し行なってきたことで，第2学年になった現在では，友達を意識することができ，一緒に物を運んだり，友達に配布物を渡したりすることができるようになってきた。

　聞くことや話すことに関しては，友達の名前，持ち物やアニメのキャラクターなど繰り返し，聞き慣れた言葉に関しては，言葉で伝えることができる。しかし，出来事や自分の思いを文章で伝えることはまだ難しい。また，第1学年時から，国語の学習では，絵本の読み聞かせや，絵や写真を見て出来事を伝える学習に取り組んでいる。そのため，教員や友達の話を聞こうとすることや絵や写真等を手掛かりに伝えたいことを伝えようとすることができるようになってきた。

(3) 指導観

　はじめは，教科書の挿絵を用いて「あなたはだあれ」「〇〇です」といったやり取りを繰り返し行う。その中で，教員とのやり取りだけではなく，友達とのやり取りを行う場面を設定することで，意図的に友達とのかかわりを促す。

　そして，そのやり取りに慣れてきたところで，登場人物を別の動物や友達の写真に差し替えて指導を行う。その際，タブレットPCを用いる。タブレットPCは，指でスワイプすることで画面を変えることができるため，紙をめくることが苦手な児童にとっても扱いやすいことが期待できる。また，教材を可視化する上で，画像の差し替えが容易なため，児童の興味・関心が高い画像を用いることで，学習に対する主体性を促すこともできると考える。

　さらに，自分で考えた問題を友達に答えてもらったり，友達が考えた問題に答えたりといった「当てっこゲーム」を行うことで，より自然な形で対話ができるようにし，「〇〇さんはどんな問題を出せば喜んでくれるかな。」「〇〇さんはこの問題分かるかな。」といったように，人間関係の形成における深い学びにもつながると考える。

　その他にも，タブレットPCを用いることで，ICT機器の基本的な操作の習得にもつながり，情報活用能力の育成を図る上での基礎作りにもつながると考えられる。

3．単元における主体的・対話的で深い学びの視点

主体的な学び	・物語の展開が分かりやすく，次に登場する動物への期待感も高まる題材を用いる。 ・輪郭の中身が塗りつぶされた動物の名前を当てる，ゲーム性を取り入れる。 ・短い言葉で言いやすく，鳴き声で模倣もしやすい動物にする。 ・登場人物を別の動物や友達の写真に差し替えて指導を行う。 ・学習にタブレットPCを用いることで，紙をめくるストレスを掛けないようにしたり，児童の興味・関心が高い画像を用いたりする。

対話的な学び	・挿絵や画像から考えられる名前や鳴き声などを声に出すことや呼び掛けに対する応答を教員や友達と行う。 ・自分で考えた問題を友達に答えてもらったり，友達が考えた問題に答えたりといった「当てっこゲーム」を行う。
深い学び	・「あなたはだあれ。」「○○です。」といったやり取りを基に，自分で問題を考え，友達に答えてもらったり友達が考えた問題に答えたりするゲームを行う。

4. 単元計画（本時：4 ／ 5 教時目）

時数	月日	主な学習活動	準備物
1	9／8	「あなたは　だあれ」 ・教科書の挿絵を見る。 ・物語の内容を聞く。 ・登場する動物について知る。 ・登場する動物の動作や鳴き声を模倣する。 ・教科書の挿絵を見ながら「あなたはだあれ」「○○です」と，教員とやり取りする。	・教科書 ・「犬」「猫」「ひよこ」「ぶた」「あひる」「うし」のペープサート（片面は，輪郭の内側が塗りつぶされたもの）
2	9／10	「あなたは　だあれ」 ・前時に登場した動物の名前を確認する。 ・物語の内容を聞く。 ・教科書の挿絵を見ながら「あなたはだあれ」「○○です」と，教員とやり取りする。 ・次に登場動物の名前を予想する。 ・登場した順に動物の名前を言う。	・教科書 ・「犬」「猫」「ひよこ」「ぶた」「あひる」「うし」のペープサート（片面は，輪郭の内側が塗りつぶされたもの）
3	9／15	「あなたは　だあれ」 ・前時に登場した動物の名前を確認する。 ・物語の内容を聞く。 ・教科書の挿絵を見ながら「あなたはだあれ」「○○です」と教員とやり取りする。 ・教科書の挿絵を見ながら「あなたはだあれ」「○○です」と友達同士でやり取りする。 ・「犬」「猫」「ひよこ」「ぶた」「あひる」「うし」以外に登場させたい動物の名前を出し合う。 ・次回はタブレットPCを使った取り組むことを知る。	・教科書 ・「犬」「猫」「ひよこ」「ぶた」「あひる」「うし」のペープサート（片面は，輪郭の内側が塗りつぶされたもの） ・タブレットPC
4	9／17 （本時）	「あなたは　だあれ」 ・タブレットPCの画面に映し出された，教科書の挿絵と同じ絵を見ながら「あなたはだあれ」「○○です」と，教員とやり取りする。 ・タブレットPCに触れ，画面を指でスワイプすることで次の画面に移ることを知る。 ・輪郭の内側が塗りつぶされた新たな動物の画像を見て，その動物の名前を答える。	・教科書 ・「犬」「猫」「ひよこ」「ぶた」「あひる」「うし」のペープサート（片面は，輪郭の内側が塗りつぶされたもの） ・タブレットPC
5	9／22	「あなたは　だあれ」 ・タブレットPCの画面に映し出された，動物の画像を見て，「あなたはだあれ」「○○です」と，教員とやり取りする。 ・タブレットPCの画面に映し出された，動物の画像を見て，「あなたはだあれ」「○○です」と，友達同士でやり取りする。	・タブレットPC

5. 単元目標

(1) 全体目標

知識及び技能	・物語に登場する動物の絵を見て，言葉や鳴き声と結び付けることができるようにする。
思考力，判断力，表現力等	・「あなたはだあれ」の問い掛けに応じて，名前を考えたり鳴き声や身振りで模倣したり，言葉で伝えたりすることができる力を養う。
学びに向かう力，人間性等	・友達と問題を出し合おうとしたり，新しい登場人物で問い掛けられても，答えようとしたりする態度を養う。

(2) 個人目標

児童	観　点	個　人　目　標	国語科の目標及び内容
A 2年	知識及び技能	・物語に登場する動物の絵を見て，絵と名前を正確に結び付けることができる。	国語科2段階 (1) 目標イ (2) 内容 [知識及び技能] 　イ(イ) [思考力，判断力，表現力等] 　Cアイ
	思考力，判断力，表現力等	・「あなたはだあれ」の問い掛けに応じて，自分で正解を考え，言葉で伝えることができる。	
	学びに向かう力，人間性等	・友達に出す問題を考えたり，友達から出された問題に答えたりしようとすることができる。	
B 2年	知識及び技能	・物語に登場する動物の絵を見て，教員の言葉を手掛かりに，絵と言葉を結び付けることができる。	国語科1段階 (1) 目標ウ (2) 内容 [知識及び技能] 　イ(エ) [思考力，判断力，表現力等] 　Aアイ
	思考力，判断力，表現力等	・「あなたはだあれ」「○○です」のやり取りの仕方に慣れ，指差しや鳴き声，頭文字を発する等で答えることができる。	
	学びに向かう力，人間性等	・次に登場する動物を楽しみにし，問い掛けに答えようとすることができる。	
C 2年	知識及び技能	・物語に登場する動物の絵を見て，絵と名前を結び付けることができる。	国語科1段階 (1) 目標イ (2) 内容 [知識及び技能] 　イ(イ) [思考力，判断力，表現力等] 　Cイエ
	思考力，判断力，表現力等	・「あなたはだあれ」「○○です」のやり取りの仕方に慣れ，絵を見て，言葉で伝えることができる。	
	学びに向かう力，人間性等	・友達と問題を出したり出されたりしながら問題に答えようとすることができる。	

(3) 国語科と関連する「自立活動」の目標

児童	自立活動の目標
A 2年	・友達からの問い掛けを受け止め応じることができる。（人間関係の形成） ・友達とのやり取りを通して，成就感を味わうことができる。（人間関係の形成）
B 2年	・視覚的な手掛かりを活用しながら，擬音語を用いた発声や，身振りで伝えることができる。（コミュニケーション）
C 2年	・友達とのやり取りを通して，成就感を味わうことができる。　（人間関係の形成）

(4) 国語科における合理的配慮
*合理的配慮の観点（①指導内容・方法，②支援体制，③施設・設備）

児童	合理的配慮の内容	観点
A 2年	・遊びの要素をもつ教材を取り入れることで，意図的に人とのかかわりを促すようにする。	①－2－2
B 2年	・聞いた言葉を想像することが苦手なため，写真や絵をカードにしたり，タブレット PC を用いて画像を提示したりする。	①－2－1
C 2年	・言葉にしたいことを表出できるよう，自発的な言葉が出るまで待ったり，言葉の一部を伝えて，言葉の表出を促したりする。	①－1－1

6. 本時の学習活動

(1) 全体目標

知識及び技能	・輪郭の内側が塗りつぶされた動物の画像を見て，鳴き声や名前と結び付けることができる。
思考力，判断力，表現力等	・「あなたはだあれ」の問い掛けに応じて，鳴き声や身振りで模倣したり，正解を考えて名前で伝えたりすることができる。
学びに向かう力，人間性等	・新しく登場する動物に興味・関心をもち，答えようとすることができる。

(2) 本時までの個人の実態

児童	児 童 の 実 態
A 2年	・「あなたはだあれ」「○○です」のやり取りの仕方を覚え，教科書に登場する動物の名前を正確に言うことができる。 ・教科書の挿絵を教員や友達に見せ，「あなたはだあれ」と問い掛けることができる。
B 2年	・挿絵の動物の名前を聞き，教員と一緒に指し示したり，一緒に鳴き声をまねたりすることができる。
C 2年	・「あなたはだあれ」「○○です」のやり取りの仕方を覚え，教科書に登場する動物の名前を教員の支援を受けながら言うことができる。

(3) 個人目標

児童	観 点	個 人 目 標	国語科の目標及び内容
A 2年	知識及び技能	・タブレット PC の画面上に提示される，動物とその名前を結び付けることができる。	国語科2段階 (1) 目標イ (2) 内容 [知識及び技能] イ(イ) [思考力，判断力，表現力等] Cアイ
	思考力，判断力，表現力等	・タブレット PC の画面上に提示された動物を見て，名前を答えたり，友達に問題を出したりすることができる。	
	学びに向かう力，人間性等	・友達に問題を出す際に，伝わりやすい言葉で問題を出そうとすることができる。	
B 2年	知識及び技能	・タブレット PC の画面上の動物の絵を見て，教員の言葉を手掛かりに，絵と言葉を結び付けることができる。	国語科1段階 (1) 目標ウ (2) 内容 [知識及び技能] イ(エ) [思考力，判断力，表現力等] Aアイ
	思考力，判断力，表現力等	・タブレット PC の画面上の動物の絵を見て，鳴き声や頭文字を発する等で答えることができる。	
	学びに向かう力，人間性等	・次に登場する動物を楽しみにし，問い掛けに答えようとすることができる。	

			国語科1段階
C 2年	知識及び技能	・タブレットPCの画面上に提示される，動物と絵と名前を結び付けることができる。	(1) 目標イ (2) 内容 [知識及び技能] イ(イ) [思考力，判断力，表現力等] Cイエ
	思考力，判断力，表現力等	・タブレットPCの画面上の動物の絵を見て，名前を答えることができる。	
	学びに向かう力，人間性等	・教員と一緒に友達に問題を出したり，友達から出された問題に答えたりしようとすることができる。	

(4) 本時の学習活動（45分）

時間	主な学習活動	子供の活動（○），教員の指導・支援（・），及び配慮（＊）	準備物
導入 （10分）	1. 前時の振り返りをする。	○始まりの挨拶をする。 ○教科書の挿絵を見て「あなたはだあれ」「○○です」と教員とやり取りする。 ○前時の活動で出し合った動物を確認する。 ・前時の活動で出し合った動物の画像をタブレットPCの画面上に提示しその名前を聞く。 ＊タブレットPCの画面上に，動物の絵を映し出し，動物の絵に興味がもてるようにする。 ＊タブレットPCの画面をスワイプするなど実際に操作することで，タブレットPCに対する期待感を高められるようにする。	・教科書 ・動物のペープサート ・タブレットPC
	2. 本時のめあてを知る。	○「あなたはだあれ」と書かれたカードを見て，本時のねらいと活動内容を聞く。 ・本時のねらいと活動内容を説明する。 ＊いつでもめあてを確認できるように，めあてを書いたカードをホワイトボードに貼っておく。 ＊活動内容を説明する際，始まりから終わりまでの順番が分かるように貼っておく。	・本時のめあてが書かれたカード
展開 （25分）	3. 動物の名前を言う。	○輪郭の内側が塗りつぶされた動物の絵を見て，その絵の名前を答える。 ・タブレットPCの画面上に輪郭の内側が塗りつぶされた動物の絵を写し「あなたはだあれ」と質問する。 ＊動物の名前が言えない，言葉が出そうで出ないなどの児童には，名前の一部や特徴，鳴き声を伝えるなど，ヒントを出すようにする。 ○動物の名前を答えるやり取りを友達同士で行う。 ・問題を出す児童を指名し，他の児童の前で「あなたはだあれ」と問い掛けるように伝える。 ＊問題が伝わりにくい時には，児童の言葉を復唱したり，聞き取りにくかった部分を伝えたりする。 ・上手に問い掛けたり，答えたりすることができたときは称賛する。	・動物のペープサート ・タブレットPC
終末 （10分）	4. 本時の活動をまとめる。	○本時の活動で登場した動物の絵と名前を見聞きする。 ・絵を提示しながら名前を伝え，復唱を促す。 ＊他の児童と一緒に言うことが苦手な児童には，一人で言う機会を設けるようにする。 ○教員や友達が出した問題を聞き，答えることができたかを振り返る。 ・他の児童の前で披露するように伝える。 ＊やり取りがうまくできていることを伝える。 ○次時の学習内容を聞く。 ○終わりの挨拶をする。	・動物のペープサート

（5）場の設定

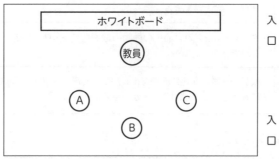

児童：A 〜 C

（6）板書計画

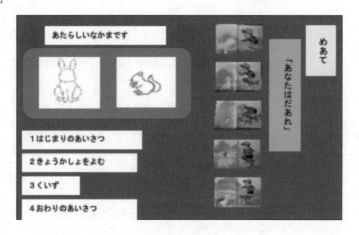

（7）教材・教具の工夫

タブレット PC を活用

7．事後の個人目標の学習評価（学習活動終了後）

児童	観　点	個人目標の学習評価　（◎○△）	国語科の目標及び内容と評価（◎○△）
A 2年	知識・技能	・タブレット PC の画面上に提示された，動物の白抜きの絵を見て，すぐに名前を答えることができた。（◎）	国語科2段階 (1) 目標イ◎ (2) 内容 [知識及び技能] イ（イ）◎ [思考力，判断力，表現力等] Cアイ◎
	思考・判断・表現	・タブレット PC の画面上に提示された動物を見て，動物の特徴を答えたり，友達に問題を出したりすることができた。（◎）	
	主体的に学習に取り組む態度	・友達に問題を出す際に，教員の促しを受けて言葉を選んで問題を出すことができた。（○）	
B 2年	知識・技能	・物語に登場する動物の絵を見て，教員の言葉を手掛かりに，絵と言葉を結び付けることができたものと，難しいものがあった。（○）	国語科1段階 (1) 目標ウ○ (2) 内容 [知識及び技能] イ（エ）○ [思考力，判断力，表現力等] Aアイ○
	思考・判断・表現	・「あなたはだあれ」「○○です」のやり取りを聞いて，指差しや鳴き声，頭文字を発する等して動物名を正答することができた。（◎）	
	主体的に学習に取り組む態度	・次に登場する動物を楽しみに待ったり，問い掛けに自ら答えたりするとは難しかった。（△）	
C 2年	知識・技能	・物語に登場する動物の絵を見て，絵と名前を結び付けることができたときとできなかったときがあった。（○）	国語科1段階 (1) 目標イ○ (2) 内容 [知識及び技能] イ（イ）○ [思考力，判断力，表現力等] Cイエ△
	思考・判断・表現	・タブレット PC の画面上に提示された動物の絵を見て，何の動物か考えて正しく答えることは難しかった。（△）	
	主体的に学習に取り組む態度	・友達から出された問題に答えることはできたが，緊張からか問題を出すことは難しかった。（○）	

社会科　我が国の地理や歴史「都道府県と山形県」

▶学習指導要領に対応した知的障害児への授業改善の視点

　この学習では，自分たちの住む県や市，地方などについて，名称や位置，特色などを調べることや発表を通して理解を深めていきます。友達と話し合ったり，クイズを出し合ったりすることで，興味・関心を広げ理解を深めていくことができるようにしました。この学習を通して郷土を愛する心や，自分たちの住んでいる地域への関心を養い，子供たちの学びに向かう力を，他の学習にもつないでいくことを願って考えました。

社会科　学習指導案

日　　時：令和3年5月19日（水）3校時
対　　象：中学部第3学年8名（男7名，女1名）
場　　所：3年教室
指導者：伊藤優里（T1），長岡由美子（T2）
　　　　横山桂（T3），　結城吉夫（T4）
　　　　岡村瑞季（T5）

1．単元名　　　我が国の地理や歴史「都道府県と山形県」

2．単元設定の理由

　（1）単元観

　本単元では，山形県の地理的環境の特色や，県内の文化財，年中行事について理解を深めることをねらいとしている。社会科の学習については，昨年度，山形県の4つの地方の位置と名称，中心的な市の位置と特色について学習した。また，山形県の各地方や市町村についても，友達と一緒に調べたり，クイズに答えたりして，楽しみながら学びを深めてきた。北海道や東京都などのこの国の特徴的な都道府県，さらに東北6県の位置や特徴について知ることで地理への関心をもてるようにしたい。また，山形県の地理的環境について自ら調べ，表現することで，理解を深めたい。

　（2）生徒観

　生徒は，第3学年8名（男子7名，女子1名）である。コミュニケーションについては，気持ちを言葉で伝えることができる生徒，自分の欲求を言葉のはじめの1文字や指差しで伝える生徒などがいる。活動の見通しや説明などの複雑な情報は，絵や文字，音声など様々な情報から内容を読み取って理解することが可能である。

　社会科の学習に限らず，普段から課題に対しては前向きに取り組むことができる生徒が多い。疑問点や不明点があるときには，自分から質問したり，キーワードを頼りにタブレット端末な

どを用いて調べたりする姿も見られる。

（3）指導観

　生徒間に大きな実態差のある中で学習をするにあたり，発達段階の異なる生徒たちが自分たちの住む町や県，地方などの名称や位置，特色などを主体的に学び，友達と一緒に深めていくために，次のことを工夫する。

　まず，山形県クイズを作ったり出し合ったりすることで，山形県の地理的環境の特色について学べるようにする。また，視覚や触覚を優位に使いながら，地図などの資料に触れ合うとともに，手先を使うことで集中する気持ちを整えられるようにする。ワークシートに取り組む活動では，学んだことを文章で書いてまとめたり，絵や写真カード，文字シールを貼ってまとめたりするなど，生徒によって表現方法は様々である。それぞれの進度や表現方法を考慮して生徒の実態に合った形態のものを提示し，自分がまとめやすいものを選べるようにする。一人で活動をすることが難しい生徒については，素材や道具を工夫することで，学んだことをまとめられるようにしたり，教員と一緒に取り組むように促したりして生徒が主体的に，楽しんで学習活動ができるようにする。活動を通して，自らの経験と地理を結び付け，普段の生活から身近な社会について関心をもつ姿勢を育てたい。

3.　単元における主体的・対話的で深い学びの視点

主体的な学び	・社会の学習に対して「面白い」「楽しい」という実感を持たせて，積極的に取り組めるようにする。 ・タブレット端末を使うことで，書字に課題のある生徒も自ら学んだことを自分でまとめたり，知識が身に付いたか確認したりできるようにする。 ・パズルを使うことで，自ら操作し，都道府県や地方の形を作ったり覚えたりできるようにする。
対話的な学び	・自分が知ったことや，調べたこと，感じたことなどを友達と伝え合う活動を行うことで，新たな発見をしたり，考えを広げたりできるようにする。
深い学び	・様々な都道府県や市町村を知る中で，自分が興味をもった都道府県や市町村を選び，視点を設定して調べることができるようにする。 ・学んだり，調べたりしたことを生かして，山形県のクイズを作成し，出し合うことで，自らの学びを深められるようにする。

4. 単元計画 （本時：5／7 教時目）

時数	月日	主な学習活動	準備物
1	4／28	○都道府県における山形県 ・都道府県クイズ（東北6県，北海道，東京，沖縄など）をし，それぞれの都道府県で有名な名産品等について知る。 ・白地図に記入し，都道府県における山形県の位置を知る。 ・今後の学習計画（山形県について調べ学習を行い，山形県クイズを作成する）について確認する。	・ワークシート ・日本地図（白地図） ・名産品イラスト ・出題者用ヒントカード
2	5／11	○市町村の様子 ・教員による山形県クイズをする。 ・市町村の位置や県庁所在地，4つの地域について資料から読み取り，白地図にまとめたりイラストで表したりする。 ・調べたことを発表する。	・ワークシート ・資料 ・山形県パズル ・タブレット端末
3	5／12	○行事の様子 ・教員による山形県クイズをする。 ・行事について資料から読み取り，白地図にまとめたりイラストで表したりする。 ・行事が行われる地域と市町村のつながりを確認する。（山形市…花笠祭りなど） ・調べたことを発表する。	・ワークシート ・資料 ・タブレット端末
4	5／18	○名産品の様子 ・教員による山形県クイズをする。 ・名産品について資料から読み取り，白地図にまとめたりイラストで表したりする。 ・各地域の名産品と市町村のつながりを確認する。（東根市…さくらんぼなど） ・調べたことを発表する。	・ワークシート ・資料 ・タブレット端末
5	5／19 （本時）	○土地の様子 ・教員による山形県クイズをする。 ・山形県の地形（山，川，盆地，平野）について資料から読み取り，白地図にまとめたりイラストで表したりする。 ・名産品と地形の関連について考える。 ・調べたことを発表する。	・ワークシート ・資料 ・タブレット端末
6	5／25	○山形県クイズを作ろう ・4グループ（市町村，行事，名産品，土地）に分かれて出題するクイズを作成する。 ・調べる過程で出てきた疑問についてもタブレット端末で調べる。	・ワークシート ・資料 ・タブレット端末
7	5／26	○山形県クイズを出し合おう ・自分たちが調べて作成したクイズを出し合う。 ・山形県の広がりについてまとめる。	・ワークシート

5. 単元目標

(1) 全体目標

知識及び技能	・都道府県における山形県の位置や名産品，行事，県庁所在地などについて知ることができるようにする。
思考力，判断力，表現力等	・山形県の地形と名産品について，それらの特色について考えたり，関連することについて気付き，表現したりする力を養う。
学びに向かう力，人間性等	・県の様子や県内の文化財，伝統行事について，予想や学習計画を立てたり，見直したりして，学習問題を追究し，解決しようとする態度を養う。

(2) 個人目標

＊紙幅の都合上，3名まで掲載

生徒	観 点	個 人 目 標	社会科の目標及び内容
A 3 年	知識及び技能	・我が国における山形県の位置や名産品，行事，県庁所在地など，県の概要を理解することができる。	社会科2段階 (1) 目標ア，イ，ウ (2) 内容 　オ　我が国の地理や歴史 　　(ｱ) ⑦，⑦ 　　(ｲ) ⑦
	思考力，判断力，表現力等	・県の地形や名産品の特色や関連に気付き，山形県に関するクイズを作ることができる。	
	学びに向かう力，人間性等	・活動の中から新しい課題を見付け，自分から学習に取り組もうとすることができる。	
B 3 年	知識及び技能	・我が国における山形県の位置や，県の4つの地域と市町村の位置について知る。	社会科1段階 (1) 目標ア，イ，ウ (2) 内容 　オ　我が国の地理や歴史 　　(ｱ) ⑦，⑦
	思考力，判断力，表現力等	・県内の市の位置や地形，土地利用の様子から場所による違いに気付くことができる。	
	学びに向かう力，人間性等	・キーワードを基にタブレット端末で調べるなど，一人でできることを工夫しながら進めようとすることができる。	
C 2 年	知識及び技能	・山形県の地形や県内の市の位置と名産品について知り，教員と一緒にワークシートにまとめることができる。	社会科1段階 (1) 目標ア，イ，ウ (2) 内容 　オ　我が国の地理や歴史 　　(ｱ) ⑦，⑦
	思考力，判断力，表現力等	・山形県クイズで，選択肢の中から関心のあるものや正解だと思うものを選択して調べたり，答えたりすることができる。	
	学びに向かう力，人間性等	・教員や友達と一緒に，学習やまとめの資料を作成することで，自信をもち，自分から資料などを作ろうとすることができる。	

(3) 社会科と関連する「自立活動」の関連目標

生徒	自立活動の関連目標
A 3 年	・自分の考えや気持ちを相手に伝わるような言葉で伝えることができる。（コミュニケーション）
B 3 年	・教員とやり取りをしながら体の力を抜いたり体を動かしたりすることができる。（身体の動き） ・自分の伝えたいことについて，ラベルライターを活用し，表すことができる。（コミュニケーション）
C 3 年	・教員の言葉掛けで手元に集中することができる。（環境の把握） ・教員や友達と一緒に活動したり，かかわりをもったりすることができる。（人間関係の形成）

(4) 社会科における合理的配慮

＊合理的配慮の観点（①指導内容・方法，②支援体制，③施設・設備）

生徒	合理的配慮の内容	観点
A 3 年	・教員が適宜言葉掛けをしながら，現在の活動や要点を確認することで，指示を聞き逃さないようにしたり，要点を押さえて自分の考えをまとめたりできるようにする。	①-1-1
B 3 年	・ラベルライターを使うことで，自分で操作し，学んだことや考えたことをまとめることができるようにする。	③-2
C 3 年	・絵や写真を提示し，視覚的に理解できるようにする。 ・タブレット端末や丸シールを使うことで，自分で操作し，学習したことを確認したり，まとめたりできるようにする。	①-1-1 ①-2-1

6. 本時の学習活動

(1) 全体目標

知識及び技能	・山形県に広がる地形の名称や位置，特色を知ることができるようにする。
思考力，判断力，表現力等	・地形の特色や地形と名産品の関連について考えたり，白地図に表現したりする力を養う。
学びに向かう力，人間性等	・映像や資料から地形の特色を読み取ったり，調べたことを積極的に発表したりしようとする態度を養う。

(2) 本時までの個人の実態

生徒	生　徒　の　実　態
A 3年	・自分の出身地や行ったことのある市町村について，名称や場所が分かる。 ・山形県の4つの地方や主要な市について，名称や位置，名産品などが分かる。 ・発言は積極的に行うことができるが，指示を聞き逃してしまうことがある。
B 3年	・自分の出身地や行ったことのある市町村について，名称や場所が分かる。 ・山形県の4つの地方や主要な市について，名称や位置，名産品などが分かる。 ・力のコントロールが難しく，うまく文字が書けないため，ラベルライターを使い，考えたことをまとめている。
C 3年	・発語はないが，指差しや頷くことで意思を伝えることができる。 ・映像や写真，具体物などがあると理解しやすくなることがある。 ・書字は難しいが，文字シールや絵カードを選んで貼ることでまとめることができる。

(3) 個人目標

生徒	観　点	個　人　目　標	社会科の目標及び内容
A 3年	知識及び技能	・山形県の山，川，平地，盆地の名称や位置，特色を知ることができる。	社会科2段階 (1) 目標ア，イ，ウ (2) 内容 　オ　我が国の地理や歴史 　(7) ⑦，(イ) ⑦
	思考力，判断力，表現力等	・資料から山形県の名産品や，生産量が多いものを見付け，まとめることができる。	
	学びに向かう力，人間性等	・資料や学習でまとめたことなどから，新しい課題を見付け，取り組もうとすることができる。	
B 3年	知識及び技能	・山形県の山，川，平地，盆地の名称や位置を知ることができる。	社会科1段階 (1) 目標ア，イ (2) 内容 　オ　我が国の地理や歴史 　(7) ⑦，⑦
	思考力，判断力，表現力等	・地形と産地に関連がないか考え，気付いたことを教員や友達に伝えることができる。	
	学びに向かう力，人間性等	・山形県の特色や産業など，他の分野に興味をもち，進んで調べようとする。	
C 3年	知識及び技能	・山形県の地形の位置を知ることができる。	社会科1段階 (1) 目標ア (2) 内容 　オ　我が国の地理や歴史 　(7) ⑦，⑦
	思考力，判断力，表現力等	・教員と一緒に資料等を見ながら，選択肢の中から答えを指差しで選ぶことができる。	
	学びに向かう力，人間性等	・身の回りに山形県の特産品がないか探し，見付けたら友達に知らせようとすることができる。	

（4）本時の学習活動（50分）

時間	主な学習活動	子供の活動（〇），教員の指導・支援（・），及び配慮（＊）	準備物
導入 （5分）	1. 始めのあいさつをする。		
	2. 山形県クイズをする。	・前時の学習の振り返りと，本時の学習への見通しがもてるよう，前時と本時それぞれの内容に関するクイズを出題する。 〇分からないときは前時のワークシートを振り返る。 ＊実態に合わせて答えることができるよう，答えに合うイラストを準備したり指差しでの発表を促したりする。	・クイズ用のイラスト
	3. 学習内容の確認をする。	・今日の学習内容の見通しがもてるよう学習課題を板書する。	
展開 （30分）		**どうして山形県は，さくらんぼや米作りが有名なのだろう。**	
	4. 調べ学習を行う。 ①映像を見て，県に広がる山，川，平野，盆地について知る。 ・最上川 ・鳥海山 ・月山 ・蔵王山 ・庄内平野 ・山形盆地 ・新庄盆地 ・米沢盆地	・農業と地形の関係に気付けるよう，本時は地形について触れていくことを確認する。 〇学習課題について予想する。 〇知っている地形（最上川など）について発表する。 ＊地形（山，川，平野，盆地）のイメージがもてるよう，映像を準備する。 〇映像を見て，地形（山，川，平野，盆地）の名称や特色を知る。 ＊教員が繰り返し言葉掛けし，生徒が名称にも着目して覚えることができるようにする。	・TV ・タブレット端末 ・拡大白地図 ・資料
	②資料から，県に広がる山，川，平野，盆地の位置を確認する。	・山形県に広がる地形の位置に注目できるよう，地形に特化した資料を準備する。 〇資料から，それぞれの地形の位置を読み取る。 ・読み取った内容を書き込み，全員で確認できるよう，県の拡大白地図を提示する。 ・平野や盆地との関係に気付けるよう，事前にさくらんぼや米作りがさかんな地域を白地図に示しておく。	
	5. 調べたこと分かったことなどを発表する。	〇調べたことや分かったこと，読み取ったことを拡大白地図に記入したり，指差しで答えたりしながら実態に合わせて発表する。 ・地形による特色が農業に関連することを言葉掛けする。 ・特色を全員で共有できるよう，簡単な言葉で板書する。 ・平野では米作り，盆地ではさくらんぼなどの果物作りがさかんであることをまとめる。	・拡大白地図
終末 （15分）	6. 本時のまとめをする。	〇本時の学習内容をワークシートにまとめる。 ＊書くことが難しい生徒も活動できるよう，実態に合わせてラベルライターや文字シールを準備する。 ・白地図に示した内容を，記述する際に参考にするよう言葉掛けをする。	・ワークシート ・ラベルライター ・文字シール
	7. 終わりのあいさつをする。		

(5) 場の設定

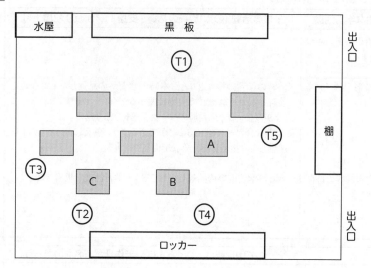

(6) 板書計画

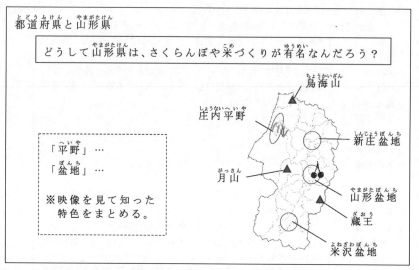

※さくらんぼと米のイラストは事前に貼っておく。
※地形の名称は，生徒が発表したときに記入する。また，最上川の流れを白地図に記入する。

7. 事後の個人目標の学習評価（学習活動終了後）

生徒	観点	個人目標の学習評価　（◎○△）	社会科の目標及び内容と評価（◎○△）
A 3年	知識・技能	・山，川，平野，盆地の中から複数の名称や位置と，特色について知り答えることができた。（◎）	社会科2段階 (1) 目標ア（◎），イ（◎），ウ（◎） (2) 内容 　オ　我が国の地理や歴史 　(ア) ⑦（◎） 　(イ) ⑦（◎）
	思考・判断・表現	・盆地や平野などの県内の地形や，さくらんぼや米作りが盛んなことの関連に気付き，ワークシートにまとめることができた。（◎）	
	主体的に学習に取り組む態度	・さくらんぼの他にりんごやラフランスなどが名産品であるということを聞き，どこで収穫できるか質問する姿が見られた。（◎）	
B 3年	知識・技能	・山形県の地形の名称や位置を知り，教員の質問に正しく答えることができた。（◎）	社会科1段階 (1) 目標ア（◎），イ（◎） (2) 内容 　オ　我が国の地理や歴史 　(ア) ⑦（◎） 　　　⑦（◎）
	思考・判断・表現	・盆地や平野などの県内の地形の特徴と，さくらんぼや米作りが盛んなことの関連について気付き，発表することができた。（◎）	
	主体的に学習に取り組む態度	・県内の農産物や観光地を調べ，自分の好きなものや，行きたいところなどを調べることができた。（○）	
C 3年	知識・技能	・山形県の地形の位置について知り，タブレット端末を操作し，正しい位置を触ることができた。（◎）	社会科1段階 (1) 目標ア（◎） (2) 内容 　オ　我が国の地理や歴史 　(ア) ⑦（◎） 　　　⑦（◎）
	思考・判断・表現	・山形県の名産品について，選択肢の中から果実ではさくらんぼ，農産物では米を選ぶことができた。（◎）	
	主体的に学習に取り組む態度	・本や映像などからさくらんぼを見付けたときには，近くの友達に知らせる姿が見られた。（◎）	

算数科　図形「いろいろなかたち」

▶学習指導要領に対応した知的障害児への授業改善の視点

　この授業は，重複障害学級において，図形の領域を学習するにあたり，複数の障害を併せ有する児童が，自分から教材・教具に働き掛けたり，形の特徴を理解したりすることができるよう，教材・教具の工夫を行ったものです。新しい名称を知ったり，形に触れる活動を積み重ねたりすることで，今まで知っていた物を，新しく知った名称で分類したり，図形の特徴を把握したりし，身の回りのものや環境に進んで働き掛けるなど，主体的な姿や学びとなるように考えました。

算数科（重複学級）　学習指導案

日　時：令和3年12月13日（月）2時限
対　象：小学部第3学年1名（女），第4学年1名（男）
場　所：重複障害学級教室
指導者：和田茉莉子（T1），松本秀人（T2）

1.　単元名　　　図形「いろいろなかたち」

2.　単元設定の理由

（1）単元観

　これまで算数科では，同じ形のブロックを探したり，具体物の形と似ているブロックを見付けたりするなど，物と物の関係に着目し，似ている二つのものを結び付ける学習を繰り返し行ってきた。繰り返しの学習により，少しずつ形の特徴に気付くようになり，曲線部をなでたり，直線部を触って確かめたりする児童の姿が見られるようになってきた。

　本単元では，形に着目して仲間分けをしたり，型はめを行ったりする活動の中で，「丸」，「三角」，「四角」という名称を取り扱う。日頃，見て確認したり，様々な物を手で触る，肌に触れさせたりするなどして，物の見分けをしている様子が見られる。本単元において，「丸」，「三角」，「四角」について取り上げ，名称を知ることで，自ら形を探そうとしたり，名称を使って今まで知っているものを分類したりしようとする姿を期待し，本単元を設定した。例えば，ボール，皿，時計などを「丸」，おにぎり，三角定規，標識などを「三角」，教科書，本，机などを「四角」に分けるなどの姿が期待できる。また，本単元を通して，身の回りの物の形に興味をもち，自ら周りの環境に働き掛けることができる資質・能力を身に付けてほしい。

（2）児童観

　児童は，第3・4学年の2名である。児童2名は，重複障害学級の児童であり，第3学年のAは，

教員の言葉掛けを聞き，朝の支度を行ったり，着替えを丁寧に行ったりすることができる。朝の支度では，連絡ノートや給食袋などをかばんから出し，イラストを頼りにしながら物を弁別し，自分のペースで朝の準備を行うことができる。また，第4学年のBは，手に取ったものをつかんだり，肌に触れさせたりして，感触を楽しむ様子が見られる。休み時間には，積み木を規則正しく並べたり，高く積み上げたりし，自分なりの遊び方で積み木あそびを楽しむ様子が見られる。

コミュニケーション面では，自分の要求を教員の腕を引いたり，特定の言葉を発したりして伝えることができる。児童AもBも自発的な友達とののかかわりはまだ少ないが，教員が間に入ることで児童同士のかかわりが生まれ，教員を介してやり取りすることができる。

（3）指導観

これまで，自由に物をつかみ，教員に渡したり，指示された具体物と同じ具体物を探したりする活動を行ってきた。「一つ取ってください。」「○○と同じものはどれかな。」の指示を聞き，教員の示範や具体物を参考にしながら学習を繰り返してきた。また，身の回りにある具体物の形に着目する活動では，形そのものを捉える活動や，二つの形が同じであるか，同じでないかを区別する学習に取り組んできた。教員と一緒に形を比べ，身の回りには様々な形が存在していることに気付くことができた。

本単元では，丸と三角，四角をその形に着目し，視覚や触覚から分かる曲線部や直線部の違いを捉え，「丸の仲間」，「三角の仲間」，「四角の仲間」に分類する活動を設定した。

本単元を通して，「丸」「三角」「四角」という名称に親しむとともに，身の回りの物をこれらの名称を使って捉えることも期待できる。

3．単元における主体的・対話的で深い学びの視点

主体的な学び	・一人一セットずつ教材・教具を用意することで，各自の進度で学習に取り組むことができるようにする。 ・児童が集めた形を分かりやすく示すことで，集めることが楽しいと感じたり，もっと集めたいと思ったりすることができるようにする。 ・音声が出る教具を用意することで，児童のやりたい気持ちを高めたり，達成感を味わったりすることができるようにする。
対話的な学び	・友達と役割分担をして課題に取り組む場面を設定することで，友達と協力して活動することができるようする。 ・友達が作ったものを見たり，友達が集めている形を伝えられたりすることで，友達の活動に興味をもつことができるようにする。 ・準備や片付けの役割を児童が行うことで，友達のことを意識しながら活動することができるようにする。
深い学び	・自分が取り組んでいる形だけでなく，友達が取り組んでいる形に興味をもったり，次は違う形を集めてみようと考えたりすることができるようにする。 ・教室の中にある物の形を「丸」「三角」「四角」という形で分類するなど，身の回りの物を「丸」「三角」「四角」で捉えることができるようにする。

4. 単元計画（本時：4 ／ 5 教時目）

時数	月日	主な学習活動	準備物
1	11／22	「まる・さんかく・しかく①」 ・丸，三角，四角を見た目の違いや曲線部や直線部を触って確かめることにより見分ける活動を行う。 ・丸，三角，四角の型はめ教材を使い，それぞれの形の輪郭を意識し特徴を捉える活動を行う。 ・丸，三角，四角の名称が出てくる歌を聞き，それぞれの名称を知る活動を行う。	・丸，三角，四角の型はめ教材 ・タブレット端末 ・丸，三角，四角の言葉が出てくる歌の音源(CDなど)
2	11／29	「まる・さんかく・しかく②」 ・丸，三角，四角を見た目の違いや曲線部や直線部を触って確かめることにより見分ける活動を行う。 ・丸，三角，四角の型はめ教材を使い，それぞれの形の輪郭を意識し特徴を捉える活動を行う。 ・丸，三角，四角の名称が出てくる歌を聞き，それぞれの名称を知る活動を行う。	・丸，三角，四角の型はめ教材 ・タブレット端末 ・丸，三角，四角の言葉が出てくる歌の音源(CDなど)
3	12／6	「まる・さんかく・しかく③」 ・丸，三角，四角を見た目の違いや曲線部や直線部を触って確かめることにより見分ける活動を行う。 ・丸，三角，四角の型はめ教材を使い，それぞれの形の輪郭を意識し特徴を捉える活動を行う。 ・丸，三角，四角の名称が出てくる歌や絵本の読み聞かせを聞き，それぞれの名称を知る活動を行う。	・丸，三角，四角の型はめ教材 ・タブレット端末 ・丸，三角，四角の言葉が出てくる歌の音源(CDなど) ・丸，三角，四角の言葉が出てくる絵本
4	12／13 （本時）	「いろいろなかたち①)」 ・丸，三角，四角を見た目の違いや曲線部や直線部を触って確かめることにより見分ける活動を行う。 ・丸，三角，四角のマグネット板を使い，それぞれの形の輪郭を意識し特徴を捉え，それぞれの形を集めたり分けたりする。 ・丸，三角，四角の名称が出てくる絵本の読み聞かせを聞き，それぞれの名称に親しむことができる活動を行う。	・丸，三角，四角のマグネット板 ・タブレット端末 ・丸，三角，四角の言葉が出てくる歌の音源(CDなど) ・丸，三角，四角の言葉が出てくる絵本
5	12／20	「いろいろなかなたち②」 ・丸，三角，四角を見た目の違いや曲線部や直線部を触って確かめることにより見分ける活動を行う。 ・丸，三角，四角のマグネット板を使い，それぞれの形の輪郭を意識し特徴を捉え，それぞれの形を集めたり分けたりする。 ・丸，三角，四角の名称が出てくる絵本の読み聞かせを聞き，それぞれの名称に親しむことができる活動を行う。	・丸，三角，四角のマグネット板 ・タブレット端末 ・丸，三角，四角の言葉が出てくる歌の音源(CDなど) ・丸，三角，四角の言葉が出てくる絵本

5. 単元目標

（1）全体目標

知識及び技能	・身の回りのものの形に着目し，集めたり，分類したりすることを通して，図形の違いが分かるようにするための技能を身に付けるようにする。
思考力，判断力，表現力等	・身の回りのものの形に関心をもち，分類したり，集めたりして，形の性質に気付く力を養う。
学びに向かう力，人間性等	・図形に関心をもち，算数で学んだことの楽しさや良さを感じながら興味をもって学ぶ態度を養う。

(2) 個人目標

児童	観点	個人目標	算数科の目標及び内容
A 3年	知識及び技能	・「丸」「三角」「四角」の名称を知り，形に着目して仲間分けをすることができる。	算数科2段階 (1) 目標 　B図形　ア，イ，ウ (2) 内容 　B図形　ア(ｱ)　⑦ 　　　　　イ(ｱ)　⑦
	思考力，判断力，表現力等	・「丸」「三角」「四角」を比べ，形の特徴を考えることができる。	
	学びに向かう力，人間性等	・「丸」「三角」「四角」の形に興味を持ち，身の回りにある形を進んで見付けようとする。	
B 4年	知識及び技能	・「丸」「三角」「四角」の名称やそれぞれの特徴に親しむことができる。	算数科2段階 (1) 目標 　B図形　イ (2) 内容 　B図形　イ(ｱ)　⑦
	思考力，判断力，表現力等	・曲線や直線の違いを捉え，同じ形を見付けることができる。	算数科1段階 (1) 目標 　C図形　ア，ウ (2) 内容 　C図形　ア(ｱ)　⑦
	学びに向かう力，人間性等	・「丸」「三角」「四角」に興味をもち，身の回りにあるものの形を進んで捉えようとすることができる。	

(3) 算数科と関連する「自立活動」の目標

児童	自立活動の目標
A 3年	・自分の思いを伝えたり，教員からの働き掛けに応じたりする方法に気付き，その方法を身に付けることができる。（人間関係の形成） ・教員が自分にどのような働き掛けをしたのかに気付き，身に付けた方法で応じることができる。（人間関係の形成） ・自分の思いや好きな事柄を教員に伝えて共感を求めたり，働き掛けに応じて教員と一緒に学習したりできる。（コミュニケーション）
B 4年	・自分や周囲の状況を把握し，場に応じた活動に教員と一緒に取り組むことができる。（環境の把握） ・手を伸ばしたり，発声したりすることで，自分の思いを教員に伝えることができる。（コミュニケーション） ・状況に応じて活動を選択することの大切さに気付き，自分や周囲の状況に応じた活動を楽しむことができる。（環境の把握）

(4) 算数科における合理的配慮　　＊合理的配慮の観点（①指導内容・方法，②支援体制，③施設・設備）

児童	合理的配慮の内容	観点
A 3年	・情緒が不安定になったときには，別室で落ち着くことができるようにする。 ・具体物等の操作や，体を使った活動を多く取り入れるようにする。	③-2 ①-1-2
B 4年	・触って確認できる教材・教具を活用するようにする。 ・学習にスムーズに取り組めるよう，移動可能な机と椅子を用いたり，板書の際には蛍光色のチョークを使用したりするようにする。	①-1-1 ③-2

6. 本時の学習活動

(1) 全体目標

知識及び技能	・丸や三角，四角という名称を知り，それぞれの形の曲線部や直線部に着目し，仲間分けをすることができるようにする。
思考力，判断力，表現力等	・丸や三角，四角の輪郭の曲線部や直線部で形を判断し，形の名称を自分なりの方法で伝える力を養う。
学びに向かう力，人間性等	・丸や三角，四角のマグネットを進んで手に取り，それぞれの形や名称に親しもうとする態度を養う。

(2) 本時までの個人の実態

児童	児 童 の 実 態
A 3年	・丸，三角，四角の名称が出てくる歌を聞きながら声を出し，それぞれの名称に興味をもつことができ始めている。型はめ教材では，形の輪郭を触る様子が見られる。形を横にずらしながら同じ型の枠を探し，枠にはめることができる。
B 4年	・型はめ教材に興味をもち，両手で触る様子が見られる。 ・丸，三角，四角の名称が出てくる絵本の読み聞かせでは，名称を聞きながら教員と一緒に形の輪郭を触り，それぞれの名称に親しむことができる。

(3) 個人目標

児童	観 点	個 人 目 標	算数科の目標及び内容
A 3年	知識及び技能	・「丸」「三角」「四角」の名称を知り，形に着目して三角の形を集めることができる。	算数科2段階 (1) 目標 　B図形　ア，イ，ウ (2) 内容 　B図形　ア (ア) ㋐ 　　　　　イ (ア) ㋐
	思考力，判断力，表現力等	・「丸」「三角」「四角」を比べ，形の特徴を考えることができる。	
	学びに向かう力，人間性等	・「丸」「三角」「四角」の形に興味をもち，三角の形を進んで見付けようとする。	
B 4年	知識及び技能	・「丸」「三角」「四角」の名称やそれぞれの特徴に親しむことができる。	算数科2段階 (1) 目標 　B図形　イ (2) 内容 　B図形　イ (ア) ㋒
	思考力，判断力，表現力等	・形の輪郭の曲線を捉え同じ形を見付けることができる。	算数科1段階 (1) 目標 　C図形　ア，ウ (2) 内容 　C図形　ア (ア) ㋐
	学びに向かう力，人間性等	・「丸」「三角」「四角」に興味をもち，身の回りにあるものの形を進んで捉えようとすることができる。	

（4）本時の学習活動（45分）

時間	主な学習活動	子供の活動（〇），教員の指導・支援（・），及び配慮（＊）	準備物
導入 （15分）	1. 前時の活動を振り返る。	〇タブレット端末で前時の活動内容を確認する。 ・児童の反応が大きく見られた場面や，進んで活動していた場面を視聴できるようにする。 ＊動画だけでなく，様子を言語化して伝えることで，前時を思い出すことができるようにする。	・タブレット端末
	2. 絵本の読み聞かせを聞く。	〇丸，三角，四角の名称が出てくる絵本の読み聞かせを聞く。 ・児童の手元にも同じ絵本を用意し，立体になっている形の輪郭を触りながら聞いたり，一緒に手を動かしたりしながら形を確認できるようにする。	・丸，三角，四角の名称が出てくる絵本
	3. 本時の活動内容を知る。	〇本時のめあてを教員と一緒に確認する。 ・ さんかくやまるのかたちをさがしましょう というめあてを黒板に掲示する。 ・それぞれの児童が確認できるように，一緒に読み上げたり，手元のタブレット端末に提示したりする。	・めあてを書いたカード ・タブレット端末
展開 （20分）	4. 丸，三角，四角の形を確認する。	〇手元に丸，三角，四角のマグネットを用意し，自由に触って確認する。 ・教材を入れた袋を教卓に置いておき，自分が使うものを自分で取りに来るようにする。 ・児童がどのような方法で形を確認しているかを把握するようにする。	・丸，三角，四角のマグネット（1枚ずつ） ・マグネットを入れる袋
	5. 形集めをする。	〇Aは三角，Bは丸の形を集める。 ＊Aが三角の形を集めるときには，輪郭に着目するようにし，「シュッ，シュッ，シュッ」などと輪郭の様子を言語化して理解を促すようにする。 ＊Bが丸の形を集めるときには，手の上にマグネットを1枚ずつ載せ，反対の手で輪郭を触りながら「くるりんくるりん」などと言語化して輪郭の様子を伝えるようにする。 〇集めた形を，手元のホワイトボードに貼り付ける。 ・枠で仕切ったり，形の輪郭を描いたりしておくなどし，貼り付ける場所を分かりやすく提示する。 ＊見て確認，触って確認，聞いて確認など，様々な方法で形の確認ができるようにする。 ・早く終わった場合は，1～2枚マグネットを追加し，さらに集められるようにする。 〇丸，三角，四角の名称が出てくる歌を聞く。 ＊形集めが早く終わってしまったり，集中が難しくなってしまったりしたときに前時までに学習してきた歌を聞き，気分転換を促したり，形の名称を確認したりできるようにする。	・丸，三角，のマグネット（5枚ずつ） ・ミニホワイトボード ・追加用丸，三角マグネット（数枚） ・丸，三角，四角の名称が出てくる歌の音源
終末 （10分）	6. 本時のまとめをする。	〇自分が集めた形を友達に見せて発表する。 ・ホワイトボードを手に持ったり，机に立てたりし，集めた形を他の児童に見えるように提示できるようにする。 ・自分が集めた形を，言葉，身振り手振りなど，自分なりの表現で発表できるようにする。	

(5) 場の設定

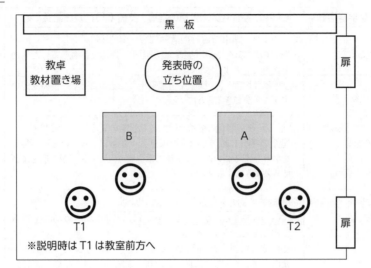

(6) 板書計画

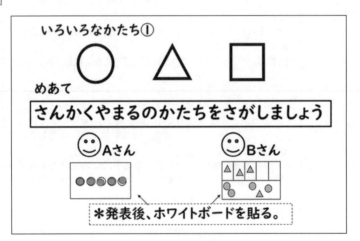

(7) 教材・教具の工夫

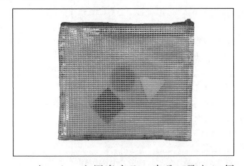

・一人一セット用意する。自分で取りに行くことで，この教材を使って学習することを理解できるようにする。

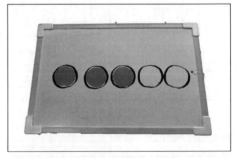

・見付けた形を貼り付ける。マグネットなので取り外しも自由にできる。貼り付けるための輪郭線を立体ペンで書いておくことで，手で触って確認することができるようにする。

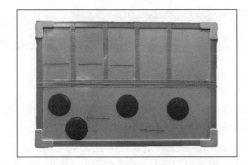

・ホワイトボード上で，三角の形を探し，上部に貼り付けることができるようにする。

7. 事後の個人目標の学習評価（学習活動終了後）

児童	観　点	個人目標の学習評価　（◎○△）	算数科の目標及び内容と評価（◎○△）
A 3 年	知識・技能	・「丸」「三角」「四角」の名称を知り，教師の言葉掛けに合わせて輪郭をなぞり，それぞれの形を仲間分けすることができた。「四角」を弁別することはまだ難しい。（○）	算数科2段階 (1) 目標 　B図形　ア（○）， 　イ（◎），ウ（○） (2) 内容 　B図形 　　ア（ｱ）（ｱ）（○） 　　イ（ｱ）（ｱ）（◎）
	思考・判断・表現	・「丸」「三角」「四角」を比べ，曲線や直線の違いに気付き，表現することができた。（◎）	
	主体的に学習に取り組む態度	・「丸」「三角」「四角」の形に興味をもち，学級にある机やロッカーの縁を進んでなぞることができた。（◎）	
B 3 年	知識・技能	・「丸」「三角」「四角」の名称を聞いたり，手にのせたマグネットを触ったりして，特徴に親しむことができた。（◎）	算数科2段階 (1) 目標 　B図形　イ（○） (2) 内容 　B図形　イ（ｱ） 　　（ｳ）（○） 算数科1段階 (1) 目標 　C図形　ア（◎）， 　ウ（△） (2) 内容 　C図形　ア（ｱ） 　　（ｱ）（◎）
	思考・判断・表現	・教員の言葉掛けを聞きながら，「丸」の形の輪郭を指でなぞり，同じ輪郭の形を教員と一緒に見付けることができた。（○）	
	主体的に学習に取り組む態度	・手渡された「丸」「三角」「四角」の形に興味をもつ様子は見られたが，自分から手を伸ばす姿にまでは至らなかった。（△）	

数学科　図形「図形の約束　（その）わけを考えよう」

▶学習指導要領に対応した知的障害児への授業改善の視点

　この実践では，三角形などについて知り，構成の仕方を考えるなどといった学習から一歩踏み出し，図形の学習を通して筋道立てて考察する力を身に付けるという「数学科の深い学び」につながる学習を目指しました。自分が見付けた図形を紹介する際に，根拠を明確にして説明できるように，辺を全て異なる色にしました。活動を繰り返しながら，根拠が明確だと相手に伝わりやすいことを実感し，筋道立てて考察することの良さを感じたり，その基礎を身に付けたりできると考えて構成しました。

数学科　学習指導案

日　時：令和2年11月13日（金）1時限
対　象：中学部第1〜第3学年3名（男子2名，女子1名）
場　所：中学部1年教室
指導者：武田豊己（T1），八鍬洋祐（T2）

1. 単元名　　図形「図形の約束　（その）わけを考えよう」

2. 単元設定の理由

（1）単元観

　これまでの数学では，「計算」「分かりやすく表そう（測定）」「表とグラフ」などの学習に取り組み，具体物を操作したり，繰り返し学習したりすることで，学んだことを自分のものとし，少しずつ使える力にしてきている。

　本単元では，三角形，四角形，直角三角形を中心とした図形を扱う。これまでは，ある図形が三角形であるのかどうかについて，その根拠を聞いても漠然としていた。本単元を通して，辺の数，大きさ，向き，色，材質など図形に含まれる様々な要素から，「図形を構成する要素」に着目し，辺の数などの必要な要素を抜き出すことを学ぶ。また，これまでの学習や生活で，「三角」「四角」と呼んでいた図形について，「三本の直線で囲まれた形を『三角形』と言う」などの「図形の約束」を身に付けていく。「図形を構成する要素」に着目した「図形の約束」を基にして図形を捉える学習を繰り返すことで，筋道を立てて考えることの良さを感じ，数学科だけではなく，他教科や日常生活の中でも理由を添えて説明しようとするなどの力を身に付けるきっかけとしたい。

（2）生徒観

　生徒は，第1学年〜第3学年3名（各学年1名）である。「表とグラフ」の学習では，表や

グラフに記されたイラストや〇の数を読み取り，全員が「一番多い項目」を答えることができた。しかし，その理由を聞かれても，「8だから。」と答え，「8がこれらの数字の中で一番大きい数字だから。」などと，その答えに至った理由を説明して答えることは難しかった。

　図形については，身の回りにはたくさんの図形があることに気付いてはいるが，三角形，四角形など基本的な形の弁別がまだ身に付いていない生徒達である。また，辺の一部が途切れたり，一部が直線でなかったり，角が丸くなっていたりしても，「三角形かな。」「多分，四角形だよね。」などと捉え，「図形を構成する要素」に着目して正確に弁別することは全員が今後の課題である。

　手指の不器用さから，直線を引くときに定規をしっかりと押さえられずに曲がってしまうなど，細かい作図を苦手としている生徒も多い。

　（3）指導観

　「三角形はいくつ？」では，正方形の内部にいくつかの直線が引かれた図の中に，さらに一本の直線を引いてできた三角形や四角形を見付けていく。その際，線を全て異なる色にすることで，図形の約束を基にその形がなぜ三角形と言えるのかなどについて根拠を明確にして相手に伝えられるようにする。ゲーム的な要素をもった楽しみながらできる学習を繰り返し行うことで，根拠が明確だと相手に伝わりやすく，筋道を立てて考察することの良さを感じたり，その基礎を身に付けたりできると考える。

　図形についての見方を深めることで，将来的には生活の中にあるデザインの良さに気付く，作業学習で自分たちの製品のデザインを見直すなど，身近にある形に注目する力につなげたい。例えば，身の回りにある角を曲線にした具体物が，なぜその形なのかを安全性やデザインの観点から自分なりに考えていけるようにしたい。

　単元を通して毎時間行う学習として，定規を使って直線を引いたり，図形を正確に描いたりする学習や，タングラムを使って図形を操作する学習を取り入れ，定規の使い方に慣れたり，自分だけの図形を作って図形に親しんだりすることもねらいたい。

3.　単元における主体的・対話的で深い学びの視点

主体的な学び	・単元の初めに，「本物の三角形，四角形をさがそう」というこれまでの自分たちの形の捉え方になかった疑問を投げ掛けながら単元計画を提示することで，これからの学習に意欲をもって取り組めるようにする。 ・毎時間の始めに，前時の流れを意識して学習のめあてを提示することで，その時間の学習に見通しをもって取り組めるようにする。 ・毎時間の最後に，今日できるようになったことや学んだことを生かしたまとめができるワークシートを用意することで，自分自身の本時の学びや伸びを実感し，次時への意欲がもてるようにする。
対話的な学び	・友達に根拠を基に考えや意見を発表し合う場を設定することで，自分では気が付かなかった図形の弁別の仕方に気付いたり，漠然としていた自分の意見を，筋道を立てて考えたりできるようにする。 ・単元を通して，課題にじっくりと取り組む時間を確保したり，類似した学習で発展した内容に繰り返し取り組んだりすることで，既習の知識を活用し，自分の考えを広げ深められるようにする。
深い学び	・「図形を構成する要素」に着目した「図形の約束」という根拠を基に，学んだことを活用しながら学習を進めることで，物事に対して筋道を立てて考えることの良さに気付き，今後の学習や生活の中での新たな課題にもその力を発揮して論理的に解決しようとする。

4. 単元計画（本時 7 ／ 10 時間計画）

時数	月日	主な学習活動	準備物
1	10／29	「『いろいろなかたち』をさがそう」 ・校舎内から三角形，四角形だと思う形を写真に撮る。 【おりにとじこめろ1】 ・定規をしっかり押さえる，定規に沿って鉛筆を当てるなど，基本的な使い方を覚える。	・タブレット型ノートパソコン ・定規
2	11／4	「三角形と四角形をさがそう1」 ・前時で撮った写真について，三角形，四角形だと思う形を弁別する。 ・自分なりの形の弁別を発表し，理由を話し合う。 【おりにとじこめろ2】 ・定規の使い方に慣れ，いろいろな長さの直線を引く。	・前時の写真を小さく印刷したシート ・弁別用ワークシート ・定規
3	11／5	「三角形と四角形をさがそう2」 ・前時で弁別した形について，教員が三角形，四角形，三角，四角に再弁別する。 ・教員が行った弁別の根拠を考え，話し合う。 ・三角形，四角形について，根拠をもって説明できる力を身に付けるために形の学習をしていくことを知る。 【おりにとじこめろ3】 ・いろいろな長さや向きの直線を引く。	・前時のワークシート ・定規
4	11／10	「三角形，四角形ってどんなかたち?1」 ・三角，四角形について，3つまたは4つの直線で囲まれているという「図形の約束」を知る。 ・3色に塗られた3本の竹ひごを組み合わせ，三角形を作る。 ・「ふりかえり1 三角形，四角形ってどんなかたち?1」 【おりにとじこめろ4】 ・格子状の点を結び，いろいろな三角形や四角形をかく。	・3色の竹ひご ・グルーガン ・定規
5	11／11	「三角形，四角形ってどんなかたち?2」 ・色，大きさ，向きなどが変わっても，「図形の約束」に合っていれば三角形，四角形であることを知る。 ・いろいろな形が示されたワークシートから三角形や四角形を見付ける。 ・辺や頂点などの言葉を知り，厚紙で作った三角形の頂点を触ったり，三辺を3色で塗ったりする。 ・「ふりかえり2 三角形，四角形ってどんなかたち?2」 【おりにとじこめろ5】 ・格子状の点を結び，教員が提示した形と同じ形をかく。	・色や大きさ，向きなどの異なる三角形や四角形の写真 ・三角形の厚紙 ・定規
6	11／12	「三角形はいくつ?1」 ・色の異なる数本の直線に教員が一本の直線を加えて新たに図形を作り，3色の直線で囲まれていることを根拠に新たな三角形を見付ける。 ・他にもいろいろな三角形を見付け，根拠とともに友達に紹介し，話し合う。 ・「ふりかえり3 三角形はどこにある?1」 【おりにとじこめろ6】 ・点を直線でつないで三角形をかき，動物を囲む。	・数色のマスキングテープ ・定規
7	11／13 （本時）	「三角形はいくつ?2」 ・色の異なる数本の直線や曲線に生徒が一本の直線を加えて新たに図形を作り，3色の直線で囲まれていることを根拠に新たな三角形を見付ける。 ・いろいろな三角形を見付け，根拠とともに友達に紹介し合う。 ・「ふりかえり4 三角形はどこにある?2」 【おりにとじこめろ7】 ・点を直線でつなぎいろいろな向きの三角形をかき，動物を囲む。	・数色のマスキングテープ ・定規
8	11／17	「四角形はいくつ?」 ・色の異なる数本の直線や曲線に生徒が一本の直線を加えて新たに図形を作り，4色の直線で囲まれていることを根拠に新たな四角形を見付ける。 ・他にもいろいろな四角形を見付け，根拠とともに友達に紹介し，話し合う。 ・「ふりかえり5 四角形はどこにある?」 【タングラム1】 ・タングラムに親しみ，教員と同じ形をつくる。	・数色のマスキングテープ ・タングラム
9	11／18	「直角三角形ってどんなかたち?」 ・折り紙や画用紙を2度折り，できた形を「直角」ということを知る。また，直角のある三角形を「直角三角形」ということを知る。 ・これまで学習した三角形の中から，「直角三角形」を弁別する。 ・「ふりかえり6 直角三角形はどこにある?」 【タングラム2】 ・タングラムを組み合わせて，オリジナルの形を考える。	・折り紙 ・画用紙 ・三角定規 ・タングラム
10	11／19	「本物の三角形や四角形をさがそう」 ・1教時目に見付けた形について，これまでに学習したことを生かし，再度三角形や四角形を弁別する。 ・これまで学習したことを生かし，身の回りにある，安全性やデザインの観点から角を曲線にした日用品などについて，その形であることの良さを話し合う。 ・学習が生活に生かせる喜びを感じ，図形を筋道立てて弁別する良さや便利さに気付く。 ・「ふりかえり7 できるようになったこと」 【タングラム3】 ・オリジナルタングラムの発表会をする。	・2教時目で使用した弁別用ワークシート ・デザインを重視した日用品の写真 ・タングラム

5. 単元目標

(1) 全体目標

知識及び技能	・基本的な図形について理解したり，定規を使って簡単な図形を作図したりする。
思考力，判断力，表現力等	・図形を構成する要素に着目しながら簡単な図形の特徴を捉えて弁別し，その根拠を考察する力を養う。
学びに向かう力，人間性等	・根拠をもって事象を捉え，筋道を立てて物事を考える良さを感じながら，進んで学習や生活に生かそうとする態度を養う。

(2) 個人目標

＊紙幅の都合上，2名まで掲載

生徒	観点	個人目標	数学科の目標及び内容
A 1年	知識及び技能	・三角形と四角形の約束が分かったり，定規を使って図形を作図したりすることができる。	数学科1段階 (1) 目標B　図形 ア，イ，ウ (2) 内容B　図形 ア (ア) ⑦⑰ (イ) ⑦
	思考力，判断力，表現力等	・図形の特徴を捉えて弁別し，その根拠を自分なりの言葉で説明することができる。	
	学びに向かう力，人間性等	・筋道を立てて理由を考える良さに教員と一緒に触れ，今後の学習等に生かそうとすることができる。	
B 2年	知識及び技能	・辺，直角などの図形や角の約束が分かったり，定規を使って図形を正確に作図したりすることができる。	数学科1段階 (1) 目標B　図形 イ (2) 内容B　図形 ア (ア) ⑦⑰ (イ) ⑦ 数学科2段階 (1) 目標B　図形 ア，ウ (2) 内容B　図形 ア (ア) ⑦⑦
	思考力，判断力，表現力等	・図形を構成する約束に着目しながら図形を捉えて弁別し，その根拠をこれまで学習してきたことと関連させながら説明することができる。	
	学びに向かう力，人間性等	・筋道を立てて物事を考える良さを感じながら，今後の学習や生活に進んで生かそうとすることができる。	

(3) 数学科と関連する「自立活動」の目標

生徒	自立活動の目標
A 1年	・不安な気持ちになったときに自分で気が付き，どうすればよいのかを考えて行動することができる。（心理的な安定）
B 2年	・周囲の状況を適切に把握し，時と場に応じた言動をすることができる。（環境の把握）

(4) 数学科における合理的配慮

＊合理的配慮の観点（①指導内容・方法，②支援体制，③施設・設備）

生徒	合理的配慮の内容	観点
A 1年	・人前での発表に緊張することがあるため，事前にノートを確認してよい考えに○を付けたり，指名する順番を伝えたりする。	①−2−3
B 2年	・衝動性から出し抜けにしゃべることがあるので，発言するときには手を挙げる，指名されてから答えるなどのクラスのルールを画用紙に書いて視覚的に伝える。	①−2−1

6. 本時の学習活動

(1) 全体目標

知識及び技能	・三角形を構成する約束を理解し，定規等を使って簡単な図形を作図したりする。
思考力，判断力，表現力等	・図形の特徴を捉えて弁別したり，新たに見付けたりするための根拠を説明する力を養う。
学びに向かう力，人間性等	・自分で筋道を立てて物事を考える良さを感じながら，進んで学習に取り組もうとする態度を養う。

(2) 本時までの個人の実態

生徒	生 徒 の 実 態
A 1年	・三角形であるためには「3本の直線で囲まれている」ということに気が付き始め，角が丸い形は「三角形ではないかも」と捉えることができてきている。
B 2年	・三角形には「3本の線がある」ことや，それが「直線」であることなどは理解しているが「線で囲まれているか」どうかについてはあまり気にしていない様子が見られる。

(3) 個人目標

生徒	観 点	個 人 目 標	数学科の目標及び内容
A 1年	知識及び技能	・三角形を作るための約束を大まかに理解し，定規を使って教員と一緒に作図することができる。	数学科1段階 (1) 目標B図形 ア，イ，ウ (2) 内容B　図形 ア (ア) イ カ 　　 (イ) ア
	思考力，判断力，表現力等	・教員と一緒に三角形の約束を確認しながら図形を見付け，自分なりの言葉で根拠を発表することができる。	
	学びに向かう力，人間性等	・教員や友達の意見を参考に筋道を立てて約束を確認し，その良さに触れながらワークシートの学習に取り組むことができる。	
B 2年	知識及び技能	・三角形を作るための約束を理解し，定規を使って正確に三角形を作図することができる。	数学科1段階 (1) 目標B図形 イ (2) 内容B　図形 ア (ア) イ カ 　　 (イ) ア
	思考力，判断力，表現力等	・図形の特徴を捉えて三角形を見付け，その根拠をこれまでの学習と関連させて発表することができる。	数学科2段階 (1) 目標B図形 ア，ウ (2) 内容B　図形 ア (ア) ア エ
	学びに向かう力，人間性等	・筋道を立てて約束を考え，その良さを感じながら進んでワークシートや発表，作図等の学習に取り組むことができる。	

（4）本時の学習活動（50分）

時間	主な学習活動	子供の活動（○），教員の指導・支援（・），及び配慮（＊）	準備物
導入 （5分）	1.はじめのあいさつをする。	○当番が行う。	
	2.めあてを確認する。 三角形はいくつあるかかんがえよう2	○前時の学習を思い出し，めあてを確認する。 ・知識の定着を図ったり，活動に見通しをもったりして本時の活動に意欲をもてるように，「三角形のやくそく」を全員で確認する。	・掲示用「三角形のやくそく」
展開 （30分）	3.三角形を見付け，その根拠を考える。	○正方形の中から，新しくできた三角形を見付ける。 ＊正方形の枠上にある12の点から2点を結んで直線を引き，新たな三角形を作る。 ・3本の直線で囲まれているという根拠を視覚的に明確にできるように，直線を全て異なる色にする。 ・自分の考えをもち，それを友達に発表できるように，見付けた三角形や三辺の色をホワイトボードと同じ図柄がかかれたワークシートにかき込めるようにする。 ○それがなぜ三角形と言えるのか，根拠を考える。 ・見付けた三角形の位置が分かりやすいように，掲示用の図柄は複数枚用意し，1枚に一つの三角形を塗りつぶせるようにする。	・マスキングテープ ・ワークシート ・掲示用図柄
	4.三角形とその根拠を発表する。	○見付けた三角形を根拠とともに発表する。 ・友達の考えを聞き，自分が気付かなかった三角形に気付けるように，一つずつその三角形を見付けていたかをワークシートで確認しながら発表を進める。 ○それらの活動を繰り返し，全員で三角形を全て見付ける。	
終末 （15分）	5.ふりかえりを行う。	○これまでとは別の図柄のワークシートで三角形を見付け，根拠とともにまとめる。 ・根拠をもってまとめられるように，今日の学習でワークシートに書き込んだ言葉を手掛かりにしてよいことを伝える。 ＊発展的な課題として，図柄の中に三角形が作れないような曲線や途切れた線を入れておく。	・ワークシート
	6.「おりにとじこめろ」	○点を直線で結んで動物などを囲みながら三角形をかき，直線を引く技能の習熟を図る。 ＊ふりかえりができた生徒から，自分のペースで取り組む。 ・ゲーム的要素を楽しみながらも，ゆっくりと正確な直線を引き，形の整った三角形をかけるように，定規に力を入れて押さえることや，鉛筆に力を入れすぎないことなどを視覚的に伝える。 ＊適宜言葉を掛けたり，定規の押さえ方を確認したりし，できていることを称賛する。	・ワークシート ・定規
	7.おわりのあいさつをする。	○当番が行う。	

（5）場の設定

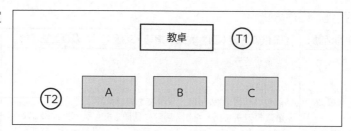

（6）板書計画

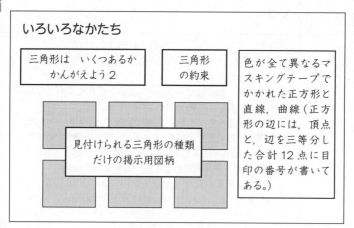

いろいろなかたち

三角形は　いくつあるか
かんがえよう２

三角形
の約束

色が全て異なるマ
スキングテープで
かかれた正方形と
直線，曲線（正方
形の辺には，頂点
と，辺を三等分し
た合計12点に目
印の番号が書いて
ある。）

見付けられる三角形の種類
だけの掲示用図柄

（7）教材・教具の工夫

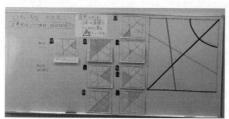

色が全て異なるマスキングテープで線を引く

安全性やデザインの点から思考を深めるふりかえり

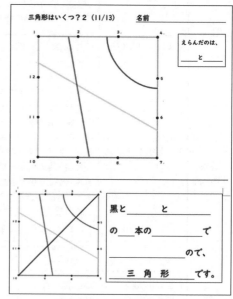

色を根拠に三角形を見付ける
ワークシート（抜粋）

7. 事後の個人目標の学習評価（学習活動終了後）

生徒	観　点	個人目標の学習評価　（◎○△）	数学科の目標及び内容と評価（◎○△）
A1年	知識・技能	・曲がっていたり途切れていたりする線は違うと気が付いたが，言葉や文字で正しく表現することができなかった。作図は教員と一緒にできた。（△）	数学科１段階 (1) 目標B図形 　ア（○） 　イ（○） 　ウ（◎） (2) 内容B　図形 　ア（ア）（イ）（△） 　　　　　（カ）（○） 　（イ）（ア）（○）
	思考・判断・表現	・三角形を正確に見付けていたが，説明する場面では，直線の定義を十分に理解していなかったことから，ワークシートに「三直線があるから，三角形です。」と記入するにとどまっていた。（○）	
	主体的に学習に取り組む態度	・前時ではできなかった三つの色の根拠を示しながら発表しようとしていた。ふりかえりの場面でも自分なりの言葉で根拠を添えて意欲的に書き進めようとしていた。（◎）	
B2年	知識・技能	・三角形の約束を正確に理解しており，発展的に「四角形は四本の線なのかな。」とつぶやいた。正確にたくさん作図をすることができた。（◎）	数学科１段階 (1) 目標B図形 　イ（◎） (2) 内容B　図形 　ア（ア）（イ）（◎） 　　　　　（カ）（◎） 　（イ）（ア）（○） 数学科２段階 (1) 目標B図形 　ア（◎） 　ウ（◎） (2) 内容B　図形 　ア（ア）（ア）（◎） 　　　　　（エ）（○）
	思考・判断・表現	・辺の一部が曲線では三角形について，「ここ（曲線）が直線だと三角形だけど，曲がっているから，三角形ではありません。」と発表することができた。（◎）	
	主体的に学習に取り組む態度	・ワークシートやふりかえりで三角形である根拠を正確に示し，その他にも自分から新しい直線を引いて新たにできた三角形を見付けようとしていた。（◎）	

理科　生命のつながり「メダカのたんじょう」

▶学習指導要領に対応した知的障害児への授業改善の視点

　この授業はこれまでの「教員が主導で観察を行う理科の学習」から，「生徒自身が主体的に観察を行う理科の学習」へと改善を行ったものです。タブレット端末に顕微鏡レンズプレートを装着した「タブレット顕微鏡」を使用することで，生徒自身が簡単に準備や操作をすることができるため，主体的な姿や学びとなるように考えました。

理科　学習指導案

日　時：令和3年6月18日（金）3時限
対　象：中学部第2学年5名（男子3名，女子2名）
場　所：2年生教室
指導者：加藤隆紳（T1），工藤高裕（T2）

1．単元名　　生命のつながり「メダカのたんじょう」

2．単元設定の理由

（1）単元観

　これまでの理科の学習では，生物の成長には決まりがあることや生命を維持するためにうまく環境に適応して生活していることを捉えてきている。また，植物が種子の養分を使って発芽することや，植物の生長には水や日光，肥料が関係していること，生命が受け継がれていることを学習している。

　本単元では，メダカを産卵からふ化まで生徒自身の飼育によって行う活動を通し，主体的に観察することができるようにする。魚を育て，観察することを通して，雌雄では体の形状が異なることを捉えられるようにする。また，産んだ卵の中の変化を継続して観察し，日が経つにつれて卵内部が変化する様子やふ化する様子を捉えられるようにする。観察においては，準備や操作が簡単な「タブレット顕微鏡」を用いることで，生徒自身が主体的に活動できるように指導していく。

　これらの学習を通して，生命の神秘さや生命の継続性に気付くとともに，生命を尊重していく態度を身に付けてほしいと考える。

（2）生徒観

　生徒は，第2学年5名（男子3名，女子2名）である。生徒同士のかかわりは良好であり，

休み時間や給食の時間には，学級の友達と一緒に楽しみながら活動することができる。生徒の理科の学習に対する意欲は高く，特に生き物に対する関心をもっている。毎朝，教員と共に学級で育てている植物に水を与えたり，雑草を抜いたりするなどの活動を行っている。また，植物が生長する様子を肉眼やルーペで観察することのできる生徒も多く見られる。しかし，虫や鳥などの生き物が苦手で，触れることができなかったり，近付いて観察することができなかったりする生徒もいる。そこで，実際にメダカを育てることで，生徒が生き物への愛着と生命の神秘さを感じることができるようになることを大切にしたい。

(3) 指導観

これまでは，教員と一緒に植物や生き物を観察したり，教員の準備した画像や映像を視聴したりするような学習が多かった。今年度は，生徒が自分で準備をしたり，機器を操作したりするなど，主体的に観察できるような学習活動を設定した。実際にメダカを飼育することで，愛着をもつことができる。大事に世話をすることで，メダカの様子や卵の変化に気付けるようになったり，メダカの生死や生命の連続性を感じられるようになったりすることができる。このことが生き物への関心を高めたり，生命を尊重したりする心情を育むことができると考える。

観察では，タブレット顕微鏡を使用することで，生徒自身で準備し，操作できるようにする。タブレット顕微鏡とは，タブレット端末に，市販されている顕微鏡レンズプレートを装着したものである。タブレット端末の前面側カメラの上にレンズプレートを載せ，その上に試料を置くことで，画面を通して約100倍程度の観察が可能となる。これを用いることで，従来の双眼実体顕微鏡や解剖顕微鏡よりも簡単な操作で観察を行うことができ，生徒自身が主体的に活動することができると考える。また，タブレット端末に，簡単に画像を保存することができるため，生徒自身で卵の変化の様子を継続的に記録に残すことができると考える。

3. 単元における主体的・対話的で深い学びの視点

主体的な学び	・メダカを実際に飼育することで，愛着をもって大切に育てようという心情を育み，意欲的に観察することができるようにする。 ・メダカを継続的に観察・世話をすることで，卵内部の変化と成長の様子に生命の神秘さを感じ，生命の連続性について調べることができるようにする。 ・タブレット顕微鏡を使用することで，生徒自身が積極的に自分で準備したり操作したりすることができるようにする。
対話的な学び	・メダカの適切な飼育の仕方について，友達や教員と一緒に考え，自分の考えを伝えられるようにする。 ・観察で気付いたことや卵の変化について，大きな画面に投影し，友達や教員に伝えられるようにする。 ・友達と考えたことや気付いたことを伝え合う活動を繰り返し行うことで，新たな考え方や発見に気付くことができるようにする。
深い学び	・メダカの卵が変化する様子を記録し，並べて提示することで，成長や変化に関わる時間の経過を関係付けて考えることができるようにする。 ・メダカの学習を通して，新たに疑問に思ったことやもっと調べてみたいことなどについて，友達と一緒に考えたり，伝え合ったりすることができるようにする。

4. 単元計画（本時：7／8 教時目）

時数	月日	主な学習活動	準備物
1	5／7	「メダカの飼育と観察について」 ・メダカを飼育するために必要な物を本やインターネットで調べ，必要な物を準備する。 ・メダカの飼い方を知り，メダカの卵が成長していく様子について進んで関わる。	・メダカ ・タブレット端末 ・水槽，汲み置き水 ・メダカ用エサ　など
2	5／14	「メダカの雄と雌を見分けよう」 ・インターネットで調べた「メダカの見分け方」の図や，「メダカの形が違うわけ」を参考にして，背びれや尻びれなどの形の違いなどから，メダカの雄と雌を見分ける。 ・見分けたメダカをタブレット端末で撮影し，なぜそう考えたのかを説明し合う。	・メダカ ・タブレット端末 ・メダカ飼い方図鑑　など
3	5／21	「卵の観察をしよう①」 ・雄が精子を出し，雌が卵を産むことを知る。また，受精の様子を映像教材で学び，受精卵でないと成長しないことを学習する。 ・タブレット顕微鏡の準備の仕方や使い方について伝え，適切に操作するための練習をする。	・映像教材 ・大型テレビ ・メダカの卵 ・シャーレ ・タブレット顕微鏡　など
4	5／28	「卵の観察をしよう②」 ・目や心臓の動きや血液など，タブレット顕微鏡を使って観察し，卵の様子をスケッチや撮影などをして記録する。 ・発見したことを大型テレビに投影し，説明する。	・大型テレビ ・メダカの卵 ・シャーレ ・タブレット顕微鏡　など
5	6／4	「卵の観察をしよう③」 ・目や心臓，体の形など，タブレット顕微鏡を使って観察し，様子を記録する。 ・毎日観察し，卵がどのように変化したのかを記録した内容を伝え合う。	・大型テレビ ・メダカの卵 ・シャーレ ・タブレット顕微鏡　など
6	6／11	「卵の観察しよう④」 ・ふ化する前のメダカの様子を，タブレット顕微鏡を使って観察し，記録する。 ・メダカの卵がどのように変化して成長していくのかを，時間と関係付けてまとめる。	・大型テレビ ・メダカの卵 ・シャーレ ・タブレット顕微鏡　など
7	6／18 (本時)	「自然のメダカは何を食べているのだろう」 ・タブレット顕微鏡を正しく使い，水中の小さな生物を観察し，その結果を記録する。 ・水槽や池，水道水など，違う場所の水を観察することで，メダカが住むのに適した場所を話し合う。	・大型テレビ ・池や水槽などの水 ・シャーレ ・タブレット顕微鏡 ・プレパラート　など
8	6／25	「メダカについてまとめよう」 ・観察の記録をまとめ，その結果を大型テレビに投影し，互いに伝え合う。 ・魚類の産卵数と親になる数の関連を伝え，栽培漁業で育てられる魚の映像資料を視聴する。	・大型テレビ ・映像資料 ・タブレット顕微鏡　など

5. 単元目標

(1) 全体目標

知識及び技能	・魚には雌雄があり，生まれた卵は日が経つにつれて中の様子が変化してふ化することを理解できるようにする。 ・卵内部の変化の様子や水中の小さな生き物を観察し，その過程や結果を記録するようにする。
思考力，判断力，表現力等	・観察して発見したことや分かったこと，考察したことを他者に自分なりの方法で伝えたり表現したりする力を養う。
学びに向かう力，人間性等	・卵内部の変化の様子や成長の様子に生命の神秘さを感じ，それらの生命の連続性やメダカの生態系などについて，意欲的に調べようとする態度を養う。

(2) 個人目標　　　　　　　　　　　　　　　＊紙幅の都合上，２名まで掲載

生徒	観点	個人目標	理科の目標及び内容
A 2 年	知識及び技能	・魚には雌雄があることや，時間が経つと卵内部が変化することを知ることができる。 ・タブレット顕微鏡を教員と一緒に準備したり操作したりして観察することができる。	理科1段階 (1) 目標　ア，イ，ウ (2) 内容 　A生命 　　ア (ア)，(イ)
	思考力，判断力，表現力等	・魚の発生や成長とその変化について自分の考えを表現することができる。 ・観察して発見したことや分かったことを自分なりの方法で伝えることができる。	
	学びに向かう力，人間性等	・卵内部の変化の様子や成長の様子に生命の神秘さを感じようとすることができる。 ・メダカの食べ物について，教員と一緒に調べようとすることができる。	
B 2 年	知識及び技能	・魚には雌雄があることや，時間が経つにつれて卵内部が変化することを理解することができる。 ・タブレット顕微鏡を自分で操作して，卵内部の変化の様子や水中の小さな生き物を観察し，過程を記録することができる。	理科2段階 (1) 目標　ア，イ，ウ (2) 内容 　A生命 　　イ (ア)，(イ)
	思考力，判断力，表現力等	・魚の発生や成長とその変化について，時間と関係付けて自分なりに表現することができる。 ・観察して発見したことや分かったことを，教員や友達に，自分なりの方法で伝えたり表現したりすることができる。	
	学びに向かう力，人間性等	・卵内部の変化の様子や成長の様子に生命の神秘さを感じようとすることができる。 ・メダカの食べ物について，教員や友達と一緒に調べようとすることができる。	

(3) 理科と関連する「自立活動」の関連目標

生徒	自立活動の関連目標
A 2 年	・活動に対する見通しが持てると，不安な気持ちがなくなり，教員や友達と関わることができる。（心理的な安定） ・教員の言葉掛けや指差しなどの支援により，学習に必要な物を自分で準備することできる。（人間関係の形成）
B 2 年	・言葉でのコミュニケーションは難しいが，身振りや絵カードを使って教員や友達に自分の気持ちを伝えることができる。（コミュニケーション） ・活動への見通しがもてることで，安心して活動に取り組むことができる。（心理的な安定）

(4) 理科における合理的配慮　　＊合理的配慮の観点（①指導内容・方法，②支援体制，③施設・設備）

生徒	合理的配慮の内容	観点
A 2 年	・不安感が強く，未経験のことや分からないことには拒否を示すことがあるため，予め活動の内容や準備の仕方などを知らせ，見通しをもって学習活動に取り組めるようにする。	①－2－3
B 2 年	・意思疎通や状況理解のために写真や絵カード，タブレット端末を活用する。	①－2－1

6. 本時の学習活動

(1) 全体目標

知識及び技能	・水の中の小さな生物を，タブレット顕微鏡を操作して観察し，その過程や結果を記録するようにする。
思考力，判断力，表現力等	・観察して発見したことや分かったことや考察したことを，教員や友達に，自分なりの方法で伝えたり表現したりする力を養う。
学びに向かう力，人間性等	・メダカの食べ物について，意欲的に調べようとする態度を養う。

(2) 本時までの個人の実態

生徒	生　徒　の　実　態
A 2 年	・教員と一緒に，タブレット顕微鏡の準備をしたり，操作をしたりすることができた。また，卵の中の様子を興味深く観察したり，友達が説明する画像を見ながら聞いたりする様子も見られた。
B 2 年	・タブレット顕微鏡の準備や操作の仕方に慣れ，継続的に卵の観察をすることができた。また，発見したことや，気になった物を撮影し，画像を友達に見せている姿も見られた。

(3) 個人目標

生徒	観　点	個　人　目　標	理科の目標及び内容
A 2 年	知識及び技能	・タブレット顕微鏡を教員と一緒に準備したり操作したりして観察することができる。	理科1段階 (1) 目標　ア，イ，ウ (2) 内容 　A生命 　　ア(イ)
	思考力，判断力，表現力等	・観察して発見したことや分かったことを，自分なりの方法で伝えることができる。	
	学びに向かう力，人間性等	・メダカの食べ物について，教員と一緒に調べようとすることができる。	
B 2 年	知識及び技能	・タブレット顕微鏡を自分で操作して生き物を観察し，それを撮影することができる。	理科2段階 (1) 目標　ア，イ，ウ (2) 内容 　A生命 　　イ(イ)
	思考力，判断力，表現力等	・観察して発見したことや分かったことを，自分なりの方法で伝えることができる。	
	学びに向かう力，人間性等	・メダカの食べ物について，友達と一緒に調べようとすることができる。	

（4）本時の学習活動（50分）

時間	主な学習活動	子供の活動（○），教員の指導・支援（・），及び配慮（＊）	準備物
導入 （10分）	1. 始めの挨拶をする。	○着席し，挨拶をする。 ・T1は日直の生徒を指名し，挨拶の号令を促す。	
	2. 水槽を比べて気付いたことを発表する。	○自然の状態の水槽と教室で飼っている水槽を見て，気付いたことを発表する。 ・T1は2つの水槽の違いからエサに着目できるように言葉掛けをする。	・水槽2つ ・メダカ ・大型テレビ
	3. 本時の課題を確認する。	○自然のメダカは何を食べているのかを調べる活動を行うことを知る。 ＊T2は必要に応じて，生徒に傾聴を促す。	
展開 （35分）	4. 水槽を観察する。	○自然の状態の水槽を観察し，気付いたことを伝え合う。 ・T1は，水中の観察の仕方について助言する。 ・T2は，ルーペや水中観察用箱メガネを用意し，使い方を演示する。 ＊T1は必要に応じて補足説明をしたり，演示を見るように促したりする。	・ルーペ ・水中観察用箱メガネ
	5. 観察をもとに予想する。	○観察の結果を受けて，自然のメダカは何を食べているのかを予想する。 ・T1は，生徒の表現方法に応じて，聞き方を変えたり，画像を見せながら尋ねたりする。	・タブレット端末
	6. タブレット顕微鏡を使って観察する。	○シャーレをタブレットのカメラ部分に載せて，よく観察する。 ・T1は，水中の微生物の観察の仕方について演示を見せ，確認できるようにする。 ・T1は，生徒が微生物の特徴を捉えやすくするために，色や形に着目するよう言葉を掛ける。 ・T1は，見付けられない生徒には，シャーレの位置や水を替えるように言葉を掛ける。 ・T1は，微生物の種名と写真が載っている資料を配付し，観察できた生物を特定する。 ・動きの速い生物を観察するときは，メチルセルロースや水のりを使い，動きを遅くして観察するように促す。 ＊T2は必要に応じて，タブレット顕微鏡の準備や使い方の助言をする。 ・T1は，微生物を見付けた生徒に対しスケッチや撮影をして記録を残すように言葉掛けをする。 ＊T2は必要に応じて，撮影の方法を助言する。	・シャーレ ・ピペット ・タブレット顕微鏡 ・微生物の種名プリント
	7. 観察の結果を共有する。	○タブレット顕微鏡で撮影した生物の画像を大型テレビに映し，見付けた生物を共有する。 ・T1は，生徒が見付けた生物を，ミラーリングで大型テレビに映し，発表を促す。 ・観察の結果を共有することで，水中にはいろいろな小さな生き物がいることを気付けるようにする。 ＊T2は，発表している生徒や画像に注目できるように促す。	
終末 （5分）	8. まとめる。	○自然のメダカが何を食べているのかについて，発表してまとめる。 ・T1は，挙手のあった生徒を指名し，発表を促す。 ・T1は，課題と観察結果に照らし合わせてまとめるように言葉掛けをする。 ＊T2は，生徒が発表している生徒に注目できるように促す。	
	9. おわりの挨拶をする。	○着席し，挨拶をする。 ・T1は日直の生徒を指名し，挨拶の号令を促す。	

(5) 場の設定

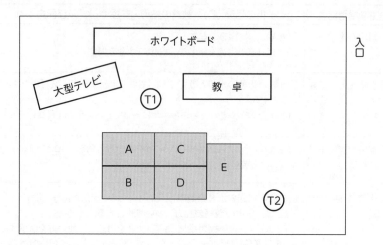

(6) 板書計画

〈課題〉

池や川にすんでいるメダカは，
何を食べていきているのだろう。

〈予想〉
・水中の小さな生き物を食べている。
・水草を食べている。

〈観察方法〉
・タブレット顕微鏡を使って観察する。
・観察できたものは，スケッチするか，タ
　ブレットで撮影する。

〈結果〉

【ミジンコ】	【ミカヅキモ】	【クンショウモ】
・動いている	・動かない	・動かない
	・緑色	・緑色

〈考察〉
・池や川には小さな生物がいて，メダカのエサになっ
　ているのだろう。

〈まとめ〉　・池や川にすんでいるメダカは，水中の小さな生き物を食べて生きている。

(7) 教材・教具の工夫

【タブレット顕微鏡】〈準備するもの〉
・タブレット端末・タブレット顕微鏡レンズプレート　（テラベース
　株式会社　Leye）

〈使い方〉
・タブレット端末の前面カメラ部分にタブレット顕微鏡レンズプレー
　トを装着し，タブレット端末のカメラを起動する。

7．事後の個人目標の学習評価（学習活動終了後）

生徒	観　点	個人目標の学習評価　（◎〇△）	理科の目標及び 内容と評価（◎〇△）
A 2 年	知識・技能	・タブレット顕微鏡を教員と一緒に操作し，微生物を観察することができた。（〇）	理科１段階 (1) 目標　ア（〇）， 　イ（△），ウ（△） (2) 内容 　A生命 　　ア（イ）（△）
	思考・判断・表現	・教員の言葉掛けで，小さな生き物を探すことは難しかった。（△）	
	主体的に学習に 取り組む態度	・メダカの食べる物について，積極的に調べようとする姿は見られなかった。（△）	
B 2 年	知識・技能	・タブレット顕微鏡を自分で操作し観察することができた。また，水中の小さな生き物を自ら撮影することもできた。（◎）	理科２段階 (1) 目標　ア（◎）， 　イ（〇），ウ（〇） (2) 内容 　A生命 　　イ（イ）（〇）
	思考・判断・表現	・発見したものを自分なりの方法で伝えることはできたが，自分が分かったことを伝えることは難しかった。（〇）	
	主体的に学習に 取り組む態度	・メダカが食べている水中の生き物を，友達と一緒に調べることができた。（◎）	

7 音楽科　音楽づくり「リズムの音楽をつくろう」

▶学習指導要領に対応した知的障害児への授業改善の視点

　この授業は，音楽を形づくっているリズム，速度，反復，呼び掛けとこたえなどの要素の働きによって，音楽の面白さが生み出されていることを感じ取っていく「音楽的な見方・考え方」を働かせた学習となっています。グループでリズムをつなげる活動においては，リズムを録音し記録するために，タブレット端末を効果的に活用します。対話をつくり出すこと自体を目的とするのではなく，対話によって音楽表現をするための資質・能力の育成につなげることを目指しました。

音楽科　学習指導案

　　　日　時：令和3年4月28日（水）第2時限
　　　対　象：中学部第2学年6名（男子5名，女子1名）
　　　場　所：音楽室
　　　指導者：瀧田香世子（T1），南養子（T2）

1．単元名　　　音楽づくり「リズムの音楽をつくろう」

2．単元設定の理由

（1）単元観

　本単元では，自分なりに短いリズムをつくった上で，まとまりのある音楽に構成していく活動に取り組む。生徒は，これまでの音楽づくりの活動を通して，簡単なリズム・パターン（「タンタンタンウン」や「タン・タタ・タン・ウン」など）を意識して演奏したり，それらが生み出す面白さに気付いたりしている。本単元では，今までに学習してきた内容を生かし，音を音楽に構成する力を育成したい。自由な発想でリズムをつくるという学習は，生徒の音楽への興味や関心を広げ，主体的な姿を育てていく上で意義がある。

　なお，音を音楽に構成する段階はグループで行い，友達とリズムをつなげたり，重ねたりする方法をとる。特別支援学校における音楽指導は音楽の技能の習得だけではなく，行動の変容や情緒の安定，余暇活用，生活の質の向上などにつなげていくことが期待されるものであり，「どんな音楽ができたか」よりも，「その過程でどんなことを経験し，考え，試し，味わい，音を音楽につくり上げていくか」を大切にしたい。一人一人の感性を生かし，お互いの表現を聴き合い，やり取りを行うことは，対話的な学びを実現させる上で意義があると考える。

（2）生徒観

　生徒は，第2学年6人（男子5名，女子1名）である。生徒は，音楽に興味があり，日常生

活の中でも，曲に合わせて自然に体を動かしたり，音が鳴るものがあると自ら手を伸ばし，積極的に音を鳴らすことを楽しんだりする生徒が多い。音楽を情緒の安定や余暇を過ごすために活用している生徒は多いが，音や音楽を通してのコミュニケーションを楽しんだり，友達と一緒に音楽活動をすることを通して得られる一体感を味わったりする姿はあまり見られない。

　そこで本単元では，音や音楽を受け止め，感じたことを表現する段階から，自分はどのように表現したいかを考えながら主体的に表現していく姿を目指す。リズムをつくり出すことを楽しみ，さらに友達と協力してまとまりのある音楽に構成していく方法を学んでほしいと考える。

（3）指導観

　本単元では，個人学習用のタブレット端末を効果的に活用することで，主体的な学びにつながるようにする。タブレット端末の活用は，生徒の興味・関心を高めるだけでなく，視覚や聴覚といった様々な感覚を働かせ，音楽を形づくっている要素を捉えやすくする。友達と協力しながらリズムをつなげる場面では，リズムのつなぎ方や重ね方などを，視覚と聴覚で確認しながら試行錯誤することができる。さらに，自分たちの演奏を録音し記録することで，その演奏の良さや課題に気付くことができる。

　リズムづくりでは，リズムと言葉を結び付けて扱うため，言葉を唱えながらリズムを打つことができ，苦手な生徒も無理なくリズムを打つことができる。一人一人がつくるリズムは，四分音符，四分休符，八分休符，二分音符を組み合わせた4拍分のリズムとする。一人一人のリズムは短いため，友達とつなげたり重ねたりすることで，まとまりのある音楽をつくる活動につなげることができる。一人で自由に演奏するのではなく，友達と一緒に一つの曲を作り上げる楽しさを味わえるように支援していきたい。

3. 単元における主体的・対話的で深い学びの視点

主体的な学び	・タブレット端末をタップしてリズムを模倣する楽しさを感じ，リズム表現に進んで取り組むことができるようにする。 ・タブレット端末で好きな打楽器を選び，リズムをつくったり選んだりすることで，音楽づくりに進んで取り組むことができるようにする。
対話的な学び	・自分や友達の出すリズムや，その違いに興味をもち，伝え合うことができるようにする。 ・自分や友達のつくったリズムを聴き，模倣して繰り返したり，つなげたりして，どのように音楽を作るかについて思いを広げることができるようにする。
深い学び	・リズム表現の面白さに気付き，身近な言葉をリズムで表現することができるようにする。 ・グループで作ったリズムを聴き合い，良さや課題を伝え合うことで，次はこうしたいと思う気持ちを高めることができるようにする。

4. 単元計画（本時：1／4教時目）

時数	月日	主な学習活動	準備物
1	4／28 （本時）	「ことばでリズムあそび①」 ・提示されたリズムとイラストカードを見て，教員の示範に続いて，リズムをタブレット端末で確認する。 ・リズムに合う言葉を見付ける活動を行う。 ・一人一人が4拍分のリズムを選び，リズムをつなげて演奏する。	・リズムカード ・絵カード ・タブレット端末
2	5／6	「ことばでリズムあそび②」 ・リズムに合う言葉でリズム打ちをして，自己紹介をする活動を行う。 ・リズムを言葉に置き換えて，手拍子やタブレット端末，体全体を使って曲を演奏する。	・リズムカード ・絵カード ・タブレット端末
3	5／12	「リズムゲーム」 ・流れてくるアイテムにタイミングを合わせて，タブレット端末の画面をタップしていくという音楽ゲームを行う。 ・協力し合いながらリズムを重ねて演奏する。	・タブレット端末
4	5／19	「リズムの音楽をつくろう」 ・タブレット端末上で実際に音を出して確かめながらリズムをつくる。 ・予め画面上に用意されたリズムカードを並べたり，繰り返しを指定したりして，自分の思いに合ったリズム表現を探求する。	・タブレット端末

5. 単元目標

(1) 全体目標

知識及び技能	・いろいろなリズム・パターンや旋律のつなぎ方や重ね方に気付き，表したい音楽表現をするために必要な技能を身に付けるようにする。
思考力，判断力，表現力等	・リズムの良さや面白さを感じ取りながら，どのような音楽を作るのかを考え，音を音楽へと構成することについて表現する力を養う。
学びに向かう力，人間性等	・音楽活動を楽しみながら主体的・協働的に音楽づくりの学習活動に取り組もうとする態度を養う。

(2) 個人目標

＊紙幅の都合上，3名まで掲載

生徒	観点	個人目標	音楽科の目標及び内容
A 2年	知識及び技能	・簡単な楽譜を見て，リズムや速度を意識して演奏することができる。	音楽科1段階 (1) 目標ア，イ，ウ (2) 内容 　A表現　イ(ウ)　⑦
	思考力，判断力，表現力等	・リズム遊びを通して，どのように音楽を作るのかについて発想を得ることができる。	
	学びに向かう力，人間性等	・音や音楽に楽しく関わり，協働して音楽活動をする楽しさを感じることができる。	
B 2年	知識及び技能	・教員や友達の音を聞いて演奏することができる。	音楽科1段階 (1) 目標イ，ウ (2) 内容 　A表現　イ(ウ)
	思考力，判断力，表現力等	・音を音楽へと構成することについて思いや意図をもつことができる。	音楽科2段階 (1) 目標ア (2) 内容 　A表現　ウ(ア)
	学びに向かう力，人間性等	・音や音楽及び言葉によるコミュニケーションを図りながら，教員や友達と音楽表現をしたり音楽を味わって聴いたりすることができる。	

C 2 年	知識及び技能	・設定した条件に基づいて，リズムを選択したり組み合わせたりすることができる。	音楽科2段階 (1) 目標，ア，イ，ウ (2) 内容 　A表現　イ(ウ)　ⓒ 　　　　ウ (ア)　㋐
	思考力，判断力，表現力等	・即興的に表現することを通して，音楽づくりの発想を得ることができる。	
	学びに向かう力，人間性等	・主体的に楽しく音や音楽に関わり，協働して音楽活動をする楽しさを味わうことができる。	

(3) 音楽科と関連する「自立活動」の目標

生徒	自立活動の目標
A 2 年	・心地良い音を感じたり，様々な音を出したりすることは，情緒の安定につながる。（心理的な安定） ・タブレット端末を指でタップすることで，作業に必要な動作を習得し，作業を円滑に遂行する能力を高めることができる。（身体の動き）
B 2 年	・他者の表現を感じたり，他者と音を合わせたりすることで，コミュニケーションの基礎的能力の向上につながる。（コミュニケーション）
C 2 年	・友達など周りの人の音やリズムを感じたり，自分の音やリズムを他者に合わせたりすることで，集団参加への基礎を身に付けることができる。（人間関係の形成）

(4) 音楽科における合理的配慮　　＊合理的配慮の観点（①指導内容・方法，②支援体制，③施設・設備）

生徒	合理的配慮の内容	観点
A 2 年	・長く座り続けたり，その場に居続けられなかったりする場合は，場所を区切って，音楽室にいられるような場所を作るようにする。	①-2-2
B 2 年	・大きな音や高い音が苦手なため，それらの音が聴こえる場所から離れた席にしたり，イヤーマフを用いたりする。	①-1-1
C 2 年	・自分や友達がつくったリズムを，タブレット端末で録音し，友達同士で確認したり評価したりすることができるようにする。	③-2

6. 本時の学習活動

(1) 全体目標

知識及び技能	・リズムや拍，呼び掛けとこたえから，短い旋律のつなげ方に気付いたり，簡単な楽譜を見てリズムや速度を意識して演奏したりする技能を身に付けるようにする。
思考力，判断力，表現力等	・リズムの良さや面白さを感じ取りながら，どのリズムを選ぶのか考え，音を音楽へと表現するための力を養う。
学びに向かう力，人間性等	・音楽活動を楽しみながら主体的・協働的にリズム遊びやリズム打ちに取り組もうとする態度を養う。

(2) 本時までの個人の実態

生徒	生 徒 の 実 態
A 2 年	・示範を見て表現することはできるが，その場で直感的に選択したり判断したりする場面では，動きが止まってしまうことがある。
B 2 年	・様々な音楽に関わり，体を揺らしたりうなずいたりして，曲全体を味わって聴くことができるが，示範を見て同じように体を動かすことは難しい。
C 2 年	・様々なリズム・パターンを演奏することができる。リズムから感じ取ったことを，「忙しい感じ」などと表現することもできる。自分のテンポで演奏することを好む傾向がある。

(3) 個人目標

生徒	観 点	個 人 目 標	音楽科の目標及び内容
A 2 年	知識及び技能	・リズムカードを見て，リズムを意識して演奏することができる。	音楽科1段階 (1) 目標ア，イ，ウ (2) 内容 　A表現　イ(ウ)
	思考力，判断力，表現力等	・自分の思いに合ったリズムを選ぶことができる。	
	学びに向かう力，人間性等	・リズムの面白さに興味・関心をもち，短いリズムをつくる活動に進んで取り組むことができる。	
B 2 年	知識及び技能	・教員のリズム打ちを模倣したり，友達のリズム打ちを聴いたりすることができる。	音楽科1段階 (1) 目標イ，ウ (2) 内容 　A表現　イ(ウ) ㋒ 音楽科2段階 (1) 目標ア (2) 内容 　A表現　ウ (ア)
	思考力，判断力，表現力等	・リズムの面白さを感じながら，自分の思いをもって短いリズムをつくることができる。	
	学びに向かう力，人間性等	・言葉とリズムが一致する心地良さやリズム打ちの面白さに気付き，進んで取り組むことができる。	
C 2 年	知識及び技能	・グループでリズムをつないだり重ねたりして，拍の流れにのってリズムを演奏することができる。	音楽科2段階 (1) 目標，ア，イ，ウ (2) 内容 　A表現　イ(ウ) ㋒ 　ウ (ア) ㋐
	思考力，判断力，表現力等	・リズムをいろいろ試しながら，まとまりのあるリズムをつくる工夫をすることができる。	
	学びに向かう力，人間性等	・友達とリズムをつなげる活動を楽しみ，進んで取り組むことができる。	

(4) 本時の学習活動（50分）

時間	主な学習活動	子供の活動（〇），教員の指導・支援（・），及び配慮（＊）	準備物
導入 （10分）	1.「はじまりの歌」を歌う。	〇「はじまりの歌」を歌うことで，授業の始まりを意識したり，一緒に学習する仲間を確認したりする。 ・一人一人の名前を呼んで出欠を確認する。 ＊T2は呼名されたら返事ができるように促す。	・電子ピアノ
	2.本時の活動内容を聞く。	＊T1はホワイトボードで活動内容を示し，T2は注目を促す。	・ホワイトボード
展開 （30分）	3.ことば（動物の名前）でリズムあそびをする。 (1) T1の模倣をしてリズム打ちをする。	・大型TVに，キリンなど動物のイラストとリズムカードを表示し，タブレット端末でリズム打ちの示範をする。 〇T1の示範に続いて，そのリズムを個人学習用のタブレット端末をタップして音を出し，模倣する。 ・続けて，ライオンやオランウータンなどのイラストとリズムカードを次々に表示し，リズム打ちの示範をする。 〇T1の示範に続いて，テンポに合わせて模倣をする。 ＊T2は，生徒の手を取って支援はせず，自発的にリズム打ちをする姿を引き出すようにする。	・大型TV ・パソコン ・タブレット端末
	(2) リズムに合う言葉を見付ける。	〇T1のリズム打ちを聞いて，思い付く言葉を発表する。 ・言葉は名詞だけでなく，生活に使われる言葉も含めるようにする。 ・T1は挙手のあった生徒を指名し，発表を促す。 ＊見付けることが難しい場合は，イラストカードから選択することができるようにする。 ＊T2は，発表している生徒に注目するように促したり，発表できるように支援したりする。	・イラストカード ・ホワイトボード
	(3) イラストに合わせてリズム打ちをする。	〇生徒自身が見付けた言葉を提示し，リズム打ちをする。 ・イラストとリズムの種類を徐々に増やし，呼び掛けとこたえや繰り返しの要素を含んだリズムを示す。	・大型TV ・パソコン ・タブレット端末
	4.リズムをつなげる。 (1) グループでつくる。	〇一人一人が4拍分のリズムを選び，グループでつなげる。 ・反復，呼び掛けとこたえなどの音楽を形作る要素を加えるようにする。 ・選んだリズムを，タブレット端末に録音し，繰り返し再生して確認できるようにする。 ＊T1がAグループをT2がBグループのタブレット端末の操作や話し合いの進行を支援する。	・タブレット端末
	(2) グループで発表する。	〇グループでつなげたリズムを発表し，感想を伝え合う。 ・反復，呼び掛けとこたえなどのリズムが取り入れられているか確認する。 ・それぞれのグループがつくったリズムの良さを伝える。 ・話し合いの場面での様子も伝える。 ・T1は挙手のあった生徒を指名し，発表を促す。	
終末 （10分）	5.頑張ったことを発表する。	〇どんなことができるようになったか，どんなところを頑張ったのかを発表する。 ・T1は挙手のあった生徒を指名し，発表を促す。 ＊ホワイトボードで活動内容を振り返ることができるようにする。 〇次時の予告を聞く。 ・次時は曲に合わせてリズム打ちをすることを予告し，期待を持つことができるようにする。	・ホワイトボード
	6.「おわりの歌」を歌う。	〇「おわりの歌」を歌うことで，授業の終わりを意識したり，頑張ったことを自分自身で振り返ったりする。	・電子ピアノ

（5）場の設定

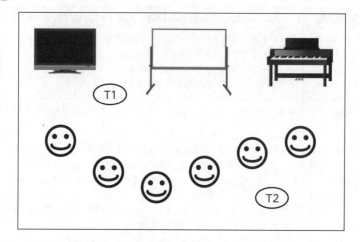

（6）板書計画

ことばでリズムあそび

1　はじまりの歌
2　まねしてリズム
3　みつけてリズム
4　つなげてリズム
5　おわりの歌

（7）教材・教具の工夫

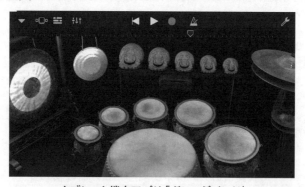

タブレット端末アプリ「ガレージバンド」

・主体的に学ぼうとする意欲を喚起し，増長させ
るツールとしてタブレット端末のアプリを使用
する。

7．事後の個人目標の学習評価（学習活動終了後）

生徒	観 点	個人目標の学習評価　（◎○△）	音楽科の目標及び内容と評価（◎○△）
A 2年	知識・技能	・言葉とリズムを一致させて演奏することができたが，リズムカードのみを見て演奏することは難しかった。（△）	音楽科1段階 (1) 目標ア（○),イ（◎),ウ（△) (2) 内容 　A表現 　　イ（ウ）（ア）（△)
A 2年	思考・判断・表現	・「パイナップル」「食べたいな」のリズムを選ぶことができた。（◎）	
A 2年	主体的に学習に取り組む態度	・録音したリズムを何度も再生して確認することができたが，新しいリズムをつくることは難しかった。（△）	
B 2年	知識・技能	・教員のリズム打ちを，テンポに合わせて正確に模倣することができたが，友達のリズム打ちを聴いて生かすことは難しかった。（○）	音楽科1段階 (1) 目標イ（○),ウ（◎) (2) 内容 　A表現 　　イ（ウ）（ウ）（○) 音楽科2段階 (1) 目標ア（◎) (2) 内容 　A表現 　　ウ（ア）（イ）（○)
B 2年	思考・判断・表現	・好きなキャラクターの名称をリズム打ちで表すことができた。（◎）	
B 2年	主体的に学習に取り組む態度	・好きなキャラクターの名称を，次々にリズム打ちをして，面白さに気付くことができた。（◎）	
C 2年	知識・技能	・つなげたリズムを拍の流れにのって演奏することができたが，リズムをつないだり重ねたりすることは難しかった。（○）	音楽科2段階 (1) 目標，ア（△),イ（○),ウ（○) (2) 内容 　A表現 　　イ（ウ）（ウ）（○) 　　ウ（ア）（ア）（△)
C 2年	思考・判断・表現	・録音したリズムを再生して試すことはできたが，まとまりのあるリズムに工夫することは難しかった。（△）	
C 2年	主体的に学習に取り組む態度	・友達や自分のつくったリズムを繰り返し確認することはできたが，進んでつなげることは難しかった。（△）	

▶**学習指導要領に対応した知的障害児への授業改善の視点**

　この授業は1年間の図画工作科における学びの履歴を活用した共同制作の授業です。年間を通して取り組んできた「塗る」「貼る」活動を中心に据え，楽しみながら素材や教材・教具を変化させていく中で，既習の「知識，技能」や「思考力，判断力，表現力」を生かした「主体的な学び」を引き出すようにしました。また，友達の塗り方やセロハンテープの使い方などに注目する時間を設け，称賛したり声を掛け合ったりする「対話的な学び」を仕組みました。

図画工作科　学習指導案

　　　　　　　　　　　日　時：令和3年3月11日（木）4時限
　　　　　　　　　　　対　象：小学部第3・4学年5名（男児1名，女児4名）
　　　　　　　　　　　場　所：小学部2組教室
　　　　　　　　　　　指導者：西川崇（T1），大村青空（T2）

1.　単元名　　　表現「みんなで協力して2組のネコバスを作ろう」

2.　単元設定の理由

（1）単元観

　これまでの図画工作科の授業では，1学期は「描く」，2学期は「作る」活動を中心に据え，季節や行事のテーマに沿って児童が個人で作品を制作することを目的にしてきた。その中で，画用紙，空き箱，新聞紙，段ボール，松ぼっくり，木の実などの材料に，水彩絵の具やクレヨン，ペン，のりやボンド，セロハンテープ，ローラー，刷毛などの用具を使って着色や描画，接着などをして造形や表現，鑑賞に取り組んできた。

　3学期は学級の友達と協力して大きな作品を作ることで，1・2学期に育んできた素材を変化させることの楽しさや造形・表現活動の幅を広げることを意図している。

　本単元で扱う「ネコバス」は，アニメ「となりのトトロ」のキャラクターであり，児童の多くはこれまでにビデオや絵本などで見たことがあると思われる。みんなで乗ることができる大きな「ネコバス」を全員で協力し制作することを通して，表現する楽しさや完成したときの喜び，達成感を味わうことができると考える。また，ネコバスを胴体・しっぽ・足・顔・窓の部分に分け，色を塗る，紙を丸める，テープで貼るなどの技能を用いることで，これまでの図画工作科の時間で習得してきた様々な知識及び技能を活かすことができると考える。3学期にこのような活動をすることで，1年間のまとめとしての作品が完成し，次の学年での図画工作科

における技能や知識を活用することにつなげられると考える。

（2）児童観

　児童は，第3・4学年5名（男1名，女4名）である。教員が題材についての話をしたり，完成品の例や作り方を示して説明することで活動できる児童が3人，実際の素材や道具を見たり，教員と一緒にそれらに触れたりすることで活動することができる児童が2人という実態である。これまでの図画工作科の授業では，紙をちぎる，丸める，切る，セロハンテープや両面テープで貼る，のりで貼る，色を塗る，顔や体などの簡単な絵を描くなどの技能を用いて，児童たちは個人で作品を制作してきた。3学期という学級のまとめの時期に入り，友達の活動を意識したり，学級で協力したりすることができるようになってきている。

（3）指導観

　単元を進めるにあたっては，はじめに「となりのトトロ」のビデオを見せることによって，興味・関心を喚起し，「ネコバスを作りたい」という気持ちを高めたい。ネコバスの胴体の色を塗る活動を行い，「色を塗る」技能を高めるようにする。児童自身が塗り残しなくきれいに塗ることに気付けるようにするために，児童が塗る位置を決めたり，絵の具を補充する場面を設けたりして，児童の間で，「まだ塗るところがある」「もっと絵の具を塗って」などの対話が生まれるようにしたい。

　次に，ネコバスのしっぽと足を立体的に作る活動を行い，紙を加工する，両面テープで貼るなどの技能を用いる。足やしっぽの大まかな形だけでなく，肉球やしっぽの模様を付けることで，ネコバスを立体的に意識できるようにしたい。そして，ネコバスの顔と窓を作る活動では，紙を丸める，花紙で包む，貼るなどの技能を用いる。ネコバスの顔には様々な色が使われていることから，顔のパーツの色の違いを意識して，取り組めるようにしたい。また，ビデオやイラストを示して，児童自身が，顔に何がついているか，何を作るかに気付けるようにしたり，どこのパーツを作りたいかを選択できるようにしたりして，児童と対話しながら授業を進めていきたい。さらに，毎回の授業の最後には，ネコバスに児童を乗せ，協力して完成した喜びや達成感を学級全体で味わえるようにしたい。

3. 単元における主体的・対話的で深い学びの視点

主体的な学び	・年間を通して，「色を塗る」「貼る」活動を中心に据え，素材を変化させる経験をしてきている。 ・本単元においても，既習経験を生かして，刷毛やローラーでダイナミックに塗る活動や，花紙で玉を包む活動，セロテープや両面テープで貼り付ける活動を随所に取り入れ，児童が何をするのかを分かって積極的に取り組むような「主体的な学び」を引き出す。
対話的な学び	・授業の導入で，動画や写真などを提示して，ネコバスを完成させるのに必要なパーツを考える場面を設け，教員や児童同士で一緒に考えることができるようにする。 ・制作過程で，友達の活動に注目できるようにして，色の塗り方や部品の貼り付け方などを児童同士で教えあったり，自分で考えたりするようにする。
深い学び	・水彩絵の具の色や道具（太さが違う刷毛やローラー）を複数準備しておくことで，児童が「これを使いたい」「こんなふうに作りたい」というように考えを深められるようにする。 ・教員は児童のつぶやきを拾ったり，児童の活動を言語化したりして，児童が感じたことや工夫したことなどを評価し，自分の考えに自信をもてるようにし，深い学びにつなげられるようにする。

4. 単元計画（本時：3／3教時目）

時数	月日	主な学習活動	準備物
1	2／18	「ネコバスの胴体に色を塗ろう」 ・「となりのトトロ」のビデオを見て，みんなで乗れるネコバスを作ることを知る。 ・模造紙を貼った段ボールに，刷毛やローラーを用いて色を塗る。	・「となりのトトロ」のDVD ・模造紙を貼った段ボール ・刷毛・ローラー ・水彩絵の具
2	2／25	「ネコバスのしっぽと足をつくろう」 ・黄色いビニール袋をネコバスの足に見立てて，シュレッダー紙を入れて立体的な足を作る。 ・ネコバスの足に肉球に見立てたフェルトを両面テープで貼り付ける。 ・途中まで完成したネコバスにみんなで乗ってみる。	・黄色ビニール袋 ・シュレッダー紙 ・フェルト ・両面テープ ・ネコバスに見立てた台車
3	3／11 （本時）	「ネコバスの顔と窓をつくろう」 ・ネコバスの顔のパーツに何があるか考える。 ・紙玉を花紙で包んでセロハンテープで留める。 ・両面テープで紙玉をネコバスの顔を描いた台紙に貼り付ける。 ・ネコバスの窓に好きな絵を描く。 ・ネコバス本体に窓を貼り付ける。	・花紙各色 ・セロハンテープ ・色画用紙 ・ネコバスの顔を描いた段ボール ・ネコバスに見立てた台車

5. 単元目標

(1) 全体目標

知識及び技能	・段ボールや袋，フェルト，花紙，紙などの様々な素材の感触を味わいながら，水彩絵の具で色を塗ったり，ネコバスの足や顔のパーツなどを作ったりすることができるようにする。
思考力，判断力，表現力等	・刷毛やローラー，セロハンテープなどの道具を使い，これまでの経験を生かして，塗り方や作り方などを工夫して作ることができる力を養う。
学びに向かう力，人間性等	・共同作品を作る喜びを味わうとともに，色や形を選んだり作ったりして，友達と一緒に作ることの楽しさを体感しようとする態度を養う。

(2) 個人目標

*紙幅の都合上，3名まで掲載

児童	観点	個人目標	図画工作科の目標及び内容
A 3 年	知識及び技能	・ネコバスを作ることが分かり，色の塗り方や接着の仕方を理解して，積極的に制作することができる。	図画工作科2段階 (1) 目標ア，イ，ウ (2) 内容 　A表現ア (ア)，(イ) 　B鑑賞ア (ア)
	思考力，判断力，表現力等	・見通しをもちながら制作活動に取り組みどこを塗る，どうやって貼るなどを考えて試行錯誤しながら実践することができる。	
	学びに向かう力，人間性等	・友達と一緒にネコバスを作ることの楽しさや達成感を感じながら，最後まで取り組もうとすることができる。	
B 4 年	知識及び技能	・ネコバスを作ることが分かり，塗る，描く，貼るなどそれぞれの工程で積極的に制作することができる。	図画工作科2段階 (1) 目標ア，イ，ウ (2) 内容 　A表現　ア (ア)，(イ) 　B鑑賞　ア (ア)
	思考力，判断力，表現力等	・刷毛やローラー，セロハンテープなどの道具の名前を言ったり，したいことを自分の言葉で表現したり，自分なりに工夫したりすることができる。	
	学びに向かう力，人間性等	・友達と一緒にネコバスを作ることの楽しさや達成感を感じながら，制作活動に最後まで取り組もうとすることができる。	

C 4 年	知識及び技能	・教員と一緒に色を塗ったり，紙を丸めたり，セロテープで貼ったりすることができる。	図画工作科1段階 (1) 目標ア，イ，ウ (2) 内容 　A表現　ア(ア)，(イ) 　B鑑賞　ア(ア)
	思考力，判断力，表現力等	・材料や道具を見て，何をするのかを考えて，見通しをもって制作活動に参加することができる。	
	学びに向かう力，人間性等	・教員の声掛けや支援を受けながら，素材や道具に手を伸ばして触れ，楽しんで作ろうとすることができる。	

(3) 図画工作科と関連する「自立活動」の目標

児童	自立活動の目標
A 3 年	・制作や表現活動では，セロハンテープを指でつまんだり，花紙で紙玉を包んだりするときに，手元をよく見て作品を作ることができる。(身体の動き)
B 4 年	・制作や表現活動では，刷毛を使ってダイナミックに絵の具の着色をしたり，両面テープの剥離紙を指先でつまんではがしたりするなど，活動によって粗大な動きや微細な動きを行うことができる。(身体の動き)
C 4 年	・制作や表現活動では，素材や道具を手に取ったり，教員が実演するのを見たりして，何をするのかが分かり，はさみやローラー，のりなどを安全に使うことができる。(身体の動き)

(4) 図画工作科における合理的配慮　　＊合理的配慮の観点(①指導内容・方法，②支援体制，③施設・設備)

児童	合理的配慮の内容	観点
A 3 年	・話を聞いて大体の活動を理解することができるが，材料や道具を手にすると主題からかけ離れたことをすることがあるため，完成品やモデルを提示して，活動内容を焦点化して伝える。	①－1－2
B 4 年	・のりを適量塗ることや，セロハンテープを適量の長さに切るなどの力のコントロールが難しいため，適宜教員が支援をして，「できない」と感じないように配慮する。	①－1－1
C 4 年	・衝動的にのりをこぼしたり，作品を破いてしまったりすることがあることから，特性に配慮して活動量を調節したり，適量の材料を提示したりするなど，安全に学習できる環境を整備する。	③－2

6. 本時の学習活動

(1) 全体目標

知識及び技能	・セロハンテープや両面テープなどの道具を使い，紙の玉を花紙で包み，ネコバスの顔に貼ったり，胴体部分に窓を貼ったりすることができるようにする。
思考力，判断力，表現力等	・ネコバスの顔の絵や映像を見ながら，目や耳などの色を考えて，ネコバスの顔に紙玉を貼ることができる力を養う。
学びに向かう力，人間性等	・ネコバスを完成させることを目指して参加したり，ネコバスに乗ったりすることで，みんなで楽しく制作に取り組もうとする態度を養う。

(2) 本時までの個人の実態

児童	生 徒 の 実 態
A 3年	・「となりのトトロ」の歌を口ずさみ，ネコバスを作りたいという意欲をもって主体的に制作に取り組む。しかし，同じところばかりを塗ろうとしたり，セロハンテープを同じところにばかり貼ったりすることがあった。 ・友達や教員とネコバスの話をすることができる。作品鑑賞の時間に自分がしたことや友達の取組を見た感想などを発表することができる。
B 4年	・トトロやネコバスに興味を示して進んで制作に取り組んでいる。技能面では，セロハンテープの切り方や両面テープの貼り方に教員を呼んで援助を求めながら取り組む。 ・進んで友達の制作の様子に関心を示し，作り方を参考にしたり，友達を見て「すごいね。」と声を掛けたりしていた。
C 4年	・教員の実演を見て活動を理解し，ローラーで色を塗ったりシュレッダー紙をビニール袋に詰めたりすることができた。しかし，早く仕上げようとする傾向もみられた。 ・教員の質問に対して，単語で発語をすることがあったが，友達同士の会話は難しい。

(3) 個人目標

児童	観 点	個 人 目 標	図画工作科の目標及び内容
A 3年	知識及び技能	・紙の感触を味わいながら，自分が選んだ色の花紙で紙玉を包んだり，セロハンテープを貼ったりすることができる。	図画工作科2段階 (1) 目標ア，イ，ウ (2) 内容 　A表現　ア(ア)，(イ)
	思考力，判断力，表現力等	・ネコバスの顔の絵を見ながら，目や耳などに何色の紙玉を貼るかを考えてネコバスを作ることができる。	
	学びに向かう力，人間性等	・ネコバスの完成を目指して，みんなで楽しく制作に取り組もうとすることができる。	
B 4年	知識及び技能	・紙玉を白い面が見えないように花紙で包み，セロハンテープで留めることができる。	図画工作科2段階 (1) 目標ア，イ，ウ (2) 内容 　A表現 　ア(ア)，(イ)
	思考力，判断力，表現力等	・自分が作りたいパーツの色を選び，紙玉をネコバスの顔に貼り付けることができる。	
	学びに向かう力，人間性等	・ネコバスの完成を目指して，みんなで楽しく制作に取り組もうとすることができる。	
C 4年	知識及び技能	・紙の感触を味わいながら，教員と一緒に花紙で紙玉を包んだり，教員がちぎったテープを貼ったりすることができる。	図画工作科1段階 (1) 目標ア，イ，ウ (2) 内容 　A表現　ア(ア)，(イ)
	思考力，判断力，表現力等	・花紙や紙玉，セロハンテープを見て，何をするのかを考えて，教員と一緒に制作活動に参加することができる。	
	学びに向かう力，人間性等	・紙を変化させることの楽しさを味わい，自分から材料に手を伸ばして取り組もうとすることができる。	

(4) 本時の学習活動（45分）

時間	主な学習活動	子供の活動（○），教員の指導・支援（・），及び配慮（＊）	準備物
導入 （5分）	1. 始めの挨拶をする。	○日直の号令で始めの挨拶をする。 ・T1は，姿勢を正すように声を掛け児童と目線を合わせたり，T2が個別に促したりすることで，全員で挨拶できるようにする。	
	2. 本時の学習内容を知る。	○制作中のネコバスを見て，何が足りないかを考えて発表する。 ・ネコバスの絵や動画を見せ，児童が気付くことできるようにする。	・制作中のネコバス ・ネコバスの絵，動画
展開 （35分）	3. ネコバスの顔を作る。 （1）絵カードややり方を見て何をするのかを知る。	○教員の説明を聞き，A児が友達の前で実演する。 ・B児が手順カードを読むことで，B児自身が作り方を理解するだけでなく，他の児童にも作り方の理解が深まるようにする。 ＊C児，D児には，手順カードでの説明だけでなく，T2が花紙やセロハンテープを提示することで，素材や道具を理解できるようにする。	・手順カード ・花紙 ・紙玉 ・セロハンテープ
	（2）紙の玉を花紙で包む。	○花紙の色を選んで，紙玉を花紙で包んでセロハンテープで留める工程に取り組む。 ・紙玉が見えないように花紙できれいに包んでテープで留めている児童がいれば，称賛したり，やり方を披露したりできるようにして，他の児童の参考にできるようにする。 ＊セロハンテープを切るのが難しい児童には，教員が切って，机の端に貼るようにして，児童が次々と貼れるようにする。	・花紙 ・紙玉 ・セロハンテープ
	（3）花紙で包んだ紙玉やひげをネコバスの顔に貼る。	○ネコバスの顔に目や鼻などに合う色の紙玉を貼り付ける。 ＊ネコバスの顔型の段ボールに顔の各パーツの色を薄く塗っておき，児童が視覚的にその部分に貼る花紙の色を理解できるようにする。 ・A児，B児，E児には，どの顔のパーツに貼りたいかを尋ね，友達や教員と対話しながら制作できるようにする。 ・ネコバスの顔型の段ボールには，両面テープを貼っておき，剥離紙の先端を折り曲げて，はがしやすいようにする。 ○ネコバスのひげを協力して顔に貼り付ける。 ・セロテープと両面テープを提示し，児童が考えてひげを貼り付けられるように見守る。	・顔型の段ボール ・紙玉 ・両面テープ ・セロハンテープ ・ネコバスのひげ 　6本
	（4）ネコバスの窓を貼る。	○窓に見立てた画用紙に両面テープを貼り，ネコバスの胴体に窓を貼る。 ・カラフルな色の窓を準備し，児童が好きな色を選択して，意欲を持って制作できるようにする。 ＊剥離紙がめくりにくい児童には，剥離紙の先端を折り曲げて，はがしやすいようにする。 ＊ネコバスの胴体に窓の位置を示し，児童が窓の位置を視覚的に理解できるようにする。	・窓型の画用紙 ・両面テープ ・ペン
終末 （5分）	4. ネコバスに乗る。	○完成した後にネコバスに乗り，全員で作り上げた達成感や喜びを味わう。 ・ネコバスの音楽をかけることで，楽しい雰囲気を味わえるようにする。 ・児童にネコバスを作った感想を求め，本時の内容を振り返ることができるようにする。	・完成したネコバス ・タブレット端末 　（ネコバスの曲）
	5. 終わりの挨拶をする。	○日直の号令で終わりの挨拶をする。 ・T1は姿勢を正すように声を掛け児童と目線を合わせたり，T2が個別に促したりすることで，全員で挨拶できるようにする。 ・挨拶の後に，道具や材料の残りなどの簡単な片付けをするように声を掛ける。	・片付け用のかご

(5) 場の設定

学習活動1，2，5

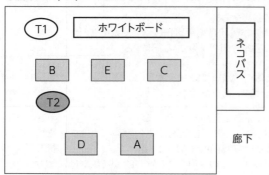

紙玉を花紙で包む活動

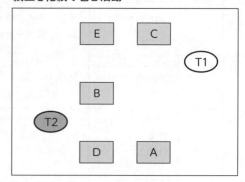

紙玉をネコバスの顔に貼る場面

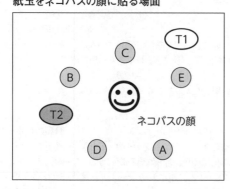

ネコバスに窓を貼る場面

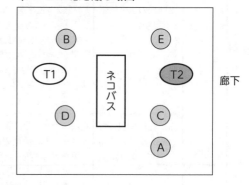

(6) 板書計画

2くみのネコバスをつくろう

1. ネコバスの　かおを　つくる
   ①　おく　　②つつむ　　③はる

2. みんなで　かおを　はる
3. まどを　はる
4. できあがり

(7) 教材・教具の工夫

授業で作った「ネコバス」

○ネコバスの胴体：段ボールに模造紙を貼り，色を塗りやすくしておく。

＜ネコバスの足・しっぽの作り方＞

① 　スーパーのビニール袋にシュレッダー紙を入れる。
② 　①を黄色のカラー袋に入れて，足やしっぽの形に整えて，セロハンテープで留める。
③ 　肉球やしっぽの模様に見立てたフェルトを黄色の袋の上から布用両面テープで貼る。

＜ネコバスの顔の作り方＞

・顔型に切った段ボールに下絵を描き，色鉛筆で薄く色を付け，両面テープを貼っておく。
・キッチンペーパーで作った紙玉を，顔の各パーツに対応した色の花紙で包み，セロハンテープで留める。
・紙玉とひげを両面テープで貼る。

7．事後の個人目標の学習評価（学習活動終了後）

児童	観点	個人目標の学習評価　（◎〇△）	図画工作科の目標及び内容と評価（◎〇△）
A 3年	知識・技能	・自分が好きな黄色の花紙を選び，紙玉を包みセロテープで貼ることができた。（◎）	図画工作科2段階 (1) 目標ア（◎），イ（〇），ウ（◎） (2) 内容 　A表現 　　ア（ア）（〇）， 　　　（イ）（◎）
A 3年	思考・判断・表現	・ネコバスの絵を見ながら，茶色や黄色の紙玉が顔の輪郭になることが分かり，教員の言葉掛けを受けながら，ネコバスの顔に貼り付けることができた。（〇）	
A 3年	主体的に学習に取り組む態度	・「楽しい」「早く乗りたいな」と言いながら，ネコバスを作ること自体を楽しみ，友達や教員と一緒に制作することができた。（◎）	
B 4年	知識・技能	・自分が好きな黄色の花紙を選び，紙玉の白い面が見えないように花紙で丁寧に包むことができたが，セロテープは教員がちぎったものを使った。（〇）	図画工作科2段階 (1) 目標ア（〇），イ（◎），ウ（◎） (2) 内容 　A表現 　　ア（ア）（◎）， 　　　（イ）（〇）
B 4年	思考・判断・表現	・自分が作った黄色の紙玉が顔の輪郭になることが分かり，下絵の色を見ながらネコバスの顔に貼り付けることができた。（◎）	
B 4年	主体的に学習に取り組む態度	・「楽しい」「1組さんを乗せてあげる」と言いながら，ネコバスを作ること自体を楽しみ，友達が貼る活動にも注目しながら一緒に制作することができた。（◎）	
C 4年	知識・技能	・花紙や紙玉に自分から手を伸ばして包むことができ，教員がちぎったセロハンテープを貼って茶色の紙玉を作ることができた。（◎）	図画工作科1段階 (1) 目標ア（◎），イ（〇），ウ（△） (2) 内容 　A表現 　　ア（ア）（〇）， 　　　（イ）（◎）
C 4年	思考・判断・表現	・花紙や紙玉，セロハンテープを見て，何をするのかが分かり，教員の指差しや声掛けを受けながら紙玉作りやネコバスの顔作りに参加することができた。（〇）	
C 4年	主体的に学習に取り組む態度	・花紙や紙玉に自分から手を伸ばして包むことができたが，次々と作ったり活動を持続したりするのには，教員の言葉掛けが必要だった。（△）	

▶学習指導要領に対応した知的障害児への授業改善の視点

　この授業は，これまでの「短距離走の動きの学習や走り方の学習」から，「生徒自身が課題に気が付き，楽しみながら行うことができる学習」へと授業改善を行ったものです。毎時間，ゲーム形式の運動を行って友達と競ったり，楽しんだりしながら，短距離走に必要な動きを学習できるようにするなど，主体的な姿や学びとなるように考えました。

保健体育科　学習指導案

日　時：令和 3 年 5 月 17 日（月）　第 2 時限
対　象：中学部第 3 学年 6 名（男子 4 名，女子 2 名）
場　所：グラウンド
指導者：岩松雅文（T1），栃木花実（T2）

1. 単元名　　陸上運動「短距離走　全力ダッシュ！速く走ってみよう」

2. 単元設定の理由

（1）単元観

　これまで保健体育科の授業では，体つくり運動や集合・整列の集団行動など，基礎的な運動や準備運動・体操を行ってきた。繰り返しの学習により，体の動かし方や整列の立ち位置などを覚え，自ら運動することができる生徒の姿が見られる。

　本単元では，陸上運動の短距離走を扱う。短距離走は毎年行っており，自分で走ることができる生徒が多い。これまでは，短距離走のための動きづくりや走り方の学習を多く設定していた。しかし，生徒の主体的・対話的で深い学びの実現に向けた授業改善の観点から，生徒自身が考えながら，楽しく授業に取り組めるような姿を期待し本単元を設定した。また，本単元を通じて，生徒が短距離走や運動することが好きになり，自分の課題に気付いたり主体的・協働的な学習を行ったりすることを通して，豊かなスポーツライフを実現する資質・能力を身に付けてほしいと考える。

（2）生徒観

　生徒は，第 3 学年 6 名（男子 4 名，女子 2 名）である。生徒は，毎朝行っている朝の運動で，走る運動に取り組んでいる。そのために，自分で歩いたり走ったりすることができる生徒が多い。しかし，50 m 走では，肥満などの体型にかかわらず速さを意識して走ったり，スタートの合図に合わせて素速く走り出したりすることが難しい生徒が多く見られる。また，ゴールラ

インまで走り切ることができず，途中で止まってしまう生徒，途中で歩いてしまう生徒もいる。加えて，姿勢が悪く大きく腕が振れていない生徒などもいる。

　一方で，ゲーム活動や運動遊びなどには積極的に取り組むことができる生徒が多い。生徒同士のかかわりは良好であり，学級の友達同士のかかわりを楽しみながら活動することができる。また，友達に負けたくないという競争意識が見られる生徒もおり，ゲームには積極的に取り組める生徒が多い。

（3）指導観

　これまでは，短距離を走るための脚の動かし方や，脚筋力を鍛えるような内容を中心とした活動を反復練習することが多かった。今年度は，生徒に見られた課題を解決するために，走り方や体の使い方の動きを楽しみながらできるような学習活動を設定した。主に行う指導内容は，しっぽ取りゲーム・ビーチフラッグス・腕組み走・新聞紙巻き走を設定している。

　しっぽ取りゲームは，目標に向かって継続して走ることを目的にして行うものである。ルールは，通常はしっぽを取られた生徒は負けとなるが，今回はしっぽの復活を許可し，何度でもゲームに戻り，全員が時間内走り続けることができるようにする。また，ビーチフラッグスは，スタートの合図への意識を喚起するために行う。腕組み走は，腕を振って走ることの大切さを感じるために行う。そして，新聞紙巻き走は，速く走る疾走感を体験できるように行うものである。これらの内容は，生徒が実際に活動を行うことで，短距離走に必要な動きや体の動かし方を無意識に学習できるようになるために設定したものである。加えて，走運動を連続して行うことができるようにし，生徒の待ち時間が少なくなるようにすることで，身体活動量の増加も期待できると考える。

3.　単元における主体的・対話的で深い学びの視点

主体的な学び	・腕組み走や新聞紙巻き走などのように，生徒が遊びやゲームに取り組めるようにする。 ・生徒自身が，走る活動が「面白い」や「楽しい」いう実感をもち，積極的に取り組めるようにする。 ・ゲームや競走を行うことで，生徒が「もっと速く走りたい」と思うことができるようにする。
対話的な学び	・しっぽ取りゲームでは，どうしたら鬼（友達）から逃げたり，しっぽを取ったりできるのかを，友達と一緒に考えるようにする。 ・新聞紙巻き走では，どうしたら新聞紙が落ちないように走ることができるのか，新聞紙を何回折るか，どこに巻き付けるかなどについて友達と一緒に考えたり，教え合ったりできるようにする。 ・友達と考えたことを伝え合う活動を行うことで，新たな考え方や方法に気付くことができるようにしていく。
深い学び	・ビーチフラッグスでは，もっと速くフラッグを取れるように自分なりの走るコツを覚えることができるようにする。 ・走るペアや競走するグループを変えたりすることで，どうしたらうまく速く走ることができるのかを考えることができるようにする。

4. 単元計画（本時：3 / 5 教時目）

時数	月日	主な学習活動	準備物
1	4／26	「50 mのタイムを計測しよう」 ・2人のペアで50mの直線コースを走り，タイムを測定する。計2回測定し，速かった方のタイムを記録する。 ・生徒6名で，「しっぽ取りゲーム」を行う。1ゲーム2分間程度で行う。休憩をはさみ，数回行えるようにする。	・ストップウォッチ ・ビデオカメラ ・記録用紙 ・ゲーム用しっぽ　など
2	5／10	「楽しく走ってみよう①」 ・しっぽ取りゲームを行う。1ゲーム2分間程度で行う。休憩をはさみ，数回行えるようにする。 ・胸の前で腕を組んだ姿勢で直線を走る「腕組み走」を行う。	・ゲーム用しっぽ　など
3	5／17 （本時）	「楽しく走ってみよう②」 ・しっぽ取りゲームを行う。1ゲーム2分間程度で行う。 ・「ビーチフラッグス」の要領で，座った状態から素速く立ち上がり，フラッグを取りに走るゲームを行う。 ・胴体部分に新聞紙を巻き付けて直線を走る。	・ゲーム用しっぽ ・フラッグ 　（別の物で代用も可） ・新聞紙　など
4	5／24	「楽しく走ってみよう③」 ・ビーチフラッグスの要領で，いろいろな姿勢の状態から素速く立ち上がりフラッグを取りに走るゲームを行う。 ・胴体部分に新聞紙を巻き付けて直線を走る。	・フラッグ 　（別の物で代用も可） ・新聞紙　など
5	5／31	「50 mのタイムを計測してみよう！結果発表―」 ・学年毎のグループで，しっぽ取りゲームを行う。1ゲーム2分間程度で行う。 ・2人ペアで50mの直線コースを走り，タイムを測定する。計2回測定し，速かった方のタイムを記録する。	・ゲーム用しっぽ ・ストップウォッチ ・ビデオカメラ ・記録用紙　など

5. 単元目標

(1) 全体目標

知識及び技能	・短距離走の楽しさや面白さなどが分かり，走り方を知ったり体の動かし方を覚えたりする。
思考力，判断力，表現力等	・短距離走について自分やグループの課題を見付け，その解決のための方法を考えたり，工夫したことを他者に伝えたりする力を養う。
学びに向かう力，人間性等	・短距離走に進んで取り組み，きまりを守ったり，友達と一緒に安全に留意したりし，最後まで楽しく運動に取り組む態度を養う。

(2) 個人目標

＊紙幅の都合上，3名まで掲載

生徒	観点	個人目標	保健体育科の目標及び内容
A 3 年	知識及び技能	・走り方や体の動かし方を理解し，積極的に取り組むことを通して，速く走ることができる。	保健体育科2段階 (1) 目標ア，イ，ウ (2) 内容 　C　陸上運動 　　ア，イ，ウ
	思考力，判断力，表現力等	・自分や友達の課題を見付け，解決の方法や良い点などを考えて友達に伝えることができる。	
	学びに向かう力，人間性等	・知っていることや考えたことを基に運動する中で，友達に声を掛けたり励ましたりしながら，最後まで運動に取り組もうとすることができる。	

B 3年	知識及び技能	・速く走るための約束やゲームのルールを理解し，積極的に走ることができる。	**保健体育科2段階** (1) 目標ア，イ (2) 内容 　C　陸上運動
	思考力，判断力，表現力等	・自分の課題を見付け，解決の方法を考えて言葉で表現したり実践したりすることができる。	**保健体育科1段階** (1) 目標ウ (2) 内容 　C　陸上運動　ウ
	学びに向かう力，人間性等	・積極的に運動を行い，友達と一緒に楽しさを感じながら最後まで取り組もうとすることができる。	
C 3年	知識及び技能	・走り方やゲームのルールを知ったり聞いたりして，自分で走ることができる。	**保健体育科1段階** (1) 目標ア，イ，ウ (2) 内容 　C　陸上運動 　　ア，イ，ウ
	思考力，判断力，表現力等	・見通しをもちながら走る運動に取り組み，走る場所を考えて最後まで自力で走りきることができる。	
	学びに向かう力，人間性等	・友達と一緒に，安全に留意しながら最後まで楽しく運動に取り組もうとすることができる。	

(3) 保健体育科と関連する「自立活動」の目標

生徒	自立活動の目標
A 3年	・走り方や体の動かし方の学習では，良い姿勢の保持や合図への反応，運動・動作の改善や習得を図ることができる。（身体の動き）
B 3年	・走り方や体の動かし方の学習では，模範となる教員の動きや，友達の動きをよく見て，自分の課題に気付き，運動に取り組むことができる。（環境の把握）
C 3年	・授業内容や走り方，ゲームルールなどの理解では，場所や場面の状況が分かったり心理的不安感を軽減したりして，落ち着いて運動に取り組むことができる。（心理的な安定）

(4) 保健体育科における合理的配慮　＊合理的配慮の観点（①指導内容・方法,②支援体制,③施設・設備）

生徒	合理的配慮の内容	観点
A 3年	・体育指導の専門家や，校内の陸上競技専門の教員などによる指導（授業参観を含む）の機会を設け，走り方や走技術について知ることができるようにする。	②-1
B 3年	・自分の走り方が良くなったかどうかや，タイムが速くなったかどうかを，ビデオや個人学習用のタブレット端末で撮影し，友達同士で確認したり評価したりできるようにする。	③-2
C 3年	・不安感が強く，未経験のことや分からないことには拒否を示すことがあるため，予め活動内容と走る回数等を知らせ，見通しをもって学習に取り組めるようにする。	①-2-3

6. 本時の学習活動

(1) 全体目標

知識及び技能	・ゲームの楽しさや運動の面白さなどが分かり，走り方を知ったり体の動かし方を覚えたりする。
思考力，判断力，表現力等	・運動について自分の課題を見付け，その解決のための方法を考えたり，工夫したことを他者に伝えたりする力を養う。
学びに向かう力，人間性等	・ゲームや運動に進んで取り組み，ルールを守ったり，友達と一緒に安全に最後まで楽しく運動に取り組んだりする態度を養う。

(2) 本時までの個人の実態

生徒	生 徒 の 実 態
A 3年	・積極的に走ることができる。しかし，腕の振りが小さくなりがちで，蛇行して走る様子が見られる。
B 3年	・自分で走ることができる。しかし，走っている途中でペースを落としたり，止まってしまったりすることがある。
C 3年	・スターの合図を聞いてから走り出すまでに時間がかかることがある。友達と一緒に走ると，好きな友達を追いかけて走り出す姿が多く見られるようになってきた。

(3) 個人目標

生徒	観 点	個 人 目 標	保健体育科の目標及び内容
A 3年	知識及び技能	・走り方や体の動かし方が分かり，腕を振って真っ直ぐに走ることができる。	保健体育科2段 (1) 目標ア，イ，ウ (2) 内容 　C　陸上運動 　　ア，イ，ウ
	思考力，判断力，表現力等	・自分や友達がより速く走るための方法や，工夫点などを考えて友達に伝えることができる。	
	学びに向かう力，人間性等	・ゲームや運動に取り組む中で，前時よりもさらに自分の力を発揮して最後まで取り組もうとすることができる。	
B 3年	知識及び技能	・ゲームのやり方や走り方を理解し，合図を聞いて素速く走り出し，最後まで走りきることができる。	保健体育科2段階 (1) 目標ア (2) 内容 　C　陸上運動
	思考力，判断力，表現力等	・より速く走るための方法や自分の課題点に気が付き，言葉で表現することができる。	保健体育科1段階 (1) 目標イ，ウ (2) 内容 　C　陸上運動　イ，ウ
	学びに向かう力，人間性等	・ゲームや運動に取り組む中で，楽しさや面白さを感じながら最後まで取り組もうとすることができる。	
C 3年	知識及び技能	・新聞紙を体に巻くことや合図を聞いてスタートすることが分かり，走ることができる。	保健体育科1段階 (1) 目標ア，イ，ウ (2) 内容 　C　陸上運動 　　ア，イ，ウ
	思考力，判断力，表現力等	・走る方向やコースを考えて，目標物に向かって走ることができる。	
	学びに向かう力，人間性等	・友達と一緒に，最後まで走りきったり運動したりしようとすることができる。	

（4）本時の学習活動（50 分）

時間	主な学習活動	子供の活動（〇），教員の指導・支援（・），及び配慮（＊）	準備物
導入 （10 分）	1. 始めの挨拶をする。	〇グラウンドに横１列で整列する。 ・号令係の生徒を指名し，挨拶の号令を促す。 ・本時の学習内容（準備体操・走運動・意見交換・走運動）を説明する。	
	2. 本時の内容を聞く。	＊T1 は，ホワイトボードなどを使って補足しながら伝え，T2 は生徒の傾聴を促す。	・移動式ホワイトボード
	3.ラジオ体操を行う。 （準備体操）	・生徒の前で示範し，体操の動きを視覚的に示し生徒が模倣できるようにする。	・音響機材 （BGM 再生用）
展開 （30 分）	4. 友達と一緒に走る① （1）しっぽ取りゲーム（2 回） 1 ゲーム 2 分間	・整列場所を示し，走順を決めて 3 名ずつ前後 2 列で集合するよう指示する（場の設定参照）。 〇友達のしっぽを取った生徒は，次の友達のしっぽを取りに走る。 〇しっぽを取られた生徒は，T1 の所へ行き新しいしっぽをもらい再度走る（復活あり）。 ・T1 は，グラウンドの中心に立ち，生徒に復活用のしっぽを配る。2 分間は走り続けるよう促す。	・ゲーム用しっぽ 20 本程度
	（2）ビーチフラッグス（2 往復） ①前向きから ②後向きから	〇進行方向の前後を向いて，長座か三角座で地面に座り，スタートの合図を聞いて走り出す。 ・T1 は，座った状態から走り出すときの留意点などを説明しながら，動きを実際に示範する。 ＊T2 は，生徒の実態に応じて補足説明したり，示範の動きを見るよう促したりする。	・新聞紙 ・ゲーム用フラッグ 4～6 本（代用可）
	（3）新聞紙巻き走（2 往復）	〇自分の胴体部分に新聞を巻き付けるか，あてがうことをして，スタートの合図とともに手を離して前に走り出す。 ・T1 は，新聞紙を胴体部分に付けるときの位置や留意点を説明しながら，実際に走って示範する。 ＊T2 は，生徒の実態に応じて補足説明したり，示範の動きを見るよう促したりする。	・手持ち式ホワイトボード（移動式可）
	5. 速く走る方法や，走り方のコツを考えて意見交換する。	〇友達と一緒に，速く走ってフラッグを取ったり，新聞紙が落ちないように走ったりするための方法を話し合う。 ・生徒が挙げた内容やポイントをボードに記入し，後から振り返ることができるようにする。 ＊いろいろな意見が出るようなキーワードをいくつか提示するようにする。	・上記同様
	6. 友達と一緒に走る② （1）しっぽ取りゲーム（1 回） （2）ビーチフラッグス（1 往復） （3）新聞紙巻き走（1 往復）	〇上記と同様の方法で走る。 ・T1 は，自分たちで考えたポイントを意識して走れるように指示する。 ・T2 は，生徒個人にポイントを言葉掛けする。 ＊生徒自身が考えたポイントを，具体的に言葉掛けを行うようにする。必要に応じてオノマトペを使うなど，生徒の実態合わせた言葉掛けができるようにする。	
終末 （10 分）	7. 頑張ったことの発表をする。	〇どんなことを意識したのか，どんなところを頑張ったのかを発表する。 ・T1 は，挙手のあった生徒を指名し，発表を促す。 ＊T2 は，生徒が発表している友達の方に注目できるようにする。	
	8. 終わりの挨拶をする。	〇挨拶をして教室に戻る。 ＊手洗い・うがい・水分補給を行うようにする。	

(5) 場の設定

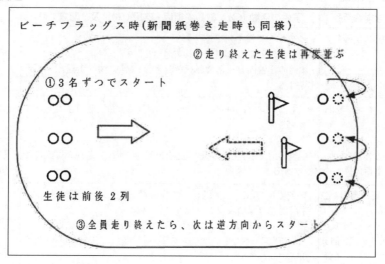

ビーチフラッグス時（新聞紙巻き走時も同様）

②走り終えた生徒は再度並ぶ

①3名ずつでスタート

生徒は前後2列

③全員走り終えたら、次は逆方向からスタート

(6) 板書計画

今日のがくしゅうないよう

1. 始めのあいさつ
2. 先生のはなし
3. ラジオ体そう
4. 友だちと走る①
  (1) しっぽとりゲーム
  (2) ビーチフラッグス
  (3) 新聞紙まき走
5. 意見こうかん
6. 友だちと走る②
7. がんばったことの発表
8. 終わりのあいさつ

(7) 教材・教具の工夫

・ビーチフラッグスでは, 小旗を使用するが, 代用品としてスポンジ製のロケットを作成した。

・軽くて取りやすいので, 生徒の指のけが防止にもよい。

授業で使用したフラッグの代用品

7．事後の個人目標の学習評価（学習活動終了後）

生徒	観　点	個人目標の学習評価　（◎○△）	保健体育科の目標及び 内容と評価（◎○△）
A 3 年	知識・技能	・腕を大きく振って，目標に向かってまっすぐ走ることができた。（◎）	保健体育科2段階 (1) 目標ア（◎），イ（△），ウ（○） (2) 内容 　C　陸上運動 　　ア（◎），イ（△），ウ（○）
	思考・判断・表現	・自分の課題点に気が付き，発表することができたが，より速く走るための工夫点や友達の課題点を考えることは難しかった。（△）	
	主体的に学習に取り組む態度	・ゲームや運動の楽しさや面白さを感じ，自分から走ったり，ゲームに取り組んだりできたが，前時よりも速く走ることは難しかった。（○）	
B 3 年	知識・技能	・ゲームのやり方や走り方が分かり，合図に合わせて走り出すことができた。（◎）	保健体育科2段階 (1) 目標ア（◎） (2) 内容 　C　陸上運動 　　ア（◎） 保健体育科1段階 (1) 目標イ（◎），ウ（◎） (2) 内容 　C　陸上運動 　　イ（◎），ウ（◎）
	思考・判断・表現	・より速く走るための方法や自分の課題点に気が付き，意見を発表することができた。（◎）	
	主体的に学習に取り組む態度	・「楽しい」という感想を教員に話し，ゲームや運動の楽しさを感じ，自分から積極的に走ったり，ゲームに取り組んだりできた。（◎）	
C 3 年	知識・技能	・スタートの合図を聞いて走り出すことができたが，新聞紙を体に巻くときには，教員の補助や指示が必要であった。（○）	保健体育科1段階 (1) 目標ア（○），イ（◎），ウ（◎） (2) 内容 　C　陸上運動 　　ア（○），イ（◎），ウ（◎）
	思考・判断・表現	・フラッグや友達に向かって，まっすぐに走ることができた。（◎）	
	主体的に学習に取り組む態度	・友達と一緒に，指定されたゴールまで走りきることができた。（◎）	

職業科　職業生活「卒業後の人生設計をしてみよう」

▶学習指導要領に対応した知的障害児への授業改善の視点

　本授業では，教科「職業科」の内容について，教科の目指す資質・能力が育成されるように，キャリア教育との関連も図りながら，職業に係る見方・考え方を働かせ，職業生活を中心とした卒業後の生活について学ぶ授業です。人生すごろくを活用して，未来の自分の課題に気付き向き合うことができるようにしました。そして，課題を自分事として捉えて，主体的に課題解決できる場面を設定し，未来の自分がよりよい生活を送れることを目指して学習活動に取り組むことができるように考えました。

職業科　学習指導案

日　時：令和3年4月27日（木）3時限
対　象：高等部第3学年4名（男子2名，女子2名）
場　所：高等部3年1組教室
指導者：白井暑士（T1），尾張花（T2）

1. 単元名　　　職業生活「卒業後の人生設計をしてみよう」

2. 単元設定の理由

（1）単元観

　本学習は，社会に出る前の時期から「ライフキャリア」を意識し，将来起こり得る出来事について学びつつ，自身の個性や適性を生かした働き方・生き方を考えるものである。「ライフキャリア」とは，仕事をはじめとする家庭や地域社会とのかかわりなどの，生涯にわたって自分が果たす役割や経験の積み重ねのことである。そこで，「ライフキャリア」の視点に立って，人生すごろくゲームや未来の自分へのインタビュー，調べ学習を通して，未来の自分の姿を考え，向き合い，卒業後の生活をしていく上での困り事に気付き解決しようとするものである。卒業後の生徒の生活を考えると，家庭や地域社会，友人関係などの「ライフキャリア」の視点が重要になってくる。ここでは，生活費，税金，保険，給料管理などの金銭管理に関する課題や，休日等の自分の時間をどう有効に活用するのかという余暇活動の充実に関する課題，会社での同僚や家庭，地域社会，友人とのかかわり方などの人間関係に関する課題が出てくる。そこで，本単元を通じて，生徒がこれらの課題に気付き，自分事として捉えて，周囲の人の助けを借りたり，情報機器を活用して調べたりしながら課題を解決していく力を養っていく。

（2）生徒観

　生徒は，第3学年4名（男子2名，女子2名）である。生徒はこれまでに，職業科の授業の中でも，働くことの意義や働く条件については学んできた。また，2年生の産業現場等実習においても，一般企業へ実習に行き，職場での作業等について経験している。生徒たちは皆，日

常会話はできるが，困ったときに助けを求めることができない一面がある。また，仕事を集中してこなすことはできるが，働く意義についての理解や自分と他者との役割及び協力について考えたり，計画性をもって主体的に取り組んだりする姿はまだ見られない。さらに，卒業後の生活について，仕事だけでなく家庭や地域とのかかわりから考えたり余暇の過ごし方などを考えたりすることは難しく，ライフキャリアの視点で卒業後の自分の姿を思い描くことができるようにしていく必要がある生徒が多い。

（3）指導観

　本単元では，まずはこれまでの職業科での学びや産業等現場実習での自分の成果と課題を振り返りながら，未来の自分がどんな姿で過ごしているかを考えることができるようにする。次に，教員が用意した人生すごろくを行い，卒業してから10年後をゴールとする。すごろくの項目は，ライフキャリアの3つの視点「金銭の管理」「余暇活動の充実」「人間関係」で構成し，それぞれのマスには，課題やトラブルなどがあり，その場でいくつかの選択肢を選び，進んでいけるようにする。例えば，「最近，上司から細かく注意されることがある。でも理由がよく分からない」というマスでは，①誰にも言わずに一人で悩む，②同僚や先輩に相談する，③思い切って上司に尋ねる，という3択で考える場面を設けていく。すごろくをしながら，仕事面や生活面の「ライフキャリア」について悩んだり，考えたりできる場面を設定する。このすごろくゲームを通して，今後の生活で知っておきたいことや困る出来事などに気付き，これからの生活を見通してまとめることができるようにする。そして，それぞれの学びを共有できる時間を設定し，学びを深めていく。最後は，単元を通した学びを生かして，生徒一人一人がオリジナルの人生すごろくを作るようにする。

　本単元での生徒の主体的な学びは，「人生すごろくを通して自分事の課題と向き合う」ことであり，知りたい，調べたい内容を自ら設定して学習に取り組むことである。対話的な学びとしては，生徒同士のインタビューを通して，自他のライフキャリアを確認すること，人生すごろくでの設問に対話的な活動を取り入れることで自分の思いや考えを見つめ直すことにもつながる。さらに，調べ学習で学んだことを対話的な活動で共有することで，自分の課題と友達の課題の共通点や相違点に気付き，学びを深めることにもつながる。そして，単元を通した学びを生かしたオリジナルの人生すごろくを作成することで，卒業後の生活に必要な事柄を考え直す深い学びにつなげ，卒業後の見通しをもてる学習としたい。

3. 単元における主体的・対話的で深い学びの視点

主体的な学び	・人生すごろくを通して，今後の自分の課題に気付き，課題解決に向けて調べたり話を聞いたりして，学習に取り組もうとする。
対話的な学び	・未来の自分へのお互いのインタビューを通して，自他のライフキャリアを確認し，自分の生き方をよりよいものにしようとする。 ・各自の課題における調べ学習の共有場面を通して，自他の共通点や相違点に気付き自分の将来の生き方をよりよいものにしようと，確認したり改善したりするようにする。
深い学び	・未来の自分が克服するべき課題に気付き，よりよい解決方法を見付けて取り組み，オリジナルすごろくの作成を通してよりよい職業生活の実現に向けて生活を改善しようとする。

4. 単元計画（本時：3 ／ 8 教時目）

時数	月日	主な学習活動	準備物
1	4／15	「未来の自分を考え，インタビューに答えよう。」 ・産業等現場実習での自分の成果と課題を振り返りながら，未来の自分がどんな姿で過ごしているかを考える。 ・ペアの生徒からのインタビューに対して，自分の考えや思いを言葉で答えてアウトプットする。	・ワークシート （未来の自分計画書）
2	4／20	「人生すごろくで未来を見通そう。」 ・卒業してから10年後をゴールとするすごろくを行う。 ・ライフキャリアの視点「金銭の管理」「余暇活動の充実」「人間関係」で構成した，それぞれのマスの課題やトラブルに対して，その場でいくつかの選択肢から選んで対処しながら進んでいく。	・人生すごろく台紙 ・人生すごろくワークシート ・駒 ・通帳カード ・金銭カード ・トラブルカード ・保険カード
3	4／27 （本時）	「未来の自分のために今，知ったり考えたりしておきたいことを整理しよう。」 ・人生すごろくを通して，今後の生活で知っておきたいことや困る出来事などに気付き，これからの生活を見通してまとめる。	・ワークシート （未来の自分困り事整理シート）
4 5	5／6 5／13	「未来の自分の課題解決に向けて調べてみよう。①②」 ・主に次の項目で，それぞれの知りたいことや課題について，情報機器等を使って調べる。 例:給料管理，通帳，電子マネー，保険，年金，税金，健康管理，余暇活動，上司や同僚，保護者，友人，相談機関との相談，福祉サービスの利用	・ワークシート （各項目の未来の自分課題解決シート） ・タブレット端末
6	5／20	「未来の自分の課題解決に向けて調べてみよう。③」 ・自分の課題と解決方法や，調べたことを友達と共有する。	・ワークシート （友達から学ぶ）
7	5／27	「未来の自分の課題解決に向けて調べてみよう。④」 ・本校の卒業生の先輩を招いての講演を聞くことで働く意欲を高めたり，不安なことを質問したりして解決する。	・ワークシート （先輩から学ぶ）
8	6／4	「人生オリジナルすごろくを作ってみよう。」 ・単元を通した学びを生かして，一人一人がオリジナルの人生すごろくを作る。 ・自分の人生すごろくを作ることで，これからの「ライフキャリア」を見通し考える。	・人生すごろく台紙 ・振り返りシート

5. 単元目標

（1）全体目標

知識及び技能	・職業生活に必要とされる実践的な知識を深め，職業生活を支える社会の仕組み等の利用方法の理解を深め，技能を身に付けるようにする。
思考力，判断力，表現力等	・給料の管理の仕方や自分の生活にとって必要な経費があること，相談機関の利用などについて考え，自分で確認したり改善したりする力を養う。
学びに向かう力，人間性等	・未来の自分の課題に気付き，解決方法を考えながら，よりよい職業生活の実現に向けて，生活を改善しようとする態度を養う。

(2) 個人目標

＊紙幅の都合上，2名まで掲載

生徒	観点	個人目標	職業科の目標及び内容
A 3 年	知識及び技能	・職業生活に必要とされる実践的な知識を深め，給料を現金と通帳，スマートフォンなどで管理する技能を身に付けることができる。	職業科1段階 (1) 目標イ (2) 内容 　Aイ職業（ア）⑦ 　Aイ職業（イ）④
	思考力,判断力,表現力等	・現金と通帳や，スマーフォンなど，どの方法で給料を管理することができるか考えることができる。	
	学びに向かう力,人間性等	・自分の課題の解決方法を考えながら，よりよい職業生活の実現に向けて，生活を改善しようとすることができる。	
B 3 年	知識及び技能	・職業生活に必要な定期的な検診や余暇の過ごし方について理解を深め技能を身に付けることができる。	職業科2段階 (1) 目標イ (2) 内容 　Aイ職業（ア）⑦ 　Aイ職業（イ）エ
	思考力,判断力,表現力等	・検診を受けて健康管理することや余暇の過ごし方の工夫について考えることができる。	
	学びに向かう力,人間性等	・よりよい職業生活を実現するために，自分の健康管理を見つめ直そうとすることができる。	

(3) 職業科と関連する「自立活動」の目標

生徒	自立活動の目標
A 3 年	・金銭管理について，現金や通帳，スマートフォンなどでの管理があることを知るために，絵や写真などの視覚的な手掛かりを活用したり，タブレット機器等を活用して調べたり，自分の伝えたいことを伝えたりできるようにする。（コミュニケーション）
B 3 年	・自他の考えの違いに気付き，体験的な活動を通して自分の得意なことや苦手なことを理解したり，他者の意図や感情を考えたりできるようにする。（人間関係の形成）

(4) 職業科における合理的配慮

＊合理的配慮の観点（①指導内容・方法，②支援体制，③施設・設備）

生徒	合理的配慮の内容	観点
A 3 年	・インタビュー活動の際には，自信をもって質問ができるようにセリフカードを用意し，携帯できるようにする。	①-2-3
B 3 年	・すごろくの停止必須のマスでは，質問が用意されているが，答えに困らないように選択肢を設けるようにする。	①-2-2
	・体の健康管理について地域の専門家による指導の場面を設けることで，健康な生活の理解を深めることができるようにする。	②-1

6. 本時の学習活動

(1) 全体目標

知識及び技能	・職業生活に必要とされる実践的な知識を理解できるようにする。
思考力, 判断力, 表現力等	・未来の自分の職業生活に必要なことを考えて, グループに分けることができる力を養う。
学びに向かう力, 人間性等	・よりよい職業生活の実現に向けて, 自らの課題に気付き, 生活を改善しようとする態度を養う。

(2) 本時までの個人の実態

生徒	生 徒 の 実 態
A 3年	・働くことには前向きで積極的に仕事も行っている。仕事に対する対価としての給料の価値について理解し始めてきた。
B 3年	・ゲームが好きで夜遅くまでやってしまうことがある。最近は, 食事や睡眠などの生活習慣に関する学習から, 健康について関心をもつようになってきた。

(3) 個人目標

生徒	観 点	個 人 目 標	職業科の目標及び内容
A 3年	知識及び技能	・職業生活に必要とされる給料について, 現金や通帳, スマートフォンなどでの管理があることを知ることができる。	職業科1段階 (1) 目標イ (2) 内容 　Aイ職業 (ア) ⑦ 　Aイ職業 (イ) ④
	思考力, 判断力, 表現力等	・現金と通帳, スマーフォンなど, どの方法で給料を管理することができるか考えることができる。	
	学びに向かう力, 人間性等	・未来の自分の課題に気付き, 全体で出された課題を見て, よりよい職業生活の実現に向けて, 課題ごとにグループ分けしようとすることができる。	
B 3年	知識及び技能	・職業生活に必要な定期的な検診や, 充実した余暇の過ごし方を知ることができる。	職業科2段階 (1) 目標イ (2) 内容 　Aイ職業 (ア) ⑦ 　Aイ職業 (イ) ㋓
	思考力, 判断力, 表現力等	・検診を受けて健康管理することの大切さや余暇の過ごし方について考えることができる。	
	学びに向かう力, 人間性等	・自分の健康管理を行うための機関について意見を出し, まとめようとすることができる。	

（4）本時の学習活動（50分）

時間	主な学習活動	子供の活動（〇），教員の指導・支援（・），及び配慮（＊）	準備物
導入 （10分）	1. 始めの挨拶をする。	〇背筋を伸ばして始まりの挨拶をする。	・前時の授業の様子の映像 ・人生すごろくシート ・前時のワークシート
	2. 前時の振り返りをする。	〇前時での人生すごろくをしている様子の映像や活用した人生すごろくのワークシートも見ながら，すごろく上での，架空の未来の自分にどんな出来事が起こったかを振り返る。	
	3. 本時の目標を確認する。	〇前時のすごろくを振り返り，各自がどこのマスでどんなことが困ったかを出し合うことで，本時の目標「未来の自分のために今，知ったり考えたりしておきたいことを整理しよう」をつかむ。	
展開 （30分）	4. すごろくで架空の未来の自分が「答えに困ったマス」や「言葉の意味を知りたかったマス」などを選ぶ。	〇前回の人生すごろくシートやワークシートを振り返りながら，「答えに困ったマス」と「言葉の意味を知りたかったマス」を選択する。 ＊選択に迷っている生徒には，前回の様子を言葉で伝えたり，前回の授業の様子の映像を活用したりする。 〇選択したマスを〇で囲む。	・人生すごろくシート ・前時のワークシート ・すごろくのマスカード
	5. 意見を出し合って共有する。	〇各自が選択したマスを発表する。 ・選んだマスの下には生徒名を記す。 ・マスのカードを用意しておき，黒板に貼って提示していく。 ＊友達の選んだマスでも，自分のことに当てはまれば付け足してよいことを伝える。 ＊迷う生徒には，声を掛けて考えを聞きながら一緒に選ぶようにする。	
	6. 出てきた複数のマスをグループ分けする。	〇出された意見をグループに分けていく。 ・教員が生徒の意見を集約しながら，グループに分けていく。 ・「給料管理」「税金・保険」「健康管理」「余暇活動」「相談」「福祉サービス」の視点でまとめるようにする。 ＊他の生徒と一緒に考えながら視点をまとめられるよう言葉掛けする。	
	7. 次時からの調べ学習に向けて自分が調べたいことや知りたいことを決める。	〇学級で出された意見を基にして，自分が調べたいことや知りたいことを決める。 ・なぜその項目を調べたいのかなどの理由を質問する。 ＊悩む生徒には，選択肢を提示し選びやすくする。	
終末 （10分）	8. 本時のまとめをする。	〇未来の自分のために，今の自分の課題や知りたいことは何かをまとめる。 ＊書けない生徒には，すごろくを振り返りながら確認する。 〇自分の課題には，どんな内容のことが多かったかをまとめることで，傾向をつかむ。	・ワークシート
	9. 本時の振り返りをする。	〇本時を振り返って，考えたことや分かったことをワークシートに記入し発表する。 〇次時で調べたいことなども発表する。	

(5) 場の設定

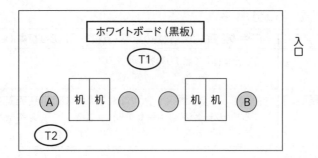

(6) 板書計画

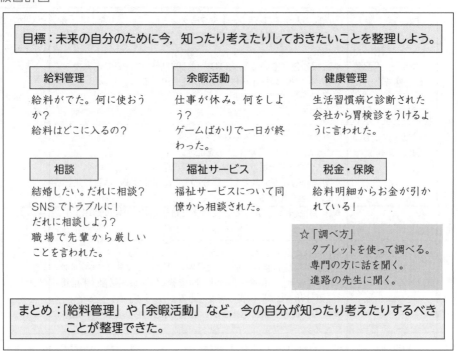

目標：未来の自分のために今，知ったり考えたりしておきたいことを整理しよう。

給料管理
給料がでた。何に使おうか？
給料はどこに入るの？

余暇活動
仕事が休み。何をしよう？
ゲームばかりで一日が終わった。

健康管理
生活習慣病と診断された
会社から胃検診をうけるように言われた。

相談
結婚したい。だれに相談？
SNSでトラブルに！
だれに相談しよう？
職場で先輩から厳しいことを言われた。

福祉サービス
福祉サービスについて同僚から相談された。

税金・保険
給料明細からお金が引かれている！

☆「調べ方」
タブレットを使って調べる。
専門の方に話を聞く。
進路の先生に聞く。

まとめ：「給料管理」や「余暇活動」など，今の自分が知ったり考えたりするべきことが整理できた。

(7) 教材・教具の工夫

【すごろくワークシート】

　すごろくのマスの内容を記したシートを用意し，自分の選択した結果と理由を記入できる欄を設ける。その後グループで話し合った際の意見を記入できる欄を設ける。本時はこのシートを振り返りながら，答えなどに困ったマスや考えたいマスについて発表していく。

マスの内容	自分の選択	選択の理由	グループでの意見
1 給料がもらえた。何に使おう?	①欲しかったものをどんどん買う。 ②親にプレゼントを買う。 ③貯金する。 ④その他		
2 仕事が休み。何をしようかな?			
3 上司から細かく注意される。しかし,理由がよく分からない。	①誰にも言わずに一人で悩む。 ②同僚・先輩に相談する。 ③思い切って上司に尋ねる。 ④その他		

7. 事後の個人目標の学習評価（学習活動終了後）

生徒	観点	個人目標の学習評価 （◎○△）	職業科の目標及び内容と評価 (◎○△)
A 3 年	知識・技能	・給料について,すごろくゲームを通して,現金や通帳,スマートフォンなどでの管理があることを知ることができていた。(○)	職業科1段階 (1) 目標イ (2) 内容 　Aイ職業 (ｱ) ㋐ (○) 　Aイ職業 (ｲ) ㋑ (△)
	思考・判断・表現	・現金と通帳,スマーフォンでどのように給料を管理することができるか,具体的なイメージをもつことは難しかった。(△)	
	主体的に学習に取り組む態度	・給料をどのように管理していけばよいかに関心をもち,金銭管理に関する課題を見付けてグループ分けしようとしていた。(○)	
B 3 年	知識・技能	・グループでの話し合い活動から,健康を保つための定期的な検診や充実した余暇の過ご方を知ることができていた。(◎)	職業科2段階 (1) 目標イ (2) 内容 　Aイ職業 (ｱ) ㋐ (◎) 　Aイ職業 (ｲ) ㋒ (◎)
	思考・判断・表現	・個人やグループでの学習を通して,検診を受けて健康管理することの大切さや充実した余暇の過ごし方について考えていた。(◎)	
	主体的に学習に取り組む態度	・検診の種類とその内容,病院等を検診ごとに分類する発言が見られた。(◎)	

家庭科　食学習「1DAY 家庭科」

▶学習指導要領に対応した知的障害児への授業改善の視点

　家庭科「食学習」では主に調理を扱います。今回の調理は，分担して行うのではなく，一人で全て作り完結することがポイントです。中学部1年生から高等部3年生まで毎週調理をし，スキルを高めています。最終学年の高等部3年生では卒業後の生活を見通して，献立作り，レシピ検索，買い物，調理，試食，片付けまでの全て行います。これらには，レシピを読み解く国語力，やりくりするための計算力，調理スキル等様々な要素が含まれるように工夫しました。

家庭科　学習指導案

日　　時：令和3年4月20日（火）第2時限〜
対　　象：高等部第3年8名（男子6名，女子2名）
場　　所：くじらの家　キッチンルーム
指導者：安岡知美

1.　単元名　　　食学習「1DAY 家庭科」

2.　単元設定の理由

（1）単元観

　家庭科では，「衣食住」そして「消費生活」の分野にわたって，中学部から高等部まで一貫した指導を行っている。食学習の調理分野では，包丁の持ち方から将来の生活までを考え，段階を追ってカリキュラムを構成している。生徒は一人1台のキッチンを使用し，調理学習の積み重ねによって，6年間で調理のスキルは向上している。生徒は学年が上がるにつれ徐々に力を付けて，レシピがなくても作ることのできるメニューが増え，レパートリーを広げている。高等部では家庭科専用のレシピだけでなく，市販の料理本やインターネットで検索したレシピを見て調理をする学習にも取り組み，さらに力を付けてきている。

　最終学年である高等部3年生では，これまでの集大成としてより実践的な学習を行っている。その一つが本単元「1DAY 家庭科」である。ただレシピを見てその通り作って食べるのではなく，冷蔵庫の残り物を見て栄養バランスを考え，必要であればレシピを検索し，足りない食材を財布に入っている金額内で考えて買い物をする。そして，実際に作って食べ，片付けるといった一連の活動を行う。これは卒業後の一人暮らしや自立した生活を想定し，調理だけでなく，やりくりするための力や栄養バランス，適量等を考える力を育てる学習である。「1DAY 家庭科」とは，調理がメインである通常の時間割の家庭科に対し，自立活動の時間等も合わせて指導を行うため，用いている名称である。

　栄養バランスや適量を考えることは健康な生活を送る上で欠かせないことである。また金銭

のやりくりも自立した生活には重要である。本単元を通して豊かな生活をプロデュースしていく力を育てたい。

（2）生徒観

生徒は，第3学年8名（男子6名，女子2名）である。丁寧さや言葉遣いに課題があり，自分の気持ちを言葉で伝えにくい生徒もいるが，最終学年を迎え，落ち着いた行動を意識してとることができるようになってきた。生徒同士は大変仲が良く，支援度の高い生徒へも自然な手助けができている。

生徒8名のうち，5名は中学部からの入学生であり，3名は高等部から入学してきた生徒である。高等部入学時には調理経験には差があったものの，毎週の「食学習」の経験で，レシピを見ること，正確な調味料の計量，メニューに応じた食材の切り方，火加減等が正しくできるようになってきている。どの生徒も意欲的で，家庭科の時間を心待ちにし，楽しんで取り組むことができている。また，授業で学習したことを生かして，週末や長期休暇には自分で食事を作ったり，年2回合計8週間の職場実習中には，自分で弁当を作ったりするなど，一般化できている生徒が多い。家庭科を通して，自分のことは自分でするといった意識も付いてきた。

（3）指導観

これまでは，教員がメニューを決め，それに沿って授業を行うことが多かった。高等部3年生は仕上げの学年であり，将来の生活を見通し，これまでの経験を生かして，自分で考えて進める学習を行いたい。生徒の多くは，「いつか一人暮らしをしてみたい」「結婚して家庭をもちたい」と将来自立して生活したいと考えている。それらの夢に近づくためにも，これまでの学習や生活体験を基に栄養バランスや適量を考える力，さらには残った食材からメニューを考える力，レシピを検索して読み解いて調理を進める力を生かして調理を進めるようにしたい。さらには実際の商品や値段等に触れ，産地や賞味期限等をも考慮し，先を見通して所持金で考えて買い物をすることを促したい。また，チラシや割引シール等を見て，商品について考えて選んでいくことも大切な学習となる。生徒それぞれの課題に応じた支援を行い，実践的な生きる力を伸ばしていきたい。

3. 単元における主体的・対話的で深い学びの視点

主体的な学び	・1DAY家庭科の内容を理解し，生徒自身が今あるものを生かしてメニューを決めたり，見通しをもって買い物をしたりする等の活動を行う。買い物は，商品を選ぶポイントや割引，賞味期限，消費税等も考慮して行うよう，丁寧に説明をする。 ・調理学習の際は栄養バランスが偏っていないか確認してきた。生徒自身が献立を立てる際でも，それぞれが3色栄養素について理解し，バランスの良いメニューを立てることができるようにする。
対話的な学び	・友達の考えたメニューを知ったり，参考にしたりすることで，自分のメニューや買い物について，新たな考え方に気付くことできるようにしていく。 ・調理を進める際には，分からない箇所を教員や友達に尋ね，新たな知識やスキルにつなげられるようにする。
深い学び	・レシピは用意せず，これまで培った調理スキルを生かして，安全に調理を進めることができるようにする。

4. 単元計画（本時：1／4教時目）

時数	月　日	主な学習活動	準備物
1	4／20 （本時）	「1DAY 家庭科」 ・ラーメンの麺から栄養バランスの取れた一人前の食事メニューを考える。足りないものはスーパーに行って購入する。	・3色栄養素の表　　・スーパーのチラシ ・プリント　　　　　・計算機 ・所持金 1,000 円（4 回分） ・調味料　　　　　　・即席ラーメンの麺 ・卵やレタス等の食材（冷蔵庫や家庭によくあるもの，常備しているものを想定）
2	4／22	「1DAY 家庭科」 ・パスタの麺から一人前のメニューを考える。スマートフォン等でレシピを検索してもよい。足りないものはスーパーに行って購入する。	・3色栄養素の表　　・スーパーのチラシ ・プリント　　　　　・計算機 ・スマートフォン　　・タブレット端末 ・前回の所持金の残り ・調味料　　　　　　・パスタの麺 ・卵やレタス等の食材（冷蔵庫や家庭によくあるもの，常備しているものを想定）
3	4／27	「1DAY 家庭科」 ・ごはんから一人前のメニューを考える。スマートフォン等でレシピを検索してもよい。足りないものはスーパーに行って購入する。	・3色栄養素の表　　・スーパーのチラシ ・プリント　　　　　・計算機 ・スマートフォン　　・タブレット端末 ・前回の所持金の残り ・調味料　　　　　　・ごはん ・卵やレタス等の食材（冷蔵庫や家庭によくあるもの，常備しているものを想定）
4	5／11	「1DAY 家庭科」 ・焼きそば麺から一人前のメニューを考える。スマートフォン等でレシピを検索してもよい。足りないものはスーパーに行って購入する。	・3色栄養素の表　　・スーパーのチラシ ・プリント　　　　　・計算機 ・スマートフォン　　・タブレット端末 ・前回の所持金の残り ・調味料　　　　　　・焼きそば麺 ・卵やレタス等の食材（冷蔵庫や家庭によくあるもの，常備しているものを想定）

5. 単元目標

（1）全体目標

知識及び技能	・これまでの学習で得てきた調理スキルを生かして，栄養バランスの取れた1食分の調理ができるようにする。
思考力，判断力，表現力等	・健康な生活のために偏りなく栄養バランスを取らなければならないことが分かり，3色栄養素を考えて自分で献立を立てたり，必要な情報を確認したりしながら買い物をしたりする力を養う。
学びに向かう力，人間性等	・自立のために必要な学習であることが分かり，意欲的に学習しようとする態度を養う。

(2) 個人目標

*紙幅の都合上，3名まで掲載

生徒	観点	個人目標	家庭科の目標及び内容
A 3年	知識及び技能	・単元全体の予定や活動内容が分かり，これまで培ったスキルで調理を進めることができる。	家庭科2段階 (1) 目標ア (2) 内容 　B衣食住の生活 　ア(ア), (イ) 　イ(ア), (イ) 　C消費生活・環境 　ア(イ)
	思考力, 判断力, 表現力等	・栄養バランスを考えてメニューを立てることができる。 ・見通しもってやりくりをしたり，産地や賞味期限等の情報を確認したりして買い物ができる。	
	学びに向かう力, 人間性等	・自立のために必要な学習であることや自炊することの楽しさが分かり，意欲的に活動することができる。	
B 3年	知識及び技能	・単元全体の予定や活動内容が分かり，これまで培ったスキルで調理を進めることができる。	家庭科2段階 (1) 目標ア (2) 内容 　B衣食住の生活 　ア(ア), (イ) 　イ(ア), (イ) 　C消費生活・環境 　ア(イ)
	思考力, 判断力, 表現力等	・栄養バランスや適量を考えてメニューを立てることができる。 ・教員の助言を聞いたり，賞味期限等の情報を確認したりして買い物をすることができる。	
	学びに向かう力, 人間性等	・自立のために必要な学習であることや自炊することの楽しさが分かり，意欲的に活動することができる。	
C 3年	知識及び技能	・これまで培ったスキルで調理を進めることができる。	家庭科1段階 (1) 目標ア (2) 内容 　B衣食住の生活 　ア(ア) 　イ(ア) 　C消費生活・環境 　ア(イ)
	思考力, 判断力, 表現力等	・買い物をして，それを自分で調理する流れを理解することができる。 ・写真を見て，食材を3色栄養素ごとに分類し，足りない色の食材を伝えることができる。 ・必要なものを自分で見付けて買い物をすることができる。	
	学びに向かう力, 人間性等	・周囲の人とのかかわりを通して，意欲的に活動する。	

(3) 家庭科と関連する「自立活動」の目標

生徒	自立活動の目標
A 3年	・質問や買い物の際は適切な言葉遣いや態度でコミュニケーションを図ることができる。 （コミュニケーション）
B 3年	・買い物や調理で不安なことがあったときは，伝わるように相手に話をし，質問することができる。 （コミュニケーション）
C 3年	・欲しいもの，必要なものを教員に伝えることができる。（人間関係の形成）

(4) 家庭科における合理的配慮

*合理的配慮の観点（①指導内容・方法，②支援体制，③施設・設備）

生徒	合理的配慮の内容	観点
A 3年	・実生活に即したスキルや態度を身に付けられるよう，実社会生活上のマナーやルールを理解できる直接的な体験機会を確保する。	①-2-2
	・プリントには必要に応じてフリガナを付ける。	①-2-1
B 3年	・実生活に即したスキルや態度を身に付けられるよう，実社会生活上のマナーやルールを理解できる直接的な体験機会を確保する。	①-2-2
	・本人の気持ちを尊重しメニューを考え，計画的に買い物ができるよう支援する。	①-2-3
C 3年	・実生活に即したスキルや態度を身に付けられるよう，実社会生活上のマナーやルールを理解できる直接的な体験機会を確保する。	①-2-2
	・3色栄養素の表，食材の写真カード等を用い，自分で表や写真を見ながら，食材を選べるようにする。買い物の計算は教員が支援する。	①-2-1

6. 本時の学習活動

(1) 全体目標

知識及び技能	・これまでの学習で得てきた調理スキルを生かして，即席麺や冷蔵庫にある食材を活用して栄養バランスの取れた1食分の調理ができるようにする。
思考力，判断力，表現力等	・3色栄養素を考えて，自分で献立を立てたり，賞味期限等の情報を確認したりして，買い物をする力を養う。
学びに向かう力，人間性等	・自立のために必要な学習であることが分かり，意欲的に学習しようとする態度を養う。

(2) 本時までの個人の実態

生徒	生 徒 の 実 態
A 3年	・調理は好きであり意欲もあるが，家庭ではほとんど料理をする機会がないため，「自分だったらこういう食材を買ってこういう料理をしたい」と口にすることも多い。将来は一人暮らしをしたいと考えている。
B 3年	・普段自分で自由にできる小遣いが多く，失敗してもまた買えばよいと考えていることが多く，計画的に買い物ができるかどうかが課題である。調理はレシピを見て進めることができ，自分なりにアレンジをすることは得意である。盛り付けが雑になりがちである。職場実習期間中は毎日自分で弁当を作って持参している。将来はいずれ自立したいと考えている。
C 3年	・これまでの調理経験でスキルを高めており，調理では，食材を洗う→切る→ガスを付ける→油をひく→炒める→味付けといった一連の流れが理解できており，概ね一人で進めることができる。レシピにある数字を見て，自分でタイマーをセットして時間通りに火にかけたり，調味料の計量をしたりすることができる。家庭での手伝いや買い物の経験はほぼない。

(3) 個人目標

生徒	観 点	個 人 目 標	家庭科の目標及び内容
A 3年	知識及び技能	・即席麺や冷蔵庫にある食材を使用して栄養バランスの取れた一食分の調理をすることができる。	家庭科2段階 (1) 目標ア (2) 内容 B衣食住の生活 ア (ｱ)，(ｲ) イ (ｱ)，(ｲ) C消費生活・環境 ア (ｲ)
	思考力，判断力，表現力等	・3色栄養素を考えて，自分でメニューを立てることができる。・見通しをもってやりくりをしたり，産地や賞味期限等の情報を確認したりして買い物ができる。	
	学びに向かう力，人間性等	・自分に必要な学習であることが分かり，意欲的に活動することができる。	
B 3年	知識及び技能	・即席麺や冷蔵庫にある食材を使用して栄養バランスの取れた1食分の調理をする。	家庭科2段階 (1) 目標ア (2) 内容 B衣食住の生活 ア (ｱ)，(ｲ) イ (ｱ)，(ｲ) C消費生活・環境 ア (ｲ)
	思考力，判断力，表現力等	・3色栄養素や適量を考えて，自分でメニューを立てることができる。・必要なことは教員の助言を聞きながらやりくりをしたり，賞味期限等の情報を確認したりして買い物をすることができる。	
	学びに向かう力，人間性等	・自分に必要な学習であることが分かり，意欲的に活動することができる。	
C 3年	知識及び技能	・これまで培ったスキルで，即席麺の袋の裏のレシピを見て，水の分量や煮る時間等に気が付いて，自分で調理ができる。	家庭科1段階 (1) 目標ア (2) 内容 B衣食住の生活 ア (ｱ) イ (ｱ) C消費生活・環境 ア (ｲ)
	思考力，判断力，表現力等	・必要なものを自分で見付けて買い物をし，それを自分で調理する流れが理解できる。・写真を見て，食材を3色栄養素ごとに分類し，足りない色の食材を伝えることができる。	
	学びに向かう力，人間性等	・周囲の人とのかかわりを通して，意欲的に活動することができる。	

(4) 本時の学習活動（200分）

時間	主な学習活動	子供の活動（〇），教員の指導・支援（・），及び配慮（＊）	準備物
導入 （10分）	1. 始めの挨拶をする。 2. 1DAY家科についての説明を聞く。	〇個人テーブルに座る。 〇これから4回にわたって行うことを知り，予算1,000円を受け取る。 ・現金を受け取ったら必ず確認するように促す。合わせてすぐに財布に入れることも伝え，全員ができたか確認する。	・ホワイトボード （これからの予定） ・財布 ・1人分予算1,000円
展開 （180分）	3. メニューを決める。 4. 〇〇で買い物をする。 5. 調理をする。 6. 試食をする。 7. 片付けをする。	〇本日は即席麺があることを確認し，それが3色栄養素の何色にあたるか確認する。 〇赤黄緑の栄養バランスに気を付けながら，すでにある食材を生かして本時のメニューを考える。使う食材を3色栄養素ごとにプリントに書き込み，バランスよく食べられるかチェックする。 ＊Cには食材のカードで栄養素ごとに色分けし，その中からラーメンの具にしたいものを選ぶよう促す。 〇足りない食材をスーパーで購入する。 ・出掛ける前にスーパーのチラシ等を見てチェックすることを伝える。 ＊割引シールの商品を手にした際には必要な支援を行う。 ・値札は，税込みの値段で確認するよう伝える。 ・肉は鶏豚牛の違いをよく見るように伝える。また余分に買っておいて使わなかった分を冷凍保存しておけることも合わせて伝え，考えて買い物をするように支援する。 ＊同じ種類の商品でも産地や値段，賞味期限を確認してカートに入れるように伝える。 ＊食品表示を確認するよう伝える。 〇レシートは必ずもらう。 〇帰校後，プリントの帳簿に本日の買い物の金額や明細について書き込み，財布の残り金額を確認する。 ＊Cの帳簿の計算は教員が行う。 〇即席麺の袋の裏のレシピを見て調理を行う。 　具材については各々考えて調理を進めてよいが，教員に質問して進めていくこともできる。 〇サイドメニューも同様に作る。 〇完成し，教員の合格が出た生徒から，麺がのびる前に試食する。 〇洗いものを行い，熱湯消毒の前にチェックを受ける。 〇係の仕事をする。 〇自分の使ったキッチン台，個人テーブルを消毒する。	・3色栄養素の表 ・チラシ ・プリント ・財布 ・計算機 ・調味料 ・食材 ・キッチン台に道具一式
終末 （10分）	8. 振り返りをする。	〇個人テーブルで振り返りシートを記入する。 ・本時の活動を振り返りながら次時への関心を高めることができるようにする。	・振り返りシート

（5）場の設定

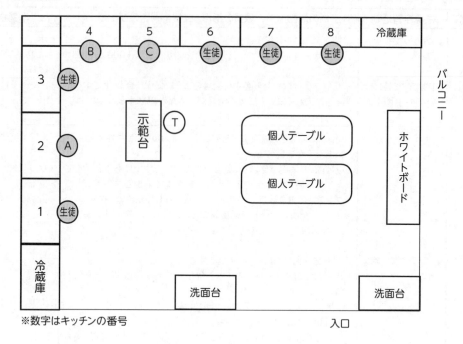

| | 4 | 5 | 6 | 7 | 8 | 冷蔵庫 |

B C 生徒 生徒 生徒

3 生徒

示範台 T

個人テーブル

2 A

個人テーブル

ホワイトボード

1 生徒

冷蔵庫

洗面台 洗面台

※数字はキッチンの番号　　　　　　　　　　入口

バルコニー

（6）生徒のプリント

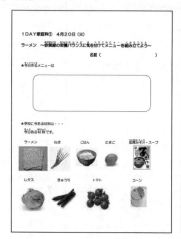

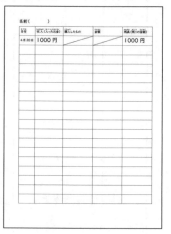

7. 事後の個人目標の学習評価（学習活動終了後）

生徒	観　点	個人目標の学習評価　（◎○△）	家庭科の目標及び内容と評価（◎○△）
A 3年	知識・技能	・即席麺や冷蔵庫にある2種類の野菜を使用して，麺の上に具材をのせて栄養バランスの取れた調理ができた。（◎）	家庭科2段階 (1) 目標ア（◎） (2) 内容 　B衣食住の生活 　ア（ア）（◎） 　　（イ）（◎） 　イ（ア）（◎） 　　（イ）（◎） C消費生活・環境 　ア（イ）（◎）
	思考・判断・表現	・3色栄養素を考えて，自分で献立を立てることができた。（◎） ・見通しをもってやりくりしたり，産地や賞味期限等の情報を自分で確認したりして買い物ができた。（◎）	
	主体的に学習に取り組む態度	・自分から必要な食材を探したり，一人で調理したりと意欲的に活動することができた。（◎）	
B 3年	知識・技能	・即席麺や冷蔵庫にある食材を生かして，1食分の調理ができた。（○）	家庭科2段階 (1) 目標ア（○） (2) 内容 　B衣食住の生活 　ア（ア）（△） 　　（イ）（○） 　イ（ア）（◎） 　　（イ）（○） C消費生活・環境 　ア（イ）（○）
	思考・判断・表現	・3色栄養素や適量を考えてメニューを立てることが難しかった。（△） ・必要なところは教員の助言を聞きながら，見通しをもってやりくりをするとともに，賞味期限等の情報を確認して買い物ができた。（○）	
	主体的に学習に取り組む態度	・自分のために必要な学習であることが分かり，一人で調理に取り組むなど，意欲的に活動することができた。（◎）	
C 3年	知識・技能	・即席麺や冷蔵庫にある食材を生かして，調理をすることができた。（◎）	家庭科1段階 (1) 目標ア（◎） (2) 内容 　B衣食住の生活 　ア（イ）（◎） 　イ（イ）（◎） C消費生活・環境 　ア（イ）（△）
	思考・判断・表現	・買い物をして，それを自分で調理する流れを覚えて，取り組むことができた。（◎） ・写真を見て，食材を3色栄養素ごとに分類し，足りない色の食材を伝えることができた。（◎） ・必要なものを自分で見付けて買い物をすることが難しく，教員の助言が必要であった。（△）	
	主体的に学習に取り組む態度	・店員や居員など，周囲の人と関わりながら，意欲的に活動することができた。（◎）	

外国語科　話すこと「値段を尋ねたり 注文をしたりして伝え合おう」

▶**学習指導要領に対応した知的障害児への授業改善の視点**

　この授業は，これまでの「質問したり答えたりするための基本文を身に付ける学習」から，「生徒自身が聞きたい，答えたいという思いをもって，自分なりの方法で相手に伝えようとすることができる学習」へと授業改善を行ったものです。毎時間，自分に身近なものを題材に取り入れたり，ペアワークやグループワークをしたりしながら，子供たちが自ら進んでコミュニケーションを図ることができるようになることを目指しました。

外国語科　学習指導案

　日　時：令和3年5月14日（金）3時限
　対　象：高等部第2学年8名（男子5名，女子3名）
　場　所：2−A・B教室
　指導者：山口真由美（T1），仁村裕美子（T2）

1. **単元名**　　話すこと「値段を尋ねたり　注文をしたりして伝え合おう」

2. **単元設定の理由**
　（1）単元観

　これまでの外国語の授業では，自分の名前や誕生日などを書いた名刺を友達と交換したり，歌のリズムに合わせてジェスチャーを交えながら「今日の体調」を伝えたりするなど，机上学習ばかりではなく，体験的な活動を取り入れた学習を行ってきた。多くの生徒は，友達と関わりながら意欲的に外国語と外国の文化に親しむことができている。

　本単元では，外食に出掛ける場面を想定して，店員に注文したり，.値段を尋ねたりする表現を扱う。これまでは，質問したり答えたりするために必要な基本文を身に付ける学習を多く設定してきた。しかし，生徒の主体的・対話的で深い学びの実現に向けた授業改善の観点から，生徒自身が聞きたい，答えたいという思いをもって，自分なりの方法で相手に伝えようとする姿を期待して本単元を設定した。また，本単元を通じて，それぞれの生徒が自分なりの表現方法を考えながら，コミュニケーションを図る基礎となる資質・能力を身に付けてほしいと考える。さらには，ファストフード店をイメージした外国語でのやり取りと関連して，世界の料理を扱うことを通し，生徒の外国語や世界の食文化に対する興味・関心を引き出したいと考えている。

　（2）生徒観

　生徒は，第2学年8名（男子5名・女子3名）である。中学校の特別支援学級や中学部の頃

から今日まで外国語の学習をしてきたため，英語に対する抵抗感は比較的少ない。多くの生徒は "Hello." や "Thank you." など，基本的な挨拶の表現を覚えており，教員が "Hello." と投げ掛けると，同じように "Hello." と言って挨拶を返したり，サムズアップのサインを使って友達に「いいね！」を示したりすることができる。何度も繰り返し行ってきた活動には，自信をもって取り組むことができる。

　その一方で，今までに聞いたことがなく，初めて扱う内容に対しては，特に不安感が強い生徒が見られる。その中には，不安感などから取り組み始める前から表情が暗くなったり，「やりたくない」など消極的な発言をしたりする生徒や，途中で失敗したり分からなくなったりすると離席してしまう生徒もいる。

（3）指導観

　本単元では，生徒にとって初めての内容を扱うことになるので，不安感を軽減できるように配慮しながら授業を進めていく必要がある。

　これまでは，店員に注文したり，値段を尋ねたりする言い方を身に付けるために，基本表現を繰り返し練習することが多かった。今回は，先に基本表現を示すのではなく，場面イラストを手掛かりにして，注文や支払いをするストーリーの読み聞かせを行う。生徒は，注文場面のイラストを見ながらストーリーを聞くことで，あらかじめどんな内容なのかを推測して聞くことができる。また，ストーリーの読み聞かせを繰り返し行うことで，生徒は内容の一部を聞き取ることができるようになり，自ら口にするなど，基本表現に慣れ親しむことができるようにする。さらには，聞き取った内容の中に，多くの生徒が興味を示しやすい料理や食べ物である "hamburger" や "ramen" など，自分に身近な単語があることに気付くことで，よりいっそう会話に必要な表現を身に付けることができるようにしていく。

　生徒が基本表現に慣れたところでペアワークを行う。また，発語のない生徒には各種カードやタブレット端末を活用する。どの生徒も自分なりの表現方法で相手に伝えることができるようにし，相手に伝わる喜びを味わうことができるようにする。

3. 単元における主体的・対話的で深い学びの視点

主体的な学び	・生徒にとって身近な言葉や興味を示しやすいものを学習に取り入れて，意欲的に取り組むことができるようにする。 ・生徒自身が，相手に伝わることが「楽しい」や「うれしい」という実感をもち，積極的に取り組むことができるようにする。
対話的な学び	・ペアワークでは，どのようにしたら自分の言いたいことが相手に伝わるのかを友達と一緒に考えることができるようにする。 ・友達と考えたことを伝え合う活動を行うことで，新たな考え方や方法に気付くことができるようにしていく。
深い学び	・友達の発表の様子を見て，基本表現を文字通りに伝えるだけでなく，ジェスチャーを交えるなど，様々な表現方法があるのだと考えることができるようにする。 ・世界の食べ物だけでなく，その他の外国の文化について興味を示し，自分で調べることができるようにする。

4. 単元計画（本時：4／7教時目）

時数	月日	主な学習活動	準備物
1	4／16	「ハンバーガーショップで注文してみよう」 ・ハンバーガーショップに行って食べ物を注文するまでの様子について，イラストを手掛かりにして内容を聞き取る。	・ストーリーブック ・場面イラスト
2	4／23	「世界にはどんな食べ物があるのか調べてみよう」 ・食べ物や飲み物など，聞き取れた単語を上げて，イラストや映像と合わせることで確認する。 ・外国の食べ物についての紹介映像を見て，日本の食べ物と似ている点や異なっている点について考える。	・ストーリーブック ・食べ物イラスト ・世界の食べ物の映像 ・学習プリント
3	4／30	「店員に値段がいくらか尋ねてみよう」 ・ハンバーガーショップに行って食べ物を注文した後，代金を支払うまでの様子について，イラストを手掛かりにして内容を聞き取る。	・ストーリーブック ・場面イラスト
4	5／7 （本時）	「注文しよう！いくらか尋ねよう！（ペア①）」 ・店員と客の会話を聞き，何を注文したのか考えて学習プリントに印を付ける。 ・センテンスカードを手掛かりにしながら，店員役と客役になって会話をする。	・ストーリーブック ・学習プリント ・センテンスカード ・料理カード
5	5／14	「世界の料理・日本（地元）の料理を紹介しよう」 ・世界の料理や日本の料理の中から，自分の好きな料理のカードを作成し，値段を設定する。 ・外国の人に紹介したい地元の料理についても調べ，カードを作成する。	・料理カード
6	5／21	「注文しよう！いくらか尋ねよう！（ペア②）」 ・作成した料理カードのやり取りをして，店員が使う表現や客が使う表現を身に付ける。	・料理カード ・センテンスカード
7	5／28	「注文しよう！いくらか尋ねよう！（発表会）」 ・ペアワークで行った店員と客のやり取りを一組ずつ前に出て発表する。	・料理カード ・センテンスカード

5. 単元目標

（1）全体目標

知識及び技能	・外食に出掛ける場面を想定して，店員に注文したり，値段を尋ねたりする表現を理解し，相手に伝えることができるようにする。 ・外食に出掛ける場面を想定して，店員に注文したり，値段を尋ねたりする表現を用いて，伝えることができるようにする。
思考力，判断力，表現力等	・ストーリーブックの内容を聞いて，概要を捉え，活動に沿って自分のことを伝えたり，相手のことを聞き取ったりして，互いの考えを伝え合う力を養う。
学びに向かう力，人間性等	・学習した外国の食文化について，さらに詳しく知ろうと，自分なりの方法で相手に尋ねるなど，主体的に英語を用いてコミュニケーションを図ろうとする態度を養う。

(2) 個人目標

*紙幅の都合上，3名まで掲載

生徒	観点	個人目標	外国語科の目標及び内容
A 2年	知識及び技能	・店員に注文したり，値段を尋ねたりする表現を理解し，自ら英語を用いて相手に伝えることができる。	外国語科2段階 (1) 目標ア，イ (2) 内容 ア (ア) ㋑㋒ イ (ア) ウ (ア) ㋑ 　 (イ) ㋐ 　 (ウ) ㋐
A 2年	思考力，判断力，表現力等	・ペアワークで，自分のことを相手に伝えたり，相手のことを聞き取ったりして，互いの考えを伝え合うことができる。	
A 2年	学びに向かう力，人間性等	・友達が発表した料理などから話をつないで，自分で調べた世界の料理を示すなど，積極的に英語を用いてコミュニケーションを図ろうとすることができる。	
B 2年	知識及び技能	・店員に注文したり，値段を尋ねたりする表現を理解し，センテンスカードを見ながら相手に伝えることができる。	外国語科1段階 (1) 目標ア，イ (2) 内容 ア (ア) ㋑㋒ イ (ア) ウ (ア) ㋐㋑
B 2年	思考力，判断力，表現力等	・ペアワークで，センテンスカードを見ながら自分のことを伝えたり，聞き取った内容の絵カードを手元に置いたりして，互いの考えを伝え合うことができる。	外国語科2段階 (1) 目標ア，イ (2) 内容 ウ (イ) ㋐ 　 (ウ) ㋐
B 2年	学びに向かう力，人間性等	・様々な支援ツールを駆使して，積極的にコミュニケーションを図り，最後まで活動に取り組もうとすることができる。	
C 2年	知識及び技能	・店員に注文したり，値段を尋ねたりする表現を覚えて，料理カードを指差して相手に伝えることができる。	外国語科1段階 (1) 目標ア，イ (2) 内容 ア (ア) ㋑㋒ イ (ア) ウ (ア) ㋐㋑ 　 (ウ) ㋐
C 2年	思考力，判断力，表現力等	・ストーリーブックの内容を聞き取り，学習プリントに答えを書き込むことができる。	
C 2年	学びに向かう力，人間性等	・様々な支援ツールを駆使して，自ら友達に楽しくコミュニケーションを図ろうとすることができる。	

(3) 外国語科と関連する「自立活動」の目標

生徒	自立活動の目標
A 2年	・ペアワークでは役割分担をして，話し手を交互に代わってコミュニケーションを円滑に図ることができるようにする。（人間関係の形成）
B 2年	・できていることをタイミングよく称賛して，意欲を持続できるようにし，前向きに取り組み続けることができるようにする。（心理的な安定）
C 2年	・ジェスチャーやカードを使って自分なりの方法でコミュニケーションを図ることができるようにする。（コミュニケーション）

(4) 外国語科における合理的配慮

*合理的配慮の観点（①指導内容・方法，②支援体制，③施設・設備）

生徒	合理的配慮の内容	観点
A 2年	・一方的に話してしまうので，ペアワークでは話し手を交互に代えられるように，店員役か客役かを視覚的に分かりやすくする。	①-1-1
B 2年	・活動内容をあらかじめ伝えるなどして，見通しがもてるようにする。 ・気持ちが不安定になったときには，クールダウンスペースを利用できるようにする。	①-2-3 ③-2
C 2年	・発語が難しいので，絵カードやタブレット端末を活用してコミュニケーションを図ることができるようにする。	①-2-1

6. 本時の学習活動

(1) 全体目標

知識及び技能	・店員に注文したり，値段を尋ねたりする表現を理解し，その表現を用いてペアの相手に伝えることができる。
思考力，判断力，表現力等	・ストーリーブックの内容に合わせて，店員役と客役になって互いの考えを伝え合うことができる。
学びに向かう力，人間性等	・自分なりの方法で，主体的に英語を用いてコミュニケーションを図ろうとすることができる。

(2) 本時までの個人の実態

生徒	生 徒 の 実 態
A 2年	・店員に注文したり，値段を尋ねたりする基本表現は身に付いているが，自分のペースで一方的に話してしまう。相手に合わせて話すことが難しい。
B 2年	・店員に注文したり，値段を尋ねたりする基本表現は身に付いているが，発表の場面になると「分かりません」と言い，教室を離れてしまうことがある。
C 2年	・読んだり書いたり聞いたりする活動には意欲的に取り組むことができるが，発表ややり取りの場面では，消極的になることがある。

(3) 個人目標

生徒	観　点	個　人　目　標	外国語科の目標及び内容
A 2年	知識及び技能	・"What would you like?" "I'd like ～ ." の表現を理解し，相手に伝えることができる。	外国語科2段階 (1) 目標ア，イ (2) 内容 　ア (ア) (イ)(ウ) 　イ (ア) 　　(ア) (イ) 　　(イ) (ア) 　　(ウ) (ア)
	思考力，判断力，表現力等	・ペアワークで，店員役と客役になってお互いの考えを伝え合うことができる。	
	学びに向かう力，人間性等	・自分の言いたいことを相手に伝えるための方法を考え，積極的にコミュニケーションを図ろうとすることができる。	
B 2年	知識及び技能	・"What would you like?" "I'd like ～ ." の表現を理解し，センテンスカードを見ながら相手に伝えることができる。	外国語科1段階 (1) 目標ア，イ (2) 内容 　ア (ア) (イ)(ウ) 　イ (ア) 　ウ (ア) (ア)(イ) 外国語科2段階 (1) 目標ア，イ (2) 内容 　ウ (イ) (ア) 　　(ウ) (ア)
	思考力，判断力，表現力等	・ペアワークで，センテンスカードやタブレット端末を活用し，店員役と客役になって互いの考えを伝え合うことができる。	
	学びに向かう力，人間性等	・様々な支援ツールを使用してコミュニケーションを図り，最後まで活動に取り組もうとすることができる。	
C 2年	知識及び技能	・"What would you like?" "I'd like ～ ." の表現を覚え，料理カードを指差して相手に伝えることができる。	外国語科1段階 (1) 目標ア，イ (2) 内容 　ア (ア) (イ)(ウ) 　イ (ア) 　ウ (ア) (ア)(イ) 　　(ウ) (ア)
	思考力，判断力，表現力等	・ストーリーブックの内容を聞き，学習プリントに書かれた選択肢の中から正しいものに〇を付けることができる。	
	学びに向かう力，人間性等	・様々な支援ツールを使用して，自分から友達にコミュニケーションを図ろうとすることができる。	

(4) 本時の学習活動（50分）

時間	主な学習活動	子供の活動（〇），教員の指導・支援（・），及び配慮（＊）	準備物
導入 （15分）	1. 始めの挨拶をする。	〇起立して，T1の合図に合わせて挨拶をする。 ・T2はT1の方を見て挨拶ができるように生徒を促す。	
	2. ウォーミングアップを行う。	〇アルファベットビンゴをする。 ・好きなアルファベットを言う役を全員ができるようにする。 ＊発語が難しい生徒は，アルファベットカードを見せて伝えられるようにする。	・プリント ・アルファベットカード
	3. 本時の内容を聞く。	＊コック帽をかぶったT2を紹介しながら本時の内容を伝え，ペアワークを楽しみにできるようにする。	・コック帽
展開 （25分）	4. 店員と客の会話を聞く。 (1) 何を注文したのか考える。	・T1がストーリーブックを読む。 ＊食べ物が登場する部分は特にゆっくりと強調して伝えるようにする。 〇料理カードを見ながら，T1が読み上げるストーリーを聞く。 ＊T2は生徒が理解しやすいように，その料理を食べているジェスチャーをする。	・ストーリーブック ・料理カード
	(2) 聞き取った内容をワークシートに書き込む。	〇ストーリーを聞きながら，プリントに取り組む。登場人物が注文した食べ物のイラストに〇を付ける。 ＊生徒の様子を確認しながら，問題は1問ずつ行うようにする。	・プリント
	5. ペアワーク① (1) 店員役になる。 (2) 客役になる。	〇店員役と客役を交代しながら，注文したり値段を尋ねたりする会話を行う。 ＊会話文が苦手な生徒は，センテンスカードを見て確認しながら会話をしてもよいこととする。 ＊発語の難しい生徒は，料理カードを示したり，タブレット端末を使ったりして自分が伝えたいことを表してもよいことにする。 ・店員役が終わったら，コック帽をペアの相手に渡すように指示をする。	・コック帽 ・センテンスカード ・料理カード ・タブレット端末
	6. どんな話し方が聞きやすかったかを振り返り，意見交換をする。	〇話す声の大きさ，話す速さ，目線など，相手に伝わりやすくするために，どんな工夫をしたのか考えて伝える。 〇聞き手は，どんな話し方だと分かりやすかったのかを伝える。 ・T1とT2は各ペアを回り，意見を集約してホワイトボードにまとめる。 ＊生徒たちが工夫した点や相手を思って気を付けた点は必ず認め，称賛するようにする。	・ホワイトボード ・タブレット端末
	7. ペアワーク② (1) 店員役になる。 (2) 客役になる。	〇上記と同様の方法で，店員役と客役を交代しながら，注文したり値段を尋ねたりする会話を行う。 ・T1とT2は，意見交換の際に出た意見を意識できるような言葉掛けをする。	・コック帽 ・センテンスカード ・料理カード ・タブレット端末
終末 （10分）	8. 振り返りをする。	〇本時の学習を頑張ることができたか振り返る。 ・T1は，生徒がどんなことを頑張れたのかを具体的に発表できるようにする。 ＊発語が難しい生徒は，支援ツールを活用できるようにする。	
	9. 終わりの挨拶をする。	〇起立して，T1の合図に合わせて挨拶をする。 ・T2はT1の方を見て挨拶ができるように生徒を促す。	

(5) 場の設定

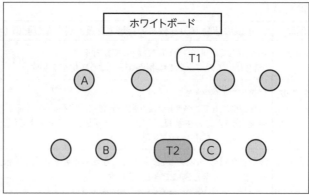

ペアワークの座席配置図

(6) 板書計画

今日の学習内容

1. 始めのあいさつ
2. アルファベットビンゴ
3. 先生の話
4. ストーリーを聞く＋ワークシート
5. ペアワーク①
6. 意見交かん
7. もう一度，ペアワーク②
8. ふり返り
9. 終わりのあいさつ

(7) 教材・教具の工夫

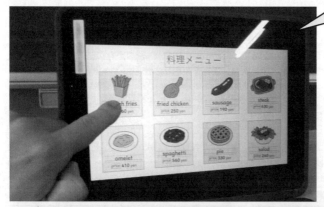

French fries！

・タブレット端末のボイスレコーダーに音声を録音し，画面上のイラストにハイパーリンクを貼り付ける。
・選んだイラストをタップすると，音声が流れて相手に伝えることができる。

7．事後の個人目標の学習評価（学習活動終了後）

生徒	観　点	個人目標の学習評価　（◎○△）	外国語科の目標及び内容と評価（◎○△）
A 2年	知識・技能	・"What would you like?" "I'd like 〜." の表現を理解し，教員に伝えることができた。（◎）	**外国語科２段階** (1) 目標ア （◎） 　　　　イ （◎） (2) 内容 　ア (ｱ) (ｲ) (◎) 　　　(ｳ) (◎) 　イ (ｱ) (△) 　　　(ｱ) (ｲ) (◎) 　　　(ｲ) (ｱ) (◎) 　　　(ｳ) (ｱ) (△)
	思考・判断・表現	・ペアワークで，店員役と客役になってお互いの考えを伝え合うことができた。（◎）	
	主体的に学習に取り組む態度	・自分の言いたいことを伝えようと熱心に話ができたが，相手が分かりやすいと感じる伝え方を考えて実践することが難しかった。（△）	
B 2年	知識・技能	・"What would you like?" "I'd like 〜." の表現を理解し，センテンスカードを見ながら教員に伝えることができた。（◎）	**外国語科１段階** (1) 目標ア （◎） 　　　　イ （◎） (2) 内容 　ア (ｱ) (ｲ) (◎) 　　　(ｳ) (◎) 　イ (ｱ) (○) 　ウ (ｱ) (ｱ) (◎) 　　　(ｲ) (◎) **外国語科２段階** (1) 目標ア （◎） 　　　　イ （○） (2) 内容 　ウ (ｲ) (ｱ) (◎) 　　　(ｳ) (ｱ) (○)
	思考・判断・表現	・センテンスカードで確認しながら，店員役と客役になってお互いの考えを伝え合うことができたが，T2 の言葉掛けが必要な場面があった。（○）	
	主体的に学習に取り組む態度	・ペアワークでは，カードやタブレット端末などを活用して，最後まで学習に取り組むことができた。（◎）	
C 2年	知識・技能	・"What would you like?" "I'd like 〜." の表現を覚え，教員から "What would you like?" と問われると，料理カードを指差して伝えることができた。（◎）	**外国語科１段階** (1) 目標ア （◎） 　　　　イ （◎） (2) 内容 　ア (ｱ) (ｲ) (◎) 　　　(ｳ) (◎) 　イ (ｱ) (◎) 　ウ (ｱ) (ｱ) (◎) 　　　(ｲ) (◎○) 　　　(ｳ) (ｱ) (◎)
	思考・判断・表現	・ストーリーブックの内容を聞いて，学習プリントに書かれた選択肢の中から正しいものに○を付けることができた。（◎）	
	主体的に学習に取り組む態度	・ペアワークでは，カードやタブレット端末などを活用して，自分から会話を始めることができた。（◎）	

特別の教科　道徳　「相手の立場を体験して考えてみよう」

▶学習指導要領に対応した知的障害児への授業改善の視点

　知的障害児は，体験を通して分かり，理解していくことが多いです。疑似体験セットの活用を通して，相手の立場に立った見方・考え方について体験的に学ぶきっかけとしました。さらに，体験のみで終わらないように，普段生徒が利用しているバスの経験を基に学習を進め，生活の中で目にする場面や出来事と関連付けることができるように単元を仕組みました。

道徳科　学習指導案

日　時：令和3年6月11日（木）2時限
対　象：中学部第2学年6名（男子4名，女子2名）
場　所：中学部2年教室
指導者：伊藤那津子（T1），志鎌知弘（T2）

1. 主題　　　「相手の立場を体験して考えてみよう」

2. 主題設定の理由
（1）単元観

　これまで，「主として自分自身に関すること」としては，自分自身がどういうときに怒りや喜びを感じるかについて体験談を話しながら表にしたり，「主として人とのかかわりに関すること」については，昼休みでの友達と実際にあったトラブルを取り上げ，どうすればよかったのか，ロールプレイをして考えたりするなど，実際に自分に置き換えて道徳的な内容について考える学習を重ねてきた。

　私たちは，障害の有無にかかわらず，他者と関わりながら生きている。しかし，身近な人の様子を感じとり，思いやることはできても，身近ではない「他者」の存在を意識し，自分の言動を相手に応じて変容させていくことは難しい。そこで，普段生徒が登下校や校外学習で利用しているバスの利用の仕方を取り上げ，生徒には，自分自身はどう行動するべきかを，様々な人とのかかわりや他者への思いやりを持った行動をとることの大切さという観点から考えてほしい。そのために，一つ一つの内容をバラバラに考えるのではなく，いくつかの内容項目を組み合わせて，一つの大きな主題として設定した。

（2）生徒観

　生徒は，第2学年6名（男子4名，女子2名）である。着替えや排泄など，日常生活の動作については，自立している生徒が多い。体験したことについて，場面が変わっても想起できるようにすることを繰り返すことで，定着してくることが多い。自分は相手のためにと思って行

動したことが，実は相手は望んでいないことだったり，言葉の選び方で誤解を招いてトラブルになってしまったりすることがあるが，時間を設けて互いの考え方や，立場の違いなどについて触れることで，生活の中でも，友達を思いやった発言や，学級で決めたルールを互いに声を掛け合って取り組む姿が見られるようになってきた。公共交通機関を使って通学している生徒が多く，携帯電話を所持し，休日に，友達と外出する生徒もいる。バスの乗り方については，利用の仕方を守って行動できている。しかし，高齢者に席を譲ることや，混んでいる車内での荷物の置き場所に気を付けるなどといったマナーについては，知識として知ってはいても，どうしてそういった行動が大切なのかについて答えることは難しい。

(3) 指導観

高齢者の身体の状態を疑似体験できるセット（※社会福祉協議会などで貸し出しをしている自治体が多い）を用意し，実際に相手の身体的な状態を理解することで，自分自身の言動について省みることができることにつなげたいと考えた。また，思ったように身体を動かすことができない状態は，どんな気持ちを引き起こすのかについても触れ，他者の気持ちを推測することにつなげていきたいと考えた。

最初に普段のバスの利用の仕方や，自分がバスに乗るときに気を付けていること，どんな人が利用しているかなど，自分の経験してきたことを話題にしあい，学習内容が身近なものである意識をもてるようにしたい。また，高齢者や妊婦など，想像だけでは理解が難しい相手の状態について，体におもり等を装着して体感できる機会を設けることで，実感を伴った理解につなげるとともに，他者の体の状態を体感しながらバスの利用をしてみることで，自分との違いに気付くとともに，他者を思いやる行動の大切さ，自分自身はどうあるべきかについて考えを深めるきっかけとしたい。

3．単元における主体的・対話的で深い学びの視点

主体的な学び	・自分自身の体験したことと結び付けながら道徳的価値について理解し，自分ならどうするかと，自分のこととして捉えることができるように，生徒の体験してきたこと，感じたことを問い掛けるようにする。
対話的な学び	・体験活動や話し合いの活動を通して，他者と自分の考えや感じ方の違いを知ることで，自己の考え方を見つめ直すことができるよう，また生徒の言葉を板書することで視覚的に振り返ることができるようにする。
深い学び	・疑似体験することを通して，他者の状況について理解を深め，自分自身の行動について見つめ直したり，自分の周りには様々な人が生活していることに気付いたりできるようにする。

4．単元計画（本時：2／4教時目）

時数	月日	主な学習活動	準備物
1	6／4	・バスの乗り方や，バスを利用している人たちについて，これまでの体験を伝え合う。	・黒板またはホワイトボード
2	6／11 （本時）	・疑似体験セットを着用し，バスの車内のような環境を椅子等で設定した教室内で，歩いてみたり立ったままの姿勢を保持してみたりする。 ・着用しての感想や，どんなことをしてほしいと感じたか，友達からの行動で嬉しかったことなどについて，伝え合う。	・高齢者疑似体験セット ・テレビ，タブレット端末 ・ケーブル，付箋 ・料金を入れる箱 ・小銭，生徒用財布

3	6／18	・疑似体験セットを着用し，校内を歩いて，どんなところに歩きにくさや不安を感じたか伝え合う。 ・高齢者の他にも，同じように移動するときに難しさを感じる人はいないか意見を出し合ったり，自分たちにできることを伝え合ったりする。	・高齢者疑似体験セット ・付箋
4	6／25	・バス以外にも日々の生活の中で，自分にできることは何かについて意見を出し合う。	・3年道徳教科書「みんながくらしやすい町」（光村図書出版）

週　数	主題・内容項目	主なねらい
4月 (3)	「それぞれの役割」 ・よりよい学校生活，集団生活の充実 ・勤労，社会の一員 ・社会参画，公共の精神	・係活動や委員会活動など学校生活の役割について考えた後，身近な職業や同年齢の地域貢献の取り組みなどの紹介を聞いたりすることで，自分たちにできることについて意見を出し合い，社会の一員として行動しようとする態度を育てる。
5月 (3)	「社会の中の役割」 ・礼儀 ・国際理解，国際貢献 ・家族愛，家族生活の充実	・国による礼儀の違いを写真やVTRで見て，様々な価値観を尊重する態度を育てたり，家族の間でも礼儀は大切となることに触れ，家族の幸せに貢献しようという態度を育てたりする。
6月 (4)	「相手の立場を体験してみよう」 ・思いやり，感謝 ・相互理解，寛容	・疑似体験セットを用いて他者の身体の状態を体感して自分にできることを考えることを通して，他者を思いやる気持ちや相手の立場を理解する態度を育てる。（本時　2教時目）
7月 (2)	「守るということ」 ・節度，節制	・自分の生活を見つめ直すことで規則正しく生活しようとしたり，交通安全についてVTRを見て危険性について考えることで，交通ルールを守ろうとしたりする態度を育てる。
9月 (4)	「本当の友達ってどんな友達?」 ・友情，信頼 ・遵法精神，公徳心	・パペットを用いて，友達間で起こりうる様々な場面を演じることで，そういうときにどう対処したらいいかなどについて考えたり，真の友情を育もうという態度を育てたりする。
10月 (4)	「共に生きるために」 ・真理の探求，創造 ・公正，公平，社会正義	・コロナウィルスの蔓延時に起きた医療従事者等への差別等について役割演技をしながら，それぞれの立場での物事の見方，捉え方について話し合い，公正な判断力を育てる。
11月 (3)	「世界の出来事と日本の生活」 ・国際理解，国際貢献 ・生命の尊さ	・SDGsについて触れながら，世界で起きている出来事と自分の生活の関係性を通り上げ，世の中のことに関心をもったり自分にできることを考えたりする態度を育てる。
12月 (2)	「自然を残すために」 ・自然愛護 ・感動，畏敬の念	・世界自然遺産に触れながら，後世に残す自然遺産の意義と登録されるために必要な条件や木や森が担っている役割について知り，日本の自然遺産についても触れ，自然を守ろうと思う気持ちを育む。
1月 (3)	「世界から見た日本の良さ」 ・我が国の伝統と文化の尊重，国を愛する態度 ・郷土の伝統と文化の尊重，郷土を愛する態度	・東日本大震災時に，日本人が並んで支援物資を受け取る姿や，日本の伝統工芸が海外で尊敬されていることについて触れ，日本人としての誇りを高める。また，郷土の伝統や，文化について写真を見たり，地元の方に話を聞いたりしながら郷土を愛する態度を育てる。
2月 (3)	「かけがえのない自分」 ・希望と勇気，克己と強い意志 ・向上心，個性の伸長	・見方によっては，長所は時に短所に，短所は長所になりうることに触れ，自分の長所と短所について考えたり，失敗したときや気持ちがイライラしたときどう乗り越えるかについて考えたりすることで，自己を肯定的に見る態度を育てる。
3月 (2)	「未来に向けて」 ・自主，自立，自由と責任 ・よりよく生きる喜び	・卒業を迎える3年が学校生活等で努力したことなどの話を聞いたり，自分の夢を表したビジョンボードを作成したりすることを通して，未来の自分と今の自分とがつながっていることを感じ，実現に向けて，今を頑張って生きようという態度を育てる。

5．単元目標

(1) 全体目標

知識及び技能	・身体の状態による動かしにくさや，困った人を見かけたときどのような行動をとったらよいかに気付くことができるようにする。
思考力，判断力，表現力等	・自分のこれまでの体験と結び付けながら，困った人がいたとき，どう振る舞うと相手が喜ぶか考えて自分の言葉で伝える力を養う。
学びに向かう力，人間性等	・疑似体験を通して感じたことや友達とのかかわりから，生活の様々な場面で出会う人たちと助け合って生きていこうとする態度を養う。

(2) 個人目標　　　　　　　　　　　　　　　　　　　　　　＊紙幅の都合上，2名まで掲載

生徒	観　点	個　人　目　標	道徳科の目標及び内容
A 2年	知識及び技能	・どんな人がどんな身体の動かしづらさを感じているか気付くことができる。	道徳科 B−11 小3，4年
	思考力，判断力，表現力等	・困った人がいたときに，自分にできることはないか考えたり，実際に出会ったときにどういう態度で接するか自分の考えを伝えたりすることができる。	
	学びに向かう力，人間性等	・友達と関わり合いながら，体験を通して自分と立場の違う人の気持ちを思いやろうとすることができる。	
B 2年	知識及び技能	・身体の状態による動かしづらさからどんな気持ちを抱くのか，周りからどういう接し方をされると嬉しいと思うのかに気付くことができる。	道徳科 B−9 中学
	思考力，判断力，表現力等	・自分のこれまでの経験を想起したり友達の感想を聞いたりして，自分の考えを伝えたり自分の行動の仕方について考えたりすることができる。	
	学びに向かう力，人間性等	・自分の周りには様々な人がいて，助け合って生きていることを感じ，自分にできることをしようという思いをもつことができる。	

(3) 特別の教科道徳と関連する「自立活動」の目標

生徒	自立活動の目標
A 2年	・自分と人とのかかわり方やそのときの気持ちについて振り返り，次に生かすことができる。（人間関係の形成）
B 2年	・得意なことや苦手なことを理解し，自分から準備や練習をして活動に取り組むことができる。 （人間関係の形成）

(4) 特別の教科道徳における合理的配慮　＊合理的配慮の観点（①指導内容・方法，②支援体制，③施設・設備）

生徒	合理的配慮の内容	観点
A 2年	・肌に触れられることが苦手なため，疑似体験のセットを着用する際は，どこに何を付けるのか，一つ一つ提示しながら取り付ける。	①−2−3
B 2年	・自分の考えを整理して話すことができるように，メモを活用してよいことを伝え，体験後に感想を書く時間を設けるようにする。	①−1−2

6. 本時の学習活動

(1) 全体目標

知識及び技能	・高齢者と自分たちの身体の違いやそれに伴う動かしづらさや不安感に気付いたり，困った人を見かけたときどのような行動をとったらよいか理解したりすることができる。
思考力，判断力，表現力等	・自分のこれまでの体験と疑似体験で感じたことを結び付けながら，自分の感じたことを伝えたり自分の行動の仕方について考えたりすることができる。
学びに向かう力，人間性等	・疑似体験を通して感じたことや，自分がされて嬉しかったことを基にして，自分も他者に対してできることをしてみようという思いをもつことができる。

(2) 本時までの個人の実態

生徒	生 徒 の 実 態
A 2年	・親しみのある教員や友達に対して自分から話し掛け，やり取りを楽しむ様子が見られる。 ・路線バスを使って通学しているが，中学1年時に他の乗客との距離感でトラブルになることがあった。
B 2年	・様々な役割に意欲を示し，練習することで自信をもって取り組むことができる。 ・ロールプレイを通して，実際の場面でも友達への言葉遣いが丁寧になった。

(3) 個人目標

生徒	観 点	個 人 目 標	道徳科の目標及び内容
A 2年	知識及び技能	・身体の操作の難しさを感じたり，立ったままの姿勢がつらいといった，自分の身体の状態との違いが分かったりすることができる。	道徳科 B－7 小3，4
	思考力，判断力，表現力等	・疑似体験で感じたことを自分の言葉で伝えたり，困った人がいた場合に自分ができることは何かを考えて伝えたりすることができる。	
	学びに向かう力，人間性等	・自分の体験したことを基に疑似体験をしている友達の気持ちを推測し，助けようとすることができる。	
B 2年	知識及び技能	・意思通りに身体を動かせない人がいることや，困っている人を見かけたとき自分にもできることがあることに気付くことができる。	道徳科 B－7 中学
	思考力，判断力，表現力等	・狭いバスの座席の間を移動する大変さから，どの場所の席が座りやすいか，体験から感じたことを伝えることができる。	
	学びに向かう力，人間性等	・自分が体験したことや友達とのかかわりから，同じような場面に出会ったときに相手が喜ぶ接し方をしようという思いをもつことができる。	

（4）本時の学習活動（50分）

時間	主な学習活動	子供の活動（○），教員の指導・支援（・），及び配慮（＊）	準備物
導入 （5分）	1. 始めの挨拶をする。	○挨拶をする。	
	2. 前時の振り返りをする。	○前時の板書を投影した画面を見て，前時の学習内容を思い出す。 ・タブレット端末で撮影した前時の板書の写真をテレビ画面に映し，前時の生徒の発言などを思い出せるようにする。 ＊どの部分に注目したらよいか分かるように，注目点を拡大表示しながら説明するようにする。	・テレビ ・タブレット端末 ・ケーブル
展開 （42分）	3. 本時の活動について確認する。	○2組に分かれて活動することや，本時の流れを知り確認する。 ・交代で疑似体験セットを着用することを表に示して説明する。	
	4. 疑似体験セットを着用する。	○疑似体験セットを着用したり，着用しない生徒で場所の設定を行ったりする。 ・疑似体験セットを着用するときに，危険のないように周囲の環境を整える。 ・取り付ける順番を一つ一つ確認したり，取り付け方に不備がないか，教員の手で器具に触れたりして確認する。 ＊着用後に，生徒のつぶやきを付箋に書いて振り返りに活かせるようにする。	・疑似体験セット×3個
	5. 模擬バスでのロールプレイを行う。	○教室内のセットの間を立ったり座ったりして移動してみる。 ＊疑似体験セットを着用していない生徒は，登下校時に利用しているリュックを身に着け，他の乗客としてバスの車内に座り，共にバスに乗った状況を体感できるようにする。	・生徒用椅子と机 ・料金を入れる箱 ・小銭
	6. 感想を書く。	○次のグループが疑似体験セットを着用している間，感想をワークシートに書く。 ○他グループは疑似体験セットを着用する。 ○5，6をグループを変えて繰り返し行う。 ・後者のグループが感想を書いている間，感想を書き終わったグループで片付けを行う。	・ワークシート
	7. 感想を伝え合う。	○自分の感想を伝えたり，友達の感想を聞いたりする。 ・生徒の発言を板書しながら，生徒同士の発言をボードに記入し，全員で共有できるようにする。	・ホワイトボード
終末 （3分）	8. まとめ	○まとめの話を聞き，次時への期待や見通しをもつ。	

(5) 場の設定

① **本時学習活動 1,2,3,6,7,8**

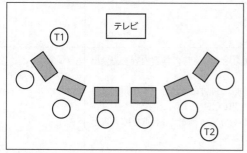

机: ▬　椅子: ◯

・学習活動1では，生徒がテレビを見やすい
　ように設定する。

・感想を伝え合う活動では，テレビを脇によ
　け，生徒の感想を板書した黒板またはホワ
　イトボードや，感想を発表する友達の顔が
　見えやすいように設定する。

② **本時学習活動 4，5**

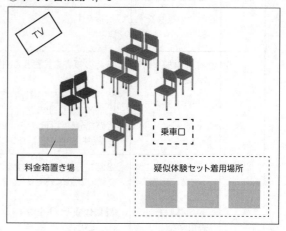

・椅子は，生徒用椅子のように，背もたれのある椅
　子を用意する。十分な個数がない場合は，黒い椅
　子のところは丸椅子などで代用する。

・椅子を二つ並べ，二人用の席も設ける。

・椅子の間隔は，バスの車内と同じくらいに設定す
　る。余分な机や椅子は端に寄せ，空間を広くとる
　ようにする。

(6) 教材・教具の工夫

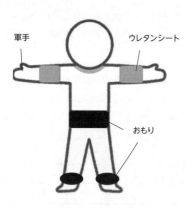

・疑似体験セットがない場合は，足首におもりをつけ，腕
　の関節にウレタンシートを巻き，軍手をはめることでも，
　体験することができる。

・また，耳栓やサングラスを掛けるなどすることで，見え
　にくさ聞こえにくさも体感することができる。

7．事後の個人目標の学習評価（学習活動終了後）

生徒	観　点	個人目標の学習評価　（◎○△）	道徳科の目標及び内容と評価（◎○△）
A 2年	知識・技能	・身体が思ったように動かせないことに驚き，「おじいちゃんは大変だ。」とつぶやいていた。（○）	道徳科 B-7 小3, 4（○）
	思考・判断・表現	・自分が体験しているとき，友達から席を譲ってもらい「ゆっくりした。」と伝えることができた。（○）	
	主体的に学習に取り組む態度	・友達が体験しているときに，すぐに席を譲ろうとした。（◎）	
B 2年	知識・技能	・高齢者の身体の大変さを感じ，友達を気遣うことはできていたが，生活の中で出会う人たちへと関心を広げることは難しかった。（△）	道徳科 B-7 中学（○）
	思考・判断・表現	・「二人掛けの席よりも，横向きの席の方が座りやすかった。」と感想を発表できた。（○）	
	主体的に学習に取り組む態度	・高齢者だけでなく，生活の中で見かけた子供を抱いている人にも同じように関わりたいと感想を書いていた。（◎）	

指導案 14 日常生活の指導　「あさのじゅんび，あさのかい」

▶**学習指導要領に対応した知的障害児への授業改善の視点**

　この授業は，これまで「教員主導で活動を進めていったり，積極的に言葉掛けをしたりしながら児童が活動する学習」から，「児童自身が自分たちのやるべきことに気付いて行動したり，必要な事柄を考えて行動したりしていく学習」へと授業改善を行ったものです。毎日，同じ活動を繰り返し行なうことで，自分のやるべきことに気付いて行動したり，周りの友達の様子を手掛かりにやり取りしたりするなど，主体的な姿や学びとなるように考えました。

日常生活の指導　学習指導案

日　時：令和3年9月2日（木）第1時限
対　象：小学部第2学年6名（男児4名，女児2名）
場　所：小学部2年教室
指導者：舩山美貴子（T1），柴田雄一郎（T2）

1. 単元名　　「あさのじゅんび，あさのかい」

2. 単元設定の理由

（1）日常生活の指導における本単元の必要性

　日常生活の指導は，児童生徒の日常生活が充実し高まるように，日常生活の諸活動について，知的障害の状態，生活年齢，学習状況や経験等を踏まえながら計画的に指導するものである。知的障害のある児童は，学習した内容の習得が断片的になりやすかったり，抽象的な内容の理解に困難があったりする場合がある。そのため，実際の生活に即し，必然的な状況下で，具体的な指導内容及び学習活動を設定することが重要である。

　その中でも，登校後の学習準備や朝の会は，「荷物を所定の場所に置く」「活動の予定を確認して見通しをもつ」「次の活動のために着替える」等，児童にとって生活の自然な流れの中で，必要で必然性のある活動が多く含まれる。また，毎日繰り返しのある活動により，より発展的な内容を扱っていくことが可能である。よって，生活や学習の文脈に即して，生活科を中心とした各教科等の内容を広範囲に学習することができると期待できることから，日常生活の指導における本単元での学習活動は，必要な活動であると考える。

（2）単元観

　これまで日常生活の指導では，「朝の準備，朝の会」の一連の流れを身に付け，学校生活に慣れることを目標に繰り返し取り組んできた。継続して取り組むことで，登校後は昇降口から自分の教室までの移動が一人でできるようになったり，朝の係の仕事，朝の会などに教員の言

葉掛けを受けて取り組めるようになったりしながら活動する児童の姿が少しずつ見られるようになってきた。

　本単元では，学校生活に慣れてきたことを生かして，「朝の準備，朝の会」の学習を扱う。朝の準備，朝の会はこれまで同じような流れで取り組んできているため自信をもって取り組める児童が多い。着替えや朝の身支度，朝の会も自分のやるべきことだけではなく，他の友達や教員の様子にも興味をもつことができ，自分もできそうなことに挑戦しようとしたり，自分から行動したりする姿を期待して単元を設定した。また，次年度に向けて，他の友達の姿に注目できるような活動を通し，他の仕事内容や活動に目を向けて，できることを増やしていってほしいと考える。

(3) 児童観

　児童は，第2学年6名（男児4名，女児2名）である。身支度や排泄などは，おおむね自立している児童が多い。しかし，児童の中には教員の言葉掛けを受けて行動したり，気持ちが不安定になると活動が止まってしまったりするなど，個別の課題が見られる。コミュニケーション面では，自分の思いを「昨日〇〇してきたよ。」「バスに乗りました。」など簡単な二語文で話す児童や，「〇〇ございます。」「あっち。」など，簡単な身振りや手話を添えながら気持ちを伝えようとする児童など，実態の差が見られる。

　また，心理的な安定を大事にしている児童が多く，様々な活動の中で教員が気持ちを代弁したり，仲介しながら言葉で補ったりしながら活動を行うようにしている。教員が，児童の「できた」姿を大いに称賛することで，自身や達成感，さらには成就感につながることを大切にしたい。

(4) 指導観

　これまでは，教員が言葉掛けをしたり，支援をしたりしながら活動していたことが多かった。しかし，一連の流れが分かり，児童が自分でできることが増えてきたことを生かし，自分から行動したり，表現したりできるような学習を設定した。「次は何をするのか。」「分からないことをどのようにして解決していくとよいか。」など，様々な場面を設けることで，自分から行動して問題解決に取り組もうとする姿が見られると考える。また，朝の会においては，手掛かりになるような視覚的な教材を用いることで，それらを介して，自分から友達に話し掛けたり，自信をもって活動したりできるようにする。教員は，基本的に見守るようにしながら児童役になったり，困ったときにする支援できるような場所にいたりすることで，児童の気持ちの安定につなげ，活動が広がるようにしていきたい。

　身の回りのことや係活動などに「なぜ・なんのため」に取り組むのか，できたことを認められ，人の役に立つ経験につなげていくような計画を大事にし，「朝の会」「帰りの会」において一日を見通したり，振り返ったりすることを捉え，対話を大事にしていきたい。

3. 単元における主体的・対話的で深い学びの視点

主体的な学び	・これまでの着替え，朝の会の活動を継続することで，各活動に関心や見通しをもち，教員や友達と一緒に，または自分から進んで行動できるようにする。
対話的な学び	・教員や友達とやり取りしたり，困ったときに友達の様子を見ることができるような環境を整えたりすることで，自分のやるべきことが分かったり，周りの姿からまねしたいと思うような姿に気付くことができるようにしていく。
深い学び	・健康観察や今日の予定など，共通のことについて確認し合うような活動を繰り返すことで，活動に見通しをもち，教員や友達に興味をもったり，自分から他の場面でも予定表を確認したりしながら生活できるようにする。

4. 単元計画（本時：2／79 教時目）

時数	月日	主な学習活動	準備物
1〜20	9／1〜9／30（本時）	「あさのじゅんび，あさのかい」 ・これまで取り組んできた朝の準備（登校から朝の着替えまでの一連の流れ），簡単な朝の会の流れに沿って，教員の言葉掛けを受けながら活動する。 ・それぞれのやるべきことに合わせて，教員の支援や，友達の様子を手掛かりにしながら活動する。	・連絡帳等かご ・係の仕事グッズ ・今日の予定カード ・朝の会補助教材
21〜43	10／1〜10／30	「あさのじゅんび，はじまるよ　あさのかい」 ・これまでの経験などを手掛かりにやるべきことを考える。 ・朝の会が始まることに気付き，教員や友達に「はじまるよ。」などと言葉掛けをして，朝の会の場を設定して始める。	・連絡帳等かご ・係の仕事グッズ ・今日の予定カード ・朝の会補助教材
44〜63	11／2〜11／30	「できるよ　あさのじゅんび，あさのかい」 ・「先生，○○に行ってきます。」など，次にやるべきことを教員に伝えてから移動することができるように，写真カードや視覚的教材を活用して教員に伝えて活動する。	・連絡帳等かご ・係の仕事グッズ ・今日の予定カード ・朝の会補助教材
64〜79	12／1〜12／23	「じぶんたちでやってみよう　あさのじゅんび，あさのかい」 ・前時まで取り組んできたことを基に，やるべき活動を自分たちで確認しながら活動する。	・連絡帳等かご ・係の仕事グッズ ・今日の予定カード ・朝の会補助教材

5. 単元目標

(1) 全体目標

知識及び技能	・登校後からの朝の活動内容（荷物の整理整頓，朝の会など）が分かり，時間までに準備を終えることができる。
思考力，判断力，表現力等	・登校後からの自分のやるべきことを考え，連絡帳などの家庭からの提出物を出したり，荷物の整理や身支度を丁寧に行ったりすることができる。
学びに向かう力，人間性等	・自分のことができる達成感を感じ，自信をもって進んで活動しようとすることができる。

(2) 個人目標

*紙幅の都合上，2名まで掲載

児童	観点	個人目標	関連する教科の目標及び内容
A 2年	知識及び技能	・登校後からの朝の活動内容（荷物の整理整頓，朝の会など）が分かり，時間までに準備を終え，次にやるべきことを理解することができる。	生活科3段階 (1) 目標ア，ウ (2) 内容ウ，カ 　日課・予定 (ア)(イ) 　役割 (ア)
	思考力，判断力，表現力等	・登校後からの自分のやるべきことを考え，連絡帳などの家庭からの提出物を出したり，係の仕事を行ったりしながら，できたことを教員に伝えることができる。	国語科1段階 (1) 目標イ，ウ (2) 内容ウ
	学びに向かう力，人間性等	・活動の嬉しさを感じながら，自信をもって進んで活動しようとすることができる。	（思考力，判断力，表現力等）Aウ
B 2年	知識及び技能	・登校後からの朝の活動内容（荷物の整理整頓，朝の会など）が分かり，教員の言葉掛けを受けながら時間までに準備を終えることができる。	生活科1段階 (1) 目標ア，イ，ウ (2) 内容ウ 　日課・予定 (ア)(イ)
	思考力，判断力，表現力等	・登校後から，連絡帳などの家庭からの提出物を出したり，荷物の整理や身支度を行ったりすることができる。	
	学びに向かう力，人間性等	・自分の役割をやり遂げることに嬉しさを感じ，活動しようとすることができる。	

(3) 各教科等と関連する単元名および自立活動の目標

児童	関連する単元名	自立活動の目標
A 2年	生活科「おめでとう会をしよう」「オリパラ2020」	・生活科では，相手に伝わる安心感や解決できた喜びを感じながら，伝えたり，対応しようとしたりすることができる。
	国語科「よろしくね」「みのまわりのたべもの」「なにしてるの？」	・国語科では，教員とのやり取りを通して，困ったときや嫌なことの対応の仕方や伝え方を考えたり，選んだりすることができる。
B 2年	生活科「おめでとう会をしよう」「オリパラ2020」	・生活科では，教員に伝える楽しさを味わいながら，自分の気持ちが相手に適切に伝わるよさを感じて伝えようとすることができる。
	国語科「よろしくね」「みのまわりのたべもの」「なにしてるの？」	・国語科では，自分の気持ちを教員に伝えることや言葉を覚える中で，簡単な単語を使ったり，絵カードを選んだりするなどをして表現することができる。

(4) 日常生活の指導における合理的配慮

*合理的配慮の観点（①指導内容・方法,②支援体制,③施設・設備）

児童	合理的配慮の内容	観点
A 2年	・吃音があり，言葉が詰まる傾向があるが，自分の思いを伝えることができるように時間を取って丁寧に話を聞くようにする。	①－1－1
	・気になることや不安なことがあると，気持ちを切り替えることが難しくなることがあるため，どのようにすると気持ちが落ち着くか考える時間を確保するようにする。	①－2－3
B 2年	・他の生徒と互いに意思疎通を図ることができるように，イラストや写真カードをホワイトボードに貼るなど，補助的な対応をするようにする。	①－2－1

6. 本時の学習活動

(1) 全体目標

知識及び技能	・登校後からの荷物の整理整頓，朝の会が分かり，自分のやるべきことに気付いたり，朝の会が始まることなどが分かったりすることができる。
思考力，判断力，表現力等	・自分のやるべきことを考え，物の置き場所を判断して，運んだり，置いたりすることができる。
学びに向かう力，人間性等	・自分で行ったりできたという実感をもち，進んで活動しようとすることができる。

(2) 本時までの個人の実態

児童	児 童 の 実 態
A 2年	・様々な係の仕事にも興味を持ち，欠席の児童がいると，「僕がやるよ。」と進んで身近な教員に話をする姿が見られるようになってきた。 ・見通しをもつことで安心感を得られるようで，気になることは自分から教員に質問する姿が見られる。
B 2年	・自分のペースがあり，周りの様子にあまり気をとめない様子が多く見られたが，活動を繰り返し行うことで見通しをもち，やることが分かり，自分から活動することができるようになってきた。

(3) 個人目標

児童	観 点	個 人 目 標	関連する教科の目標及び内容
A 2年	知識及び技能	・登校後の朝の活動内容が分かり時間までに準備を終えることができる。	生活科3段階 (1) 目標ア，ウ (2) 内容ウ，カ 　日課・予定(ｱ)(ｲ) 　役割(ｱ)
	思考力，判断力，表現力等	・登校後の自分のやるべきことを考え，連絡帳や家庭からの提出物を出したり，係の仕事を行ったりすることができる。	国語科1段階 (1) 目標イ，ウ (2) 内容ウ(思考力，判断力，表現力等) Aウ
	学びに向かう力，人間性等	・自分でできる嬉しさを感じながら，進んで活動しようとすることができる。	
B 2年	知識及び技能	・教員の言葉掛けや具体物を手掛かりに，登校後の朝の活動内容を知ることができる。	生活科1段階 (1) 目標ア，イ，ウ (2) 内容ウ 　日課・予定(ｱ)(ｲ)
	思考力，判断力，表現力等	・教員の直接的な支援を受けて連絡帳などの家庭からの提出物を出したり，荷物の整理や身支度を行ったりすることができる。	
	学びに向かう力，人間性等	・教員と一緒にやり遂げることに嬉しさを感じ，活動しようとすることができる。	

（4）本時の学習活動（45分）

時間	主な学習活動	子供の活動（〇），教員の指導・支援（・），及び配慮（＊）	準備物
導入 （15分）	1. 登校する。	〇昇降口から，教室に移動し，下校方法をホワイトボードに貼る。 ・児童が忘れずに，帰りの移動手段をホワイトボードで確認できるように，T1，T2が「今日は何で帰るの?」と言葉掛けを行う。 ＊児童の実態に応じて，顔写真や平仮名文字のマグネットを用意する。	・連絡帳のかご ・下校確認ボード
	2. 荷物を整理する。	・T1，T2は全体を把握しながら言葉掛けをするとともに，児童一人一人の登校の様子や表情から健康状態を確認する。 〇ランドセルやコート（必要に応じて）をロッカーに片付ける。 ・T1は，児童一人一人が自分で荷物の整理を行えるように，できている児童を称賛しながら，意欲が高まるようにする。 ・児童が丁寧に物を置いたり，扱ったりすることができるように，物の置く場所や置き方が整っているかを見て，「どっちに置くといいかな?」「次は何かな?」と考えられるような言葉掛けを行う。 ＊Cさんの連絡帳やランドセルの中に提出物がないかT1も再度確認する。	
	3. 着替えをする。	〇更衣室に運動着を持って行き，制服から運動着に着替えをする。 ・脱いだ服を丁寧に畳んだり，服の裾をズボンの中に入れたりすることができるようにし，できている児童の良い姿を称賛する。 ＊女児は，登校時間にばらつきがあるため，T1，T2間，他学級間，教員間で連携を取るようにする。女子は更衣室が離れているため，可能な範囲でまとまって移動できるようにする。	
	4. 係の仕事に取り組む。	〇係の仕事（日付，給食献立，ゴミ捨てなど）に取り組む。 ・自分の役割をやり遂げることや人の役に立てることの嬉しさを感じることができるように，教員は「よろしくお願いします。」「ありがとう。」の気持ちを伝える。 ＊Aさんが選んだ天気を共有できるように，一緒に窓を見て「雲が出ているね。」など天気に関連したやり取りをする。 ＊係の仕事で教室を離れる児童には，教員間で安全確保をする。	
展開 （25分）	5. 朝の会をする。	〇当番の児童が朝の会の司会進行を行う。	・各活動の絵カード ・手鏡
	（1）朝の挨拶をする。	〇朝の挨拶をする。 ・活動カードで児童が進められるようにする。 ＊呼吸や姿勢を整え，落ち着いて朝の会に臨めるようにする。 ・話を聞く姿勢ができているかを確認し，教員は見本になるように児童役にまわり，必要に応じて姿勢を正すように身振り，手振りや言葉で伝える。	
	（2）健康観察をする。	〇児童同士で健康観察（「〇〇さん，元気ですか?」）をする。 ・児童同士で確認できるように，体調（元気，元気じゃない）を確認できるホワイトボードを用意する。	
	（3）持ち物を確認する。	〇ハンカチ，ちり紙があるか教員，児童同士で確認する。 ＊必要な児童には，教員がハンカチとティッシュをポケットから出したりしまったりする支援をする。	
	（4）今日の予定を確認する。	・教員も児童と一緒にハンカチ，ティッシュはあるか，顔は清潔か確認し，必要に応じて鏡で見合うようにする。 〇今日の予定を確認する。 ・児童が伝えられるように，予定カードを使いながら行えるようにする。	
終末 （5分）	6. 終わりの挨拶をする。	〇終わりの挨拶をする。 ＊呼吸や姿勢を整え，落ち着いて次の活動に臨めるようにする。	・各活動の絵カード
	7. 次の活動の準備をする。	・話を聞く姿勢ができているかを確認し，適宜姿勢を正すように教員も児童役になり気付けるようにする。	

(5) 場の設定

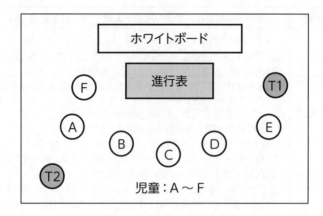

(6) 板書計画

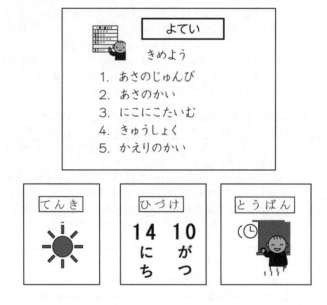

(7) 教材・教具の工夫
 ・基本的な流れを変えずに，イラスト付きのめくり式進行表等，視覚的な教材を活用し
  ながら，児童同士で進められるようにした。

7. 事後の個人目標の学習評価（学習活動終了後）

児童	観点	個人目標の学習評価　（◎○△）	関連する教科の目標及び内容と評価（◎○△）
A 2年	知識・技能	・登校後からの朝の活動内容を時間までに終えることができた。（◎）	**生活科3段階** (1) 目標ア（◎）,ウ（◎） (2) 内容ウ（◎）,カ（○） 　日課・予定（ア）（◎） 　　　　　　（イ）（◎） 　役割（ア）（○） **国語科1段階** (1) 目標イ（◎）,ウ（◎） (2) 内容ウ（◎） 　（思考力，判断力， 　表現力等）Aウ（◎）
	思考・判断・表現	・登校後に連絡帳や家庭からの提出物を出したり，係の仕事を行ったりすることができた。（○）	
	主体的に学習に取り組む態度	・「○○ができた。」と，自分でできることを喜ぶ発言が見られ，進んで活動しようとすることができた。（◎）	
B 2年	知識・技能	・登校後からの朝の活動内容が分かり，教員の「次は何かな？」の質問に答えながら行動することができた。（◎）	**生活科2段階** (1) 目標ア（○）,イ（◎）, ウ（○） (2) 内容ウ（◎） 　日課・予定（ア）（◎） 　　　　　　（イ）（◎） **国語科1段階** (1) 目標ウ（◎） (2) 内容ウ（◎） 　（知識及び技能） ア（ア）（◎）
	思考・判断・表現	・登校後に連絡帳を出したり，荷物の整理をしたりすることができた。（○）	
	主体的に学習に取り組む態度	・自分のことができた達成感や嬉しさを感じて，笑顔を見せながら活動することができた。（◎）	
C 2年	知識・技能	・教員の言葉掛けを受け，登校後からの朝の活動を行うことができた。（◎）	**生活科1段階** (1) 目標ア（◎）,イ（◎）, ウ（◎） (2) 内容ウ（◎） 　日課・予定（ア）（◎） 　　　　　　（イ）（◎）
	思考・判断・表現	・教員と一緒に連絡帳や家庭からの提出物を出したり，荷物の整理や身支度を行ったりすることができた。（◎）	
	主体的に学習に取り組む態度	・教員と一緒にやり遂げることに嬉しさを感じ，スムーズに活動することができた。（◎）	

遊びの指導　「おにごっこをしよう」

▶学習指導要領に対応した知的障害児への授業改善の視点

　この授業は，小学部5・6年生がこれまでの経験を踏まえて，いろいろな遊びを思い出す場面を設定し，自分が好きな遊びは何かを考えたり，どんな遊びをしたいかを決めたり，遊び方を工夫したりすることができるように授業改善を行いました。児童自身が考えたり，決めたり，工夫したりしたことを友達に伝える活動をすることで関わり合う姿が見られるように工夫しました。

遊びの指導　学習指導案

日　時：令和3年5月27日（木）第4時限
対　象：小学部第5・6学年6名（男児5名，女児1名）
場　所：小学部3組教室
指導者：辻洋子（T1），函館太郎（T2）

1. 単元名　　「おにごっこをしよう」

2. 単元設定の理由

(1) 遊びの指導における本単元設定の必要性

　遊びの指導は，遊ぶことを通して身体活動を活発にし，仲間とのかかわりや心身の発達を促していくものである。指導にあたっては，以下の点を考慮することが重要である。①児童の意欲的な活動を育めるようにすること。②教員と児童，児童同士のかかわりを促すことができるよう，場の設定，教員の対応，遊具等を工夫し，計画的に実施すること。③身体活動が活発に展開できる遊びや室内での遊びなど児童の興味や関心に合わせて適切に環境を設定すること。④遊びをできる限り制限することなく，児童の健康面や衛生面に配慮しつつ，安全に遊べる場や遊具を設定すること。⑤自ら遊びに取り組むことが難しい児童には，遊びを促したり，遊びに誘ったりして，いろいろな遊びが経験できるよう配慮し，遊びの楽しさを味わえるようにしていくこと。

　その中でも，本単元は，教員と児童，児童同士のかかわりを促す場を設定し，遊具等を工夫することを意識したものである。一人遊びを好み，仲間とのかかわりの少ない児童や，自分がしたい遊びを考えることが少ない児童にとって，主体的，意欲的に自分の周りの人や物にかかわり，自分で活動を考えたり工夫したりして遊びを発展させていくために必要であると考える。

(2) 単元観

　これまで遊びの指導では，教員が準備したおにごっこで遊んだり，教員が鬼になって遊んだ

りする活動がほとんどであった。児童自身が本当に遊びたいものかどうかが分からないことや，児童におにごっこの重要な役割である鬼の経験が少ないことが課題として考えられた。児童が遊びを通して役割を経験したり意思表示や自己決定を行ったりすることで，より児童同士のかかわりの姿が深まるのではないかと考える。

　本単元では，児童がこれまでの経験を思い出したり，児童が今まで経験したことのないものに挑戦したりし，いろいろなおにごっこに取り組む。これまでにどんなおにごっこで遊んだことがあるかを考えることができる場を設ける。さらに，児童が他にもおにごっこがないかを考えたり調べたりすることにより，本当に遊びたいものを児童が自分で選んだり，意欲的に活動に取り組んだりできるよう単元を設定した。また，自分たちでルールを工夫したり，鬼を交代して行ったりし，きまりや役割を意識することができるようになってほしいと考える。

（3）児童観

　児童は，第5・6学年の6名である（男児5名，女児1名）。教室では，それぞれが絵を描く，パズルをする，ブロックで遊ぶ，本を読む，DVDを観るなどの好きな遊びをして楽しんでいることが多い。児童は道具を借りたいときには，「貸してください。」「使っていいですか。」などカードや言葉で伝えることができる。ときどき教員の誘いに応じて，かるたやすごろくなどで遊ぶ児童も数名見られている。プレイルームや体育館，校庭では，トランポリンやアスレチックなどの遊具，平均台やボールなどの道具を使って遊ぶ姿が見られる。また，共通の好みの遊びがあれば，「入れて。」「○○さん，一緒にやろう。」などと声を掛けたり，それに応じたりする児童の姿が増えてきている。季節の遊びでは，多くの児童が夏の水遊び，冬の雪遊びを楽しみにしている。遊びの活動を一日の活動目標にしたり，活動を振り返り，「楽しかった。」「頑張った。」などカードや言葉で伝えたりする様子も見られている。これらのように，児童は遊びを通して，体の動きや他者とのやり取り，簡単なルールなどを学ぶとともに，興味・関心の幅を広げていくことができると考える。

（4）指導観

　これまでは，教員が設定した単元計画に沿って活動することが多く，決まった児童同士の遊びに留まり，学級全員で遊ぶ機会が少なかった。今年度は，遊びを自分たちで選んだり遊び方を自分たちで考えたりする学習を設定した。「何をしたいか」「どんなふうに遊びたいか」を自分たちで考えたり決めたりして，自分の考えを伝えたり，友達の考えを知ったりすることで，友達と同じ遊びを楽しもうとする姿が見られると考える。また，全員が遊びを選んだり決めたりすることで，役割を意識する姿も見られると考える。さらに，決めたことを掲示することで，きまりを意識したり，活動を振り返ったり，互いの考えに気付いたりする姿につながるようにしたい。

3. 単元における主体的・対話的で深い学びの視点

主体的な学び	・はじめにこれまでの経験を思い出す場面を設定することにより，自分が好きなおにごっこは何かを考えて遊んでみたいという気持ちを引き出し，自分たちで遊びを決めて活動しようとする意欲を高めるようにする。
対話的な学び	・遊びを思い出したり，調べたり，遊び方を工夫したりすることができる場を設定することで，新しい遊びや遊び方の発見のために友達や教員と深く関わり合えるようにする。
深い学び	・いろいろなおにごっこで遊ぶ楽しさに加え，友達に自分の考えを伝えたり，友達から伝えられたりすることで，人と関わる楽しさを体験したり，遊ぶ中できまりや役割を意識したりして活動できるようにする。

4. 単元計画（本時：8 ／ 10 教時目）

時数	月日	主な学習活動	準備物
1	5／18	「思い出そう」 ・今までの遊び活動の様子を写真や動画などで見て，どんなおにごっこで遊んだかを思い出す。 ・どのおにごっこをして遊びたいかを話し合い，遊び方を確認する。 ・次の時間にどのおにごっこをするかを相談して決める。	・テレビ ・写真 ・動画 ・児童の顔写真カード
2	5／19	「おにごっこをしよう①」 ・前時に相談して決めたおにごっこをして遊ぶ。 ・遊んだ感想を発表し合う。	・写真やイラスト ・児童の顔写真カード
3	5／20	「調べてみよう」 ・おにごっこには他にどんなものがあるかをインターネットを使って調べる。 ・調べた中からやってみたいものを選び，発表し合う。 ・次の時間に，どのおにごっこをやりたいか友達と相談して決める。	・タブレット端末 ・テレビ ・児童の顔写真カード
4	5／21	「おにごっこをしよう②」 ・前時に相談して決めたおにごっこをして遊ぶ。 ・遊んだ感想を発表し合う。	・写真やイラスト ・児童の顔写真カード
5	5／24	「好きなおにごっこを選ぼう①」 ・様々なおにごっこの中から，自分が好きな遊びを選んで写真やイラストのカードを使いながら伝える。 ・自分や友達が好きなおにごっこをして遊ぶ。 ・遊んだ感想を発表し合う。	・写真やイラスト ・児童の顔写真カード
6	5／25	「好きなおにごっこを選ぼう②」 ・様々なおにごっこの中から，自分が好きな遊びを選んで写真やイラストのカードを使いながら伝える。 ・自分や友達が好きなおにごっこをして遊ぶ。 ・遊んだ感想を発表し合う。	・写真やイラスト ・児童の顔写真カード
7	5／26	「ルールを考えよう」 ・だるまさんがころんだで止まるときのポーズを考える。 ・自分が考えたポーズを絵カード，モデル人形，身振りなどで表現しながら伝える。	・絵カード ・モデル人形 ・児童の顔写真カード ・タブレット端末
8	5／27 （本時）	「だるまさんがころんだをしよう①」 ・絵カード，モデル人形，身振りなどで表現しながら，順番に自分が考えたポーズを友達に伝える。だるまさんがころんだをして遊ぶ。 ・遊んだ感想を発表し合う。	・絵カード ・モデル人形　・写真 ・児童の顔写真カード ・タブレット端末，テレビ
9	5／28	「役割を交代しよう」 ・順番に鬼を交代してだるまさんがころんだをする。 ・遊んだ感想を発表し合う。	・絵カード ・児童の顔写真カード
10	5／29	「だるまさんがころんだをしよう②」 ・相談して鬼の順番を決め，鬼を交代する。 ・鬼が止まる時のポーズを考えて友達に伝える。 ・遊んだ感想を発表し合う。	・絵カード ・モデル人形 ・児童の顔写真カード

5. 単元目標

(1) 全体目標

知識及び技能	・おにごっこには役割やきまりがあることが分かり，友達と協力したり，きまりを守ったりして遊ぶことができる。
思考力，判断力，表現力等	・自分で工夫したり考えたりしたことを自分なりの表出方法で友達に伝えることができる。
学びに向かう力，人間性等	・友達とかかわりをもちながら仲良く遊んだり，自ら遊びに取り組んだりすることができる。

(2) 個人目標

＊紙幅の都合上，2名まで掲載

児童	観点	個人目標	関連する教科の目標及び内容
A 5年	知識及び技能	・簡単なきまりのある遊びに慣れ，友達や教員と一緒に活動することができる。	生活科1段階 (1) 目標ア (2) 内容エ　遊び (ｱ)
	思考力，判断力，表現力等	・自分の考えを2～3の選択肢から選んで友達に伝えることができる。	体育科1段階 (1) 目標ア (2) 内容 　A体つくり運動遊び　ウ 　C走・跳の運動遊び　ウ
	学びに向かう力，人間性等	・友達や教員と場を共有して遊ぼうとすることができる。	
B 6年	知識及び技能	・きまりや役割が分かり，友達と協力しながら遊ぶことができる。	生活科3段階 (1) 目標イ (2) 内容　エ遊び 　(ｱ)，(ｲ)
	思考力，判断力，表現力等	・自分の考えを言葉で表して，友達に伝えることができる。	体育科3段階 (1) 目標イ (2) 内容 　Eボールを使った運動やゲーム 　ア，イ，ウ
	学びに向かう力，人間性等	・友達とかかわりのある遊びを，進んで行うことができる。	

(3) 各教科等と関連する単元名および自立活動の目標

児童	関連する単元名	自立活動の目標
A 5年	生活科「自己紹介をしよう」 　　　「〇〇に行こう」 国語科「こんなとき何て言う?」 　　　「好きな絵本を発表しよう」 体育科「持久走をしよう」 　　　「体操をしよう」	・生活科では，好きな活動があり，見通しをもって取り組むことができる。 ・国語科では，絵を見て物の名前を言うことができる。 ・体育科では，自分が頑張ることを事前に決めて教員と一緒に活動に取り組むことができる。
B 6年	生活科「自己紹介をしよう」 　　　「〇〇に行こう」 国語科「こんなとき何て言う?」 　　　「好きな絵本を発表しよう」 体育科「持久走をしよう」 　　　「体操をしよう」	・生活科では，教員や友達の様子を見て方法を真似たり，自分なりに工夫をしたりして活動することができる。 ・国語科では，日常生活の場面で相手とやり取りをする場合の言葉や相手への伝え方を覚えて言うことができる。 ・体育科では，授業の始めに自分の目標を決めて発表したり，終末に目標がどうだったかを振り返って発表したりすることができる。

(4) 遊びの指導における合理的配慮　＊合理的配慮の観点（①指導内容・方法，②支援体制，③施設・設備）

児童	合理的配慮の内容	観点
A 5年	・本人の体調や心理状態に応じて，活動の量を調整するようにし，気持ちを落ち着かせるための場所も確保しておくようにする。	③-2
B 6年	・実際の場面でどのように行動すればよいか，予め事前練習できる時間を個別に設けるようにする。	①-2-2

6. 本時の学習活動

(1) 全体目標

知識及び技能	・本時の活動内容が分かり，きまりを守って友達と遊ぶことができる。
思考力，判断力，表現力等	・自分がどんな遊び方をしたいかを考え，決めたことを友達に自分なりの表出方法で表現することができる。
学びに向かう力，人間性等	・友達とかかわりをもって遊ぶことができる。

(2) 本時までの個人の実態

児童	児 童 の 実 態
A 5年	・きまりのある遊びでは，友達や教員と遊びの場を共有することに慣れてきている様子が見られる。 ・止まるときのポーズを，いくつかのイラストの中から選ぶことができた。
B 6年	・自分の考えを伝える話し方が身に付いてきている。 ・モデル人形を動かして止まるときのポーズを考え，自分も同じポーズをとることができた。

(3) 個人目標

児童	観 点	個 人 目 標	関連する教科の目標及び内容
A 5年	知識及び技能	・簡単なきまりを守り，友達と一緒に遊ぶことができる。	生活科1段階 (1) 目標ア (2) 内容エ　遊び (ｱ)
	思考力，判断力，表現力等	・イラストカードの中からポーズを選び，カードを見せて友達に伝えることができる。	体育科1段階 (1) 目標ア (2) 内容 　A体つくり運動遊び 　ウ 　C走・跳の運動遊び 　ウ
	学びに向かう力，人間性等	・友達の動きを見て，自分も同じポーズをとろうとすることができる。	
B 6年	知識及び技能	・自分たちで考えたきまりを進んで守り，友達と遊ぶことができる。	生活科3段階 (1) 目標イ (2) 内容　エ遊び 　(ｱ)，(ｲ)
	思考力，判断力，表現力等	・発表の仕方を覚えて，自分が考えたポーズを自分の体で表しながら友達に伝えることができる。	体育科3段階 (1) 目標イ (2) 内容 　Eボールを使った運動やゲーム 　ア，イ，ウ
	学びに向かう力，人間性等	・自分から進んでポーズをとり，友達にも働き掛けて遊ぼうとすることができる。	

（4）本時の学習活動（45 分）

時間	主な学習活動	子供の活動（○），教員の指導・支援（・），及び配慮（＊）	準備物
導入 （10 分）	1. 始めの挨拶をする。	○ホワイトボードの前に半円形に椅子を並べ挨拶をする。 ・児童を指名し，前に出て挨拶をするよう促す。	
	2. 前時の振り返りをする。	○前時に「だるまさんがころんだ」で自分が考えた止まるときのポーズを友達に発表したことを，スライドやカードを見て思い出す。 ・T1 は，児童が本時の見通しと興味をもって学習することができるように，活動の流れを確認する。 ＊T2 は必要に応じて指差しや声掛けをして児童の注目を促すようにする。	・テレビ ・スライド写真 ・発表の仕方の掲示物
展開 （25 分）	3.「だるまさんがころんだ」を行う。 （6 回繰り返す）	○児童 A から順番に，モデル人形やイラストカードなどを使って止まるときのポーズをとって発表する。 ・T1 は，児童の顔写真カードを発表の順番にホワイトボードに貼っていく。 ＊児童が写真を見て発表の順番が分かるようにする。 ○児童 A は，イラストカードの中から止まるときのポーズを選んで，他の児童に見せる。 ＊イラストカードから選び，友達に見せて伝えている様子を称賛する。 ・T2 は，止まるときのポーズを意識して遊ぶことができるように，児童 A が選んだイラストカードをタブレット端末で撮影し，テレビに映す。 ○だるまさんがころんだをする。 ・T1 が鬼役になる。 ○児童 B は，モデル人形を自分が考えたポーズに動かして他の児童に見せる。 ＊止まるときのポーズを自分で考え，友達に見せて伝えている様子を称賛する。 ・T2 は，児童 B が考えたモデル人形のポーズをタブレット端末で撮影し，テレビに映す。 ○「だるまさんがころんだ」をする。 ・T1 が鬼役になる。 ○児童 C は，止まるときのポーズを自分の体で表現しながら友達に発表する。 ＊止まるときのポーズを自分で考え，体で表現し，発表の仕方を覚えて言葉で伝えている様子を称賛する。 ・T 2 は，児童 C が考え，体で表現している様子をタブレット端末で撮影し，テレビに映す。 ○だるまさんがころんだをする。 ・T1 が鬼役になる。 ○児童 D，E，F も同様にそれぞれの方法で発表をして，「だるまさんがころんだ」をする。	・モデル人形 ・イラストカード ・ミニホワイトボード ・児童の顔写真カード ・テレビ ・タブレット端末
終末 （10 分）	4. 感想を発表する。	○ホワイトボードの前に半円形に椅子を並べ座る。 ○発表や遊びの感想を一人一人が伝える。 ・自分の気持ちや考えをしっかりと伝えられるように一人一人の表現方法に応じて聞き方を変えたり，カードを使って尋ねたりする。 ＊本時の活動を振り返りながら次時への関心を高めることができるよう，児童の発表に共感した言葉を掛けるようにする。	・児童の顔写真カード ・発表の仕方の掲示物 ・感想発表絵カード
	5. 終わりの挨拶をする。	○終わりの挨拶をする。 ・児童を指名し，前に出て挨拶をするよう促す。	

(5) 場の設定

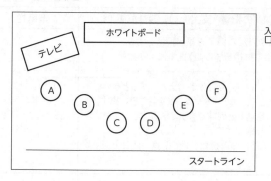

児童：A〜F

・「だるまさんがころんだ」をするためのスタートラインをあらかじめ教室の後ろにテープで貼っておいた。

(6) 板書計画

1　はじめのあいさつ 2　ふりかえり 3　だるまさんがころんだ 4　かんそう 5　おわりのあいさつ	じゅんばんひょう	はっぴょうのしかた
		かんそうカード

(7) 教材・教具の工夫

イラストカードとモデル人形
※イラストカードは，様々なポーズのイラストを準備しました。

じゅんばんひょう

ばんごう	なまえ	はっぴょう	だるまさん
1	A	😊	😊
2	B		
3	C		
4	D		
5	E		
6	F		

※順番表は、児童の顔写真カードを使用しました。

発表の仕方の掲示物

感想カード
※感想カードは，様々な気持ちを表すイラストを準備しました。

7．事後の個人目標の学習評価（学習活動終了後）

児童	観　点	個人目標の学習評価　（◎○△）	関連する教科の目標及び内容と評価（◎○△）
A 5 年	知識・技能	・友達の働き掛けや教員の促しに応じる姿が見られ，簡単なきまりのある遊びに慣れてきている様子は見られるが，きまりを守ることは難しかった。（△）	生活科1段階 (1) 目標ア（△） (2) 内容エ遊び 　(ｱ)（○）
	思考・判断・表現	・イラストカードの中から「これ」と言って1つ指差しして選択することができたが，友達に伝えるときは，教員の支援を必要とすることがあった。（○）	体育科1段階 (1) 目標ア（○） (2) 内容 　A体つくり運動遊び 　　ウ（○） 　C走・跳の運動遊び 　　ウ（○）
	主体的に学習に取り組む態度	・友達の様子を見て自分の動きを止めたり，教員のポーズをまねるよう促すと体を動かそうとしたりしていた。（◎）	
B 6 年	知識・技能	・自分たちで考えたきまりを守って友達と協力しながら楽しく遊ぶことができた。（◎）	生活科3段階 (1) 目標イ（◎） (2) 内容エ遊び 　(ｱ)（○）(ｲ)（◎）
	思考・判断・表現	・発表の仕方を覚え，自分の体でポーズを表現しながら自分の考えを友達に伝えることができた。伝わったかどうかを確かめようと友達に同じポーズをするよう促すことができた。（◎）	体育科3段階 (1) 目標イ（◎） (2) 内容 　Eボールを使った運動やゲーム 　　ア（◎）イ，（◎）， 　　ウ（◎）
	主体的に学習に取り組む態度	・素早くポーズをとり，友達にも自分のポーズを「見て」と言ってまねするよう働き掛けることができた。（◎）	

生活単元学習 「つくしの家にとまろう」

▶学習指導要領に対応した知的障害児への授業改善の視点

　この授業(流れとポイント)は，これまでの「教員が設定した単元計画に沿って活動する学習」から，「児童自身が自分たちで計画を立て，必要な事柄を考えていく学習」へと授業改善を行ったものです。毎時間，自分たちで決めたことは，教室に常に掲示することで，友達同士で言葉を掛けて活動したり，活動を振り返ったりするなど，主体的な姿や学びとなるように考えました。

生活単元学習　学習指導案

　日　　時：令和元年5月28日(火)　第2時限
　対　　象：小学部第5学年6名(男児3名，女児3名)
　場　　所：5年教室(本校)
　指導者：加藤平恵(T1)，山形二郎(T2)

1.　単元名　　「つくしの家にとまろう」

2.　単元設定の理由

（1）生活単元学習における本単元の必要性

　生活単元学習は，児童が生活上の目標を達成したり，課題を解決したりするために，一連の活動を組織的・体系的に経験することによって，自立や社会参加に必要な事柄を実際的・総合的に学習するものである。

　その中でも，宿泊を取り扱うことは，普段学校では学ぶことが難しい場面にも着手することができ，一日を通した児童の生活上の課題に対して，実体験を通して力を育てていくために必要であると考える。また，これまでに数回の宿泊の経験を積んでいることや次年度には小学部の最高学年として児童会等を引っ張っていく存在という点から考えても，今の児童にとって必要な力であると考える。

（2）単元観

　これまで生活単元学習では，「進級おめでとう会」や「入学おめでとう会をしよう」など，自分たちで活動を計画し，運営する活動を繰り返し行ってきた。繰り返しの学習により，学んだことを他の学習でも生かしながら活動する児童の姿が少しずつ見られるようになってきている。

　本単元では，敷地内にある宿泊棟「つくしの家」での宿泊学習を扱う。宿泊学習は毎年経験しており，活動を楽しみにしている児童が多い。風呂や就寝，調理など，普段は家庭で手伝っ

てもらったり，全くやらなかったりする活動も，友達や教員と一緒に行うことで刺激を受け，一人でできることやできそうなことに挑戦しようとする姿を期待し単元を設定した。また，次年度の修学旅行に向け，自分たちで必要な物を準備したり計画を立てたりする活動を通し，将来の自立に向けた力を身に付けてほしいと考える。

(3) 児童観

　児童は，第5学年6名（男児3名，女児3名）である。児童は，身支度や排泄など，丁寧さや清潔を意識した方法にそれぞれ課題はあるが，大まかに一人で行うことができる。コミュニケーション面では，「○○に行ってきます。」「○○ください。」など，自分の要求を絵カードや身振りサイン，手話などを使って伝える児童から，心に残った出来事や自分の気持ちを言葉で伝えることのできる児童がいる。人とのかかわりや自分の気持ちを表すことを大切にしている児童もおり，様々な活動の中で気持ちを共有することを丁寧に行っている。また，全員が教員の簡単な指示や質問を理解し，行動することができる。

　教員や友達とのやり取りを通して，自分と相手の考えとの同異や新たな気付きなど，様々なことを感じながら活動したり，相手の考えに関心を向けたりする姿が見られるようになってきた。一人一人が友達のよさや得意なことを認め，自信のあることを友達に伝える，友達に聞いたことを受け入れる，友達をまねるなどの姿が増えてきた。これらのように，児童は，生活単元学習を通して，自分のもてる力を発揮したり様々な役割を担ったり，他者と協働したりしながら，生活に必要な力を身に付けることができると考える。

(4) 指導観

　これまでは，教員が設定した単元計画に沿って活動することが多かった。今年度は，これまでの宿泊学習の経験を生かし，学習予定や宿泊に必要な事柄を自分たちで考える学習を設定した。「いつ，何をするのか」を自分たちで考え決めることで，毎時間の活動内容を理解し，興味を持ったことや自分でできることに取り組もうとする姿が見られると考える。また，決めたことは教室に常に掲示しておくことで，必要に応じてそれらを活用しながら自分たちで言葉を掛けて活動したり，活動を振り返ったりする姿につながるようにする。各活動は，ペアやグループで行うことにより，新たなに気付きや知識を広げ深めることができるようにしていきたい。

3. 単元における主体的・対話的で深い学びの視点

主体的な学び	・これまでの宿泊学習の経験や写真を基に，単元の学習予定を自分たちで考える学習を設定することで，各活動に関心や見通しをもち，教員や友達と一緒に，または一人で分かったことについて準備をしたり進めたりできるようにする。 ・自分たちでやりたいことを考え伝える活動を多く設定したり，決めたことを掲示したりしておくことで，前時や本時の活動を振り返り，覚えたことを次時に活用できるようにする。
対話的な学び	・友達と考えたことを伝え合う活動を繰り返し行うことで，宿泊や調理，買い物などの各活動に必要なものや役割などについて，新たな考え方や相手の気持ちに気付くことができるようにしていく。
深い学び	・宿泊学習に必要な準備物や身の回りの整理の仕方など，必要なことを考えて実践したり，これまで学んだ知識を相互に関連付けてより深く理解したりする力を身に付けることができるようにする。

4. 単元計画（本時：2 ／ 11 教時目）

時数	月日	主な学習活動	準備物
1	5／27	「つくしの家にとまろう」 ・昨年度の活動写真やカレンダーなどを見て，宿泊することや宿泊の日程，当日の活動内容などを知る。 ・つくしの家に行き，寝る場所，浴室，食事をする場所などを見る。	・テレビ ・昨年度のスライド写真 ・宿泊当日の予定カード
2 （本時）	5／28	「予定を考えよう」 ・これまでの経験や，昨年度の宿泊の写真を手掛かりに，知っていることや考えたことを伝えながら，必要な活動や，自分がやってみたいことなど，宿泊までの大まかな予定を考える。 ・宿泊のためのしおり（予定表を含む）を作る。 ・イラストや写真を手掛かりに，入浴の順番や当日の持ち物，部屋割，食事のメニューなどを考える。	・テレビ ・昨年度のスライド写真 ・カレンダー ・児童の顔写真カード ・絵カード
3	5／29	「買い物に行こう ①」 ・料理の絵本や写真カードを見ながら前時に決めた食事のメニューに必要な材料や役割を考える。	・絵本 ・メニューの食材写真（絵カード）
4	5／30	「買い物に行こう ②（値段を調べに行こう）」 ・前時に決めたことを基に，必要な材料の値段を○○に調べに行く。	・役割表 ・メモ用紙 ・クリップボード
5	6／3	「買い物に行こう ③」 ・前時に調べたメモの値段を見て，教員や友達と代金の準備をする。 ・買い物をするときのマナーや，道路を歩くときに気を付けることを考える。 ・買い物に出掛ける。 ・おつりや買ってきた食材を冷蔵庫にしまう。	・前時のメモ ・お金 ・財布 ・マナー用絵カード ・おつりやレシートを入れる容器
6	6／4	「掃除をしよう」 ・掃除が必要な場所や用具，役割を考える。 ・決めたことを基に，掃除をする。	・掃除用具 ・役割表
7	6／5	「じゅんびをしよう」 ・宿泊当日の荷物を確かめる。	・宿泊当日の荷物 ・荷物一覧表
8,9	6／6 7	・「つくしの家にとまろう」宿泊当日	・予定ボード ・持ち物カード
10,11	6／11 12	「『つくしの家にとまろう』のはなし　きいて　きいて」 ・宿泊当日の写真を見る。 ・楽しかったことや印象に残っていることを，作文や絵などで表し，活動を振り返る。	・テレビ ・宿泊当日の写真スライド ・画用紙

5. 単元目標

(1) 全体目標

知識及び技能	・単元の大まかな予定や宿泊に必要な事柄，役割などが分かり，準備をしたり活動したりすることができる。
思考力，判断力，表現力等	・知っていることや考えたことを言葉にして行動したり，宿泊で必要な事柄を考えたり決めたりすることができる。
学びに向かう力，人間性等	・宿泊に向けた活動を通して友達や教員と活動すること，自分たちで決めたことを実行する喜び，伝えたことを受け入れられる嬉しさを感じ，最後まで活動しようとすることができる。

(2) 個人目標

＊紙幅の都合上，2名のみ掲載

児童	観　点	個　人　目　標	関連する教科の 目標及び内容
A 5 年	知識及び技能	・単元全体の大まかな予定や活動内容，自分の役割が分かり，宿泊に必要な物を準備したり片付けたりすることができる。	生活科3段階 (1) 目標　ア，ウ (2) 内容 　ウ日課・予定(ア)、(イ) 　カ役割(イ)
A 5 年	思考力，判断力，表現力等	・これまでの宿泊での経験や以前の宿泊の学習の写真などを基に，知っていることや考えことを自分の言葉や行動で表すことができる。	国語科3段階 (1) 目標　イ （思考力，判断力，表現力等） 　Aオ
A 5 年	学びに向かう力，人間性等	・知っていることや考えたことを基に実行する中で，できた喜びや楽しさを感じ自信をもち，できることを生活の中でも行おうとすることができる。	
B 5 年	知識及び技能	・毎時の活動内容や道具の扱い方，宿泊に関わる事柄の名称が分かり，教員と一緒に活動に必要な準備をしたり活動したりすることができる。	生活科2段階 (1) 目標　ア (2) 内容 　ウ日課・予定(ア) 　カ役割(ア)
B 5 年	思考力，判断力，表現力等	・視覚支援や友達の姿などを見て，考えたことを行動で表したり，選択肢を指さして伝えたりすることができる。	国語科3段階 (1) 目標　イ，ウ （思考力，判断力，表現力等） 　Aカ
B 5 年	学びに向かう力，人間性等	・周囲に称賛される嬉しさや，活動の楽しさを感じ，身近な教員や友達に働き掛けながら，自分から活動しようとすることができる。	

(3) 各教科等と関連する単元名および自立活動の目標

児童	関連する単元名	自立活動の目標
A 5 年	生活科「入学おめでとう会をしよう」 　　　「オリパラ2020」 国語科「はじめましてよろしくね」 　　　「思い出かるたを作ろう」 　　　「身近な食べ物」	・生活科では，活動内容や日程が分かり，安心感をもって落ち着いて活動に取り組むことができる。 ・国語科では，自分の気持ちや学習したことを考えて，自分の方法で相手に伝えることができる。
B 5 年	生活科「入学おめでとう会をしよう」 　　　「オリパラ2020」 国語科「はじめましてよろしくね」 　　　「思い出かるたを作ろう」 　　　「身近な食べ物」	・生活科では，補助具や教材教具等を活用しながら活動内容や日程が分かり，安心感をもって落ち着いて活動に取り組むことができる。 ・国語科では，身振りや絵カードなど，教員と一緒にどの方法で相手に伝えるとよいか考えて，相手に伝えることができる。

(4) 生活単元学習における合理的配慮　＊合理的配慮の観点（①指導内容・方法，②支援体制，③施設・設備）

児童	合理的配慮の内容	観点
A 5 年	・吃音があるため，本人が安心して言葉を話すことができるように，言葉が出てくるまで待ってから話を聞く。（心理的な安定）	①-2-3
B 5 年	・意思疎通や状況理解のために絵や写真カード，ICT機器（タブレット端末等）を活用する（コミュニケーション）	①-2-1

6. 本時の学習活動

(1) 全体目標

知識及び技能	・本時の活動内容が分かり，宿泊に必要な活動や準備する物，役割を知ることができる。
思考力，判断力，表現力等	・これまでの宿泊の経験や以前の宿泊時の写真などを基に，宿泊までに必要な活動について知っていることや考えこと，やってみたいことを伝えることができる。
学びに向かう力，人間性等	・宿泊までの期待感や，自分の考えを周囲に認められる嬉しさを感じ，意欲的に活動しようとすることができる。

(2) 本時までの個人の実態

児童	児 童 の 実 態
A 5 年	・宿泊棟に行くと，「部屋汚れているね。掃除しようよ。」「僕，こっちの部屋がいいな。○○さんは？」と友達に伝える姿が見られた。
B 5 年	・宿泊当日の予定表や写真をじっと見ている姿があり，関心をもっている様子が見られた。教員が楽しみなことを尋ねると，「ご飯」の絵カードを選んだ。宿泊棟に行くことを伝えると，自分から帽子をかぶり，靴を準備して笑顔で向かう姿が見られた。

(3) 個人目標

児童	観 点	個 人 目 標	関連する教科の目標及び内容
A 5 年	知識及び技能	・宿泊に必要な活動や準備する物，役割を理解し，宿泊のしおりを作る。	生活科3段階 (1) 目標 ア，ウ (2) 内容 ウ日課・予定 (ｱ)、(ｲ) カ役割 (ｲ)
	思考力，判断力，表現力等	・これまでの宿泊の経験や以前の宿泊時の写真，前時宿泊棟で感じたことを基に，宿泊までに必要な役割について自分の考えを伝える。	国語科3段階 (1) 目標 イ (思考力，判断力，表現力等) Aオ
	学びに向かう力，人間性等	・自分の考えを周囲に認められる嬉しさを感じ，意欲的に活動しようとする。	
B 5 年	知識及び技能	・道具の扱い方や宿泊に関わる事柄の名称を知り，教員と一緒に活動に必要な準備をしたり活動をしたりする。	生活科2段階 (1) 目標 ア (2) 内容 ウ日課・予定 (ｱ) カ役割 (ｱ)
	思考力，判断力，表現力等	・視覚支援や友達の姿などを見て，考えたことを絵カードや言葉，指差しなどで伝える。	国語科3段階 (1) 目標 イ，ウ (思考力，判断力，表現力等) Aカ
	学びに向かう力，人間性等	・周囲に称賛される嬉しさや，活動の楽しさを感じ，身近な教員や友達に働き掛けながら，自分から活動しようとする。	

(4) 本時の学習活動（45分）

時間	主な学習活動	子供の活動（〇），教員の指導・支援（・），及び配慮（＊）	準備物
導入 （10分）	1. 始めの挨拶をする。 2. 前時の振り返りをする。	〇ホワイトボードの前に半円形に椅子を並べ挨拶をする。 〇スライドを使って宿泊の日程や誰が行くのか，当日の服装についてなど，前時を振り返り，覚えたことを伝え合う。 ・T1は，児童が本時の見通しと興味をもって学習することができるように，活動の流れを確認する。 ＊T2は必要に応じて聞き取りの難しい児童に手話やホワイトボードなどを使って補足しながら伝える。	・テレビ ・カレンダー ・スライド写真
展開 （25分）	3. 必要なことを決めて，しおりを記入する。	〇持ち物，入浴の順番，部屋割りなどについてグループやペアで話し合いをして決める。 ・T1は，児童一人一人の表現方法に応じて，聞き方を変えたり，具体物を使って尋ねたりする。 ＊児童が自分の気持ちや考えていることをしっかりと伝えられるようにする。 ・T1は，児童のつぶやきに共感したりホワイトボードに書いて全員に示したりする。 ＊分かったことを伝える喜びを感じ，さらに伝えようとする意欲につながるようにする。 ・T1は，児童の言動を他の児童に分かりやすく伝えたり，必要に応じて称賛を交えたり，文字等で示したりする。 ＊友達の言葉で，活動に必要なことについて新たな考えに気付いたり，相手の気持ちを知って行動したりすることにつながるようにする。 〇話し合ったこと，決まったことについてしおりに記入していく。 ・T1は，児童の考えや決まったことはホワイトボードに掲示したまま残しておく。 ＊必要に応じてしおりの記入を促したり質問したりするなど，児童が自身の考えを整理して学習に取り組めるようにする。	・各活動の絵カード ・ミニホワイトボード ・テレビ ・しおり記入用プリント
終末 （10分）	4. 楽しみなことを発表する。 5. 終わりの挨拶をする。	〇記入したしおりを見ながら，楽しみなことを一人一人が伝える。 ・T1・T2は，児童の発言に共感を交えた言葉掛けをする。 ＊本時の活動を振り返りながら次時への関心を高めたり，見通しをもって自分から学習に必要なものを考えたりできるようにする。 ・ホワイトボードの前に半円形に椅子を並べて座れるようにする。	

(5) 場の設定

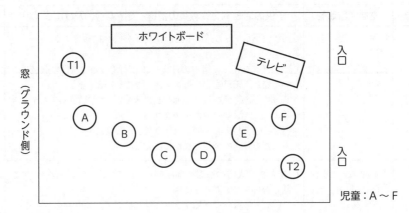

(6) 板書計画

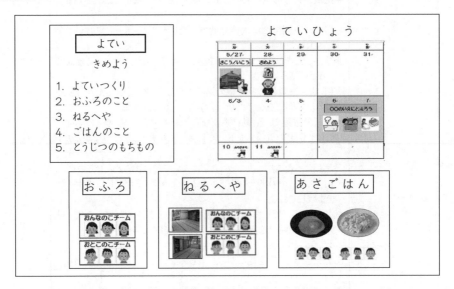

(7) 教材・教具の工夫

・昨年度の写真を手掛かりに必要な持ち物を考える。全員が考えを伝えることができるように，絵カードを用いた。決めたことはミニホワイトボードを使って次時に活用できるようにした。

7. 事後の個人目標の学習評価（学習活動終了後）

児童	観　点	個人目標の学習評価　（◎○△）	関連する教科の目標 及び内容と評価（◎○△）
A 5 年	知識・技能	・予定や活動内容，自分の役割が分かり，しおりを自分で書き進めることができた。（◎）	生活科3段階 (1) 目標　ア（◎） 　　　　　ウ（◎） (2) 内容 　ウ日課・予定（ア）（◎） 　　　　　　　（イ）（◎） 　カ役割　　（イ）（◎） 国語科3段階 (1) 目標　イ（◎） （思考力，判断力，表現力等） Aオ（◎）
	思考・判断・表現	・以前の宿泊の学習の写真などを基に，考えことを話したり，話し合いの中で意見を出したりすることができた。（◎）	
	主体的に学習に取り組む態度	・できた喜びや楽しさを感じ自信をもち，発表の時には進んで挙手をして楽しみなことを話すことができた。（◎）	
B 5 年	知識・技能	・教員と一緒に活動に必要な物や予定を確認できたが，しおり記入には教員の促しが必要であった。（○）	生活科2段階 (1) 目標　ア（○） (2) 内容 　ウ日課・予定（ア）（○） 　カ役割　　（ア）（○） 国語科3段階 (1) 目標　イ（◎） 　　　　　ウ（◎） （思考力，判断力，表現力等） Aカ（◎）
	思考・判断・表現	・視覚支援や友達の姿などを見て，考えたことを話したり，選択肢を指差して伝えたりすることができた。（◎）	
	主体的に学習に取り組む態度	・楽しみなことに期待感をもち，発表時には友達を誘いながら，挙手をしたり自分から学習に取り組んだりしようとすることができた。（◎）	

作業学習　接客サービス「目指せ！おもてなしマイスター」

▶学習指導要領に対応した知的障害児への授業改善の視点

　この授業は，校舎内に設置されている喫茶店での接客サービスの学習です。喫茶店は，一般客が利用しているため，生徒には，客に応じたその場での対応が求められる，まさしく，社会とつながる主体的・対話的で深い学びの学習となっています。接客サービスの学習を通して，生徒が将来の社会人としての基本的なマナーやコミュニケーション力を身に付けることや，生徒が自分の課題を自覚し，他者の動きを見ながら自己の課題改善力の向上につながるように考えました。

作業学習　学習指導案

日　　時：令和3年5月11日（木）第1時限
対　　象：高等部第1学年3名（男子1名，女子2名）
場　　所：スマイルカフェ店舗
指導者：千明亜由美（T1），土佐和子（T2）

1.　単元名　　　接客サービス「目指せ！おもてなしマイスター」

2.　単元設定の理由

（1）作業学習における本単元の必要性

　作業学習は，生徒の働く意欲を培い，将来の職業生活や社会自立に必要な事柄を学習するものである。作業学習は，単に職業・家庭科の内容だけでなく，各教科・道徳・特別活動及び自立活動の様々な内容を統合した形で扱うものである（石塚ら，2006）。作業学習で取り扱われる作業種目は多種多様であるが，接客サービスにおいては，挨拶や身だしなみ，相手の顔を見て話すこと，笑顔での受け答え，丁寧な言葉遣いやお辞儀や所作，気遣い，臨機応変な対応など，人とのかかわり方やコミュニケーション能力を高めることに焦点化した単元であるといえる。高等部卒業後を見据え，本単元の取り組みを通して，場に応じた振る舞いの仕方や客（相手）の立場になって考える視点を身に付けることなどで，社会人として求められる基本的な礼儀や態度を養うために本単元が必要であると考える。

（2）単元観

　高等部1年生である対象生徒3名は，本校中学部において，木工作業と農耕作業の2つの作業学習を行ってきたため，基礎的・基本的な働く力は身に付けている。ただし，挨拶や報告する際，声量が小さかったり，相手に伝えようとする意識が育っていなかったりなど，コミュニケーション面に大きな課題がみられる生徒たちである。

　本単元は，接客サービスの基本のセリフと動き（客を出迎えてもてなす＜接客＞，客を見送

り食器を片付ける）までの一連の流れの中で主体的な活動や客への言葉掛け，注文の飲み物や菓子を出すときの振る舞い等の定着を目指したものである。その一連の流れを評価表にした「スマイルカフェおもてなしマイスター評価表」を使用し，評価項目の達成項目数により，「スマイルカフェ」店舗の「おもてなしマイスター」として級の認定を行いたいと考えている。評価表は，気配りや心遣いを行動化した項目としているため，他者に対する思いやりや優しさ，笑顔や適切な声の大きさや態度，適度なリズム感のあるスムーズな動きなど，周囲への気配りや客への心遣いなどができる「おもてなし」の精神を育むことができると考えている。

　また，本単元を通して，生徒が自分の接客・接遇技術のレベルを知り，さらに高みを目指すことが，生徒自身の「プロ意識」の向上につながり，自信をもって，スマイルカフェ店舗での一般の客へのおもてなし精神に満ちた接客・接遇サービスの提供ができると考えている。

（3）生徒観

　生徒は，第1学年3名（男子1名，女子2名）である。生徒は，接客サービス学習に参加するのは初めてである。生徒たちは皆，日常会話はできるが，発音が不明瞭であったり，独特の抑揚のある話し方をしたり，二重敬語で話したりするなどの課題があるため，これらの課題を踏まえながら，接客サービスのセリフや動きの練習に取り組む必要がある。また，生徒の中には，卒業後の進路で一般就労を目指す者もいるため，将来の社会人としての基本的なマナーやコミュニケーション力をはじめとした職業スキル全般を高めていくことも必要である。これらのように，生徒は作業学習を通して，将来の職業生活や社会自立に向けた基礎となる資質・能力を身に付けることができると考える。

（4）指導観

　これまでの作業学習における他者とのやり取りの指導については，教員や生徒同士での挨拶や返事，報告などに留まっていたが，本単元では，教員や生徒以外の一般客とやり取りをするという，これまでの校内作業とは全く違った現実社会での学習となる。まずは基本的な挨拶や礼の仕方を身に付けることから始め，客を出迎えて注文をとり，品物を運んで見送るという一連の流れのセリフと動きを覚えることの習得を目指したい。その後，客との簡単な受け答えができるようになることや，店内の動き全般を見回しながら，今，自分がすべき仕事を見付けて行動に移すこと，他者と協力して仕事をすること，例えば客がドリンクをこぼしてしまう場面に遭遇するなどのいろいろなアクシデントに対応できること，要件を落とさずに簡単な伝言をすることなど，段階的に状況を設定して，生徒たちがその場で考え，判断して対応しなければならないような場面を提供したいと考えている。また，客の視点に立って自分の行動を顧みることができるように，互いにスタッフ役，客役を交互に経験するようにしている。その他，スタッフ同士で連携・協力する動きができるように，客の応対役だけでなく，ドリンク等を準備するカウンターにいるスタッフ役（以下，カウンタースタッフと表記）も担当するようにする。本単元での生徒の主体的な学びとしては，具体的な目標である「マイスターの級認定」を目指すこと，対話的な学びとしては，相手に応じた言葉掛けをすることや相手に配慮した動きをするなどの気配りについて学ぶこと，これらの学びを通して，さらに深い学びとしての「おもてなし」の気持ちをもって接客サービスができるまでへと高めていきたい。

3. 単元における主体的・対話的で深い学びの視点

主体的な学び	・おもてなしマイスター検定の級認定を目指したり，自分の課題や目標に向けて取り組むことを楽しんだりと，接客サービスに意欲的に臨めるようにする。
対話的な学び	・他の人の礼の仕方，接客中の受け答えの仕方を見ながら，自分自身の所作や受け答えの仕方をよりよいものに改善できるようにする。
深い学び	・その場の状況から判断して，「おもてなし」の気持ちをこめた，接客サービスを考えたり，実践したりできるようにする。

4. 単元計画（本時：13 ／ 20 教時目）

時数	月日	主な学習活動	準備物
1～2	4／15	「接客の基礎・基本を知ろう，確認しよう」 ・客役になり，先輩が接客サービスをする手本を見る。	・セリフ表　・おしぼり ・グラス　・ポット ・盆　・伝票 ・ペン　・接客服 ・台拭き　・テーブル ・椅子　・メニュー表 ・マイスター検定評価表 ・メモ帳　・皿 ・スプーン　・ミルク ・砂糖　・各種飲み物 ・ストロー　・ケーキ
3～6	4／20	「接客の場面毎の流れを覚えよう」 ・「客を出迎える」「注文をとる」などの場面毎に区切っての練習をする。	
7～8	4／22	「いろいろなアクシデント対応にチャレンジ」 ・『客が水をこぼす』などの対応の仕方を学ぶ。	
9～10	4／27	「カウンタースタッフの仕事を覚えよう」 ・ドリンクやケーキなどのセッティングの仕方を覚える。	
11～12	5／6	「おもてなしとはどんなこと?」 ・『音を出さずにコップを置くことがおもてなしということ』など，おもてなしとはどんなことかを具体的な行動に置き換えて学ぶ。	
13～18	5／11 （本時）	「おもてなしマイスター検定に挑戦しよう」 ・検定開始から終了までの一連の流れを行い，検定の細かいやり方を知る，慣れる。	
19～20	5／13	「おもてなしマイスター検定試験」 ・生徒自身が目標とする認定級を決めて，検定に臨む。	

5. 単元目標

（1）全体目標

知識及び技能	・客を出迎えてから，見送り，食器の片付けまでの一連の接客サービスの流れの動きとセリフを覚えることができる。 ・カウンタースタッフの仕事内容を覚えることができる。
思考力，判断力，表現力等	・いろいろな場面における臨機応変な対応ができる。 ・他者と話すときには，笑顔やはきはきとした話し方をすることを意識することができる。
学びに向かう力，人間性等	・自分の課題を自覚して改善しようと努力する力を高めることができる。 ・予め設定した場面で，気配りができるようになることや，丁寧な印象を与える所作を心掛けることができる。

(2) 個人目標

＊紙幅の都合上，2名まで掲載

生徒	観点	個 人 目 標	関連する教科の目標及び内容
A 1年	知識及び技能	・客を出迎えてから，見送り，食器の片付けまでの一連の接客サービスを，セリフ表を見ながら行うことができる。 ・カウンタースタッフの仕事内容（ドリンクの準備）を覚えることができる。	職業科1段階 (1) 目標ア (2) 内容A　イ職業 　（ア）㋐
	思考力，判断力，表現力等	・相手に伝わる適切な大きさの声で挨拶をしたり，オーダーをとったりすることができる。	国語科1段階 (1) 目標イ (2) 内容 ［知識及び技能］ 　ア (キ) ［思考力，判断力，表現力等］Aエ
	学びに向かう力，人間性等	・カップの向きに気を付けたり，客の水がなくなったらおかわりを聞くことができる。	
B 1年	知識及び技能	・客を出迎えてから，見送り，食器の片付けまでの一連の接客サービスの流れとセリフを覚えることができる。 ・カウンタースタッフの仕事内容（ドリンクとケーキの準備）を覚えることができる。	職業科2段階 (1) 目標ア (2) 内容A　イ職業 　（ア）㋔
	思考力，判断力，表現力等	・客からの質問や要望に応対することができる。	国語科2段階 (1) 目標イ (2) 内容 ［知識及び技能］ア (エ) ［思考力，判断力，表現力等］Aエ
	学びに向かう力，人間性等	・メモを活用しながら，客に対して丁寧に受け答えを行うことができる。	

(3) 各教科等と関連する単元名および自立活動の目標

生徒	関連する単元名	自立活動の目標
A 1年	道徳科「思いやりとは」 国語科「話を聴き大まかな内容を理解しよう。」 職業科「カフェで働こう」	・道徳科では，相手に対する接客サービスの流れに慣れて行うことができる。 ・国語科では，挨拶や返事をすることができる。 ・職業科では，緊張すると動作が遅くなることがあっても落ち着いて作業を行うができる。
B 1年	道徳科「思いやりとは」 国語科「話を聴いて内容を理解しよう。」 職業科「カフェで働こう」	・道徳科では，相手のことを考えて接客サービスの細かなやり方を覚えることができる。 ・国語科では，不自然な敬語（二重敬語など）ではなく，正しい敬語を使うことができる。 ・職業科では，失敗した際に気持ちを切り替えて再チャレンジをすることができる。

(4) 作業学習における合理的配慮

＊合理的配慮の観点（①指導内容・方法，②支援体制，③施設・設備）

生徒	合理的配慮の内容	観点
A 1年	・接客サービスの際には，常に緊張しており，動作もゆっくりとなるため，少しずつ自信を高めながら取り組めるように場面毎に区切った練習を段階的に行う。接客サービスの一連の流れを記したカードを準備して，携帯できるようにする。	①-2-1
B 1年	・事前に「間違えることは誰にでもあること」と伝え，Cが「間違えるかもしれないけれどまた頑張ろう」という心構えをもち，作業に臨むことができるようにする。	①-2-3

6. 本時の学習活動

(1) 全体目標

知識及び技能	・おもてなしマイスター検定に向けて，検定開始から終了までの一連の流れを行い，検定の細かいやり方に慣れることができる。
思考力，判断力，表現力等	・検定用に予め決められたパターンの受け答えで，対応をすることができる。
学びに向かう力，人間性等	・自分の課題点を知り，次は改善しようと努めることができる。

(2) 本時までの個人の実態

生徒	生 徒 の 実 態
A 1年	・セリフ表が必要であるが，セリフや動きは覚えてきている。「客を出迎える」場面，「注文をとる場面」などの場面毎での流れを覚えている段階である。
B 1年	・ミスをしたときには，次への改善に向けて自主的にメモをして復習をすることで，気落ちすることなく，次に臨むことができるようになってきた。場面毎の流れはほぼ覚え，大きなミスはなく取り組むことができている。

(3) 個人目標

生徒	観 点	個 人 目 標	関連する教材の目標及び内容
A 1年	知識及び技能	・おもてなしマイスター検定に向けて，検定開始から終了までの一連の流れを行い，検定のやり方に慣れることができる。	職業科1段階 (1) 目標イ (2) 内容A　イ職業 (イ) ⑦
	思考力，判断力，表現力等	・検定で予め決められたパターンの受け答えを思い出しながら，対応をすることができる。	国語科1段階 (1) 目標イ (2) 内容 [知識及び技能] ア (キ) [思考力，判断力，表現力等] Aエ
	学びに向かう力，人間性等	・大きな声で話そうという気持ちをもって，接客サービスに臨むことができる。	
B 1年	知識及び技能	・おもてなしマイスター検定に向けて，検定開始から終了までの一連の流れを行い，検定の細かいやり方を覚えることができる。	職業科2段階 (1) 目標イ (2) 内容A　イ職業 (ア) ㋔
	思考力，判断力，表現力等	・二重敬語ではなく，正しい敬語で受け答えすることができる。	国語科2段階 (1) 目標イ (2) 内容 [知識及び技能] ア (カ) [思考力，判断力，表現力等] Aエ
	学びに向かう力，人間性等	・ミスをしても，「気を取り直して」と言い，再チャレンジできる。	

(4) 本時の学習活動（90分）

時間	主な学習活動	子供の活動（○），教員の指導・支援（・），及び配慮（＊）	準備物
導入 （10分）	1. 始めの挨拶をする。	○背筋を伸ばした姿勢で始まりの挨拶をする。 ・姿勢が崩れている生徒がいる場合，「みなさんの姿勢は大丈夫ですか?」と声掛けをする。 ○衛生チェック表の項目に従って，点検する。 ・爪が長ければ，切るように伝える。	・作業日誌 ・接客服 ・鏡 ・爪切り ・筆記用具 ・衛生チェック表
	2. 前時の振り返りをする。	○前時の作業日誌を見ながら，本時の目標を立てる。	
展開 （70分）	3. マイスター検定本番に向けて，通し練習を行う。	○手洗い手順表を見ながら丁寧に手洗いをする。 ・手洗いの様子を確認し，不十分な点があれば，その都度，やり直しや声掛けを行う。 ○生徒同士で協力して，検定会場（店内の配置）を準備する。 ・T1：接客担当役及びカウンタースタッフ役の生徒指導と，客役を行う。 　T2：審査員役 ※おもてなしマイスター検定は，接客スタッフ役のみの検定である。 ○鏡を使用し，笑顔の練習をする。 ○礼の仕方を練習する。 ○「おもてなしのあいうえお」（挨拶・一期一会・ウエルカム・笑顔・おもいやり）について，内容を確認する。 ＊生徒の名札を配役表の所に置き，例えば，Aが検定中は，Bが客役，Cがカウンタースタッフ役とし，ローテーションで回り，全員が3つの役を交代で行えるようにする。 ・接客中の生徒への質問などについては，T1が意図的にパターンや内容を変えて，結果的に3人の生徒が複数のシチュエーションでの対応の仕方を学べるようにする。 ・接客中にミスが見られた場合には，活動を中断し，正しい動きやセリフを思い出すように声掛けをする。思い出せない場合には，モデルを示し，再度同じ動きやセリフを言うように促す。 ○1回通し練習が終了後，「感想発表ヒント表」を見ながら，良かった点と次回の練習への改善点を盛り込んで感想発表をする。 ・審査員役のT2が，コメントを伝える ＊全員が最低3回ずつ，通し練習を行えるようにする。	・手洗い手順表 ・配役表 ・セリフカード ・盆 ・グラス ・ポット ・台拭き ・伝票 ・砂糖 ・ミルク ・コースター ・ペン ・メモ帳 ・感想発表ヒント表 ・マイスター検定評価表 ・スプーン ・皿 ・各種飲み物 ・ストロー ・ケーキ
終末 （10分）	4. 本時のまとめと次時に向けて	○本時の良かった点と次時の目標を作業日誌に記入する。 ・T1とT2は，近くにいる生徒の作業日誌にコメントを記入し，次時の目標を一緒に確認する。 ○次時の目標を発表する。	・日誌 ・筆記用具
	5. 終わりの挨拶	○背筋を伸ばした姿勢で終わりの挨拶をする。 ・姿勢が崩れている生徒がいれば，「みなさんの姿勢は大丈夫ですか?」と声掛けをする。 ・必要に応じて，やり直しを促す。	

(5) 場の設定

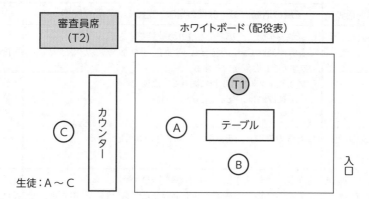

(6) 板書計画

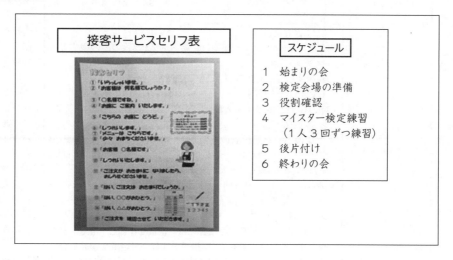

(7) 教材・教具の工夫

「おもてなしのあいうえお」イメージカード

感想発表ヒント表

＊「おもてなしのあいうえお」（小笠原，2019）を用いて，接客サービスにおける５つのポイントの言葉についての意識付けを図るようにする。さらに，例えば「お」の「おもいやり」とは，車椅子の客が来店時に，テーブルの椅子を移動することが思いやり，客の水が少なくなっているときに水のおかわりを聞くことも思いやりなど，具体的な行動で，一つ一つ丁寧に伝えるようにする。

＊感想発表ヒント表を作成し，この表をもとに，自分や友達についての感想発表に生かすようにする。

7. 事後の個人目標の学習評価（学習活動終了後）

生徒	観点	個人目標の学習評価　（◎○△）	関連する教科の目標及び内容と評価（◎○△）
A１年	知識・技能	・客を出迎えてから，見送り，食器の片付けまでの一連の接客サービスが，セリフカードを使用してできた。（○）	職業科１段階 (1) 目標イ（○） (2) 内容Ａイ職業 　(イ)㋐（○）
	思考・判断・表現	・検定で予め決められたパターンの受け答えを思い出しながら，オーダーを取ることができるようになってきた。（○）	国語科１段階 (1) 目標イ（○） (2) 内容 [知識及び技能] 　ア(キ)（○） [思考力，判断力，表現力等] Ａエ（○）
	主体的に学習に取り組む態度	・口を大きく開けて話しながら接客サービスに臨むことができたが，少し声が小さかった。（○）	
B１年	知識・技能	・おもてなしマイスター検定の開始から終了までの流れや，接客時の挨拶やセリフを覚えて実践することができた。（◎）	職業科２段階 (1) 目標イ（◎） (2) 内容Ａイ職業 　(ア)㋔（◎）
	思考・判断・表現	・二重敬語ではなく，正しい敬語を使用して受け答えすることができた。（◎）	国語科２段階 (1) 目標イ（◎） (2) 内容 [知識及び技能] 　ア(カ)（◎） [思考力，判断力，表現力等] Ａエ（◎）
	主体的に学習に取り組む態度	・ミスをしても，自分で「気を取り直して」と言い，再チャレンジすることができた。（◎）	

第5章

本人参画型の「自立活動」と学習指導案

第1節 教育活動全体に関連する自立活動

　「自立活動」は，障害のある児童生徒だけに設定されている「特別な教育課程」であり，教科以外の領域です。改訂された学習指導要領では，自立活動の指導をより一層充実させるために，小・中学校等の特別支援学級においては「自立活動を取り入れること」，通級による指導においては「自立活動を参考にして指導を行い個別の指導計画を作成すること」と示されています。

　そのような中，全国の知的障害特別支援学校では，"自立活動の時間における指導"として授業時間を特設していることが多く見受けられるようになってきました。このように，教科別の指導とともに，自立活動の重要性が近年ますます高まっていると感じています。

　障害のある児童生徒にとっての自立活動は，「障害による学習上又は生活上の困難を改善・克服し自立を図る」ために必要不可欠な学習活動の一つです。いわゆる"心身の調和的な発達の基盤"に着目して指導するのが自立活動となります。

　自立活動は，"自立活動の時間における指導"だけで完結するものではありません。学校の教育活動全体を通しても必要ですから，"教科別の指導"や"合わせた指導"とも関連付けて指導していくことが重要となります。児童生徒が障害によって学習上又は生活上に様々な困難がある際に，自立活動の指導の中で様々な困難を改善・克服しようとすることが，国語や算数といった教科等とも関連して改善・克服していくことが重要です。

第 2 節　本人主体の自立活動と個別の指導計画

　特別支援学校や特別支援学級では，これまでも様々に自立活動に取り組んできました。「養護・訓練」の時代には，訓練的な指導の要素が強かったこともあり，本人の主体的な取り組みや自立を目指した活動でもあることから「自立活動」に名称変更された経緯がありました。しかし，自立を目指した本人の主体的な取り組みと言いながらも，実際には，自立活動の個別の指導計画の作成において教員が一方的に考案する場合が多くあり，その内容を本人や保護者が理解していないといったケースが少なくありません。

　そこで，筆者は，本人が主体であるという自立活動を強く意識し，本人自らが計画作成に参画するということから，拙著『本人参画型の「自立活動の個別の指導計画」』（ジアース教育新社，2020 年）の中で，「本人用の自立活動シート」を考案しました。これは，本人が自立活動の学習内容を理解し，確認できるようにするためのものです。教師の一方的な指導計画の下での学習にならないためにも，年度始めの作成の初期段階から本人（保護者）が参画するようにします。このことにより，本人が自立活動の学習内容を理解したり自分自身の障害を認識したりしながら，主体的に取り組み障害の改善・克服に努めるようにすることが重要であると考えました。

　筆者が考案した様式には，教師用の「自立活動の個別の指導計画」（様式 1）と本人用の「本人用の自立活動シート」（様式 2，様式 3）があります。

　教師用の「自立活動の個別の指導計画」」は，『特別支援学校教育要領・学習指導要領解説自立活動編（幼稚部・小学部・中学部)』（28 頁）に示されている「①実態把握のために必要な情報を収集する段階」から「⑧具体的な指導内容を設定する段階」までの“流れ図”に，さらに，「⓪プロフィール」「⑨具体的な指導方法を設定する段階」「⑩各教科等との関連」「⑪指導経過」「⑫-1　自立活動の学習評価」「⑫-2　各教科等の関連評価」「⑬指導計画の作成から実施までの全般的な評価」「⑭次年度への引継ぎ事項」を新たに加えたオリジナルの様式です。

　本人用の「本人用の自立活動シート」は，児童生徒の実態や年齢，発達段階などによって，様式 2（軽度〜中度），または様式 3（中度〜重度）があり，いずれかを選択します。これらの様式を作成して活用することで，本人が主体的に障害の改善・克服に対しての理解を深めていくと考えます。

第3節 自立活動の学習指導案

　自立活動の学習指導案は，まず，「自立活動の個別の指導計画」が基本となり，その計画にしたがって学習活動が展開されることを踏まえて作成します。したがって，学習指導案の中には，「自立活動の個別の指導計画」の一部を抜粋して示すことになります。

　担当者が自立活動の学習指導案を作成する際に最も困惑するのは，「"集団の中における個別化"をどのように工夫したらよいか」ということではないでしょうか。例えば，1人の担任（担当者）が複数の児童生徒を指導する場合，児童生徒一人一人の個別目標は異なりますので，一斉の学習活動の中で，それぞれの個別目標をどのように達成していくのかが問われます。児童生徒の人数が多くなればなるほど，それは難しくなるでしょう。このような場合は，同じような一斉の学習活動であっても，指導の内容や方法を区別したり工夫したりすることで"個別化"に対応していきます。

　214〜223頁の指導案18と224〜233頁の指導案19では，その"個別化"に対応した学習指導案が展開されています。表5−1には，自立活動の学習指導案の項目を示しました。

表5−1　自立活動の学習指導案の項目

1. 本時の指導に関わる実態　（抜粋：プロフィール，①〜③）
2. 自立活動の目標　（抜粋：⑤）
3. 具体的な指導内容　（抜粋：⑧）
4. 合理的配慮　（抜粋：プロフィール）
5. 本時の指導
　(1) 本時の個人目標
　　「2 対象生徒の自立活動の目標」及び「3 具体的な指導内容より設定」
　(2) 本時の学習活動の工夫
　(3) 場の設定・準備物
　　「本人参画型の自立活動の個別の指導計画」（教師用，児童生徒用）

「自立活動の個別の指導計画」

＜様式 1 : 教師用＞

名　前		性別		学部学年組	
障害名 判断名					
検査結果 手帳取得					
指導期間			指導時数		
指導場所			指導者		
関係者等					
合理的配慮 （観点）					

①　障害の状態、発達や経験の程度、興味・関心、学習や生活の中で見られる長所やよさ、課題等について情報収集

②-1　収集した情報(①)を自立活動の区分に即して整理する段階					
健康の保持	心理的な安定	人間関係の形成	環境の把握	身体の動き	コミュニケーション

②-2　収集した情報(①)を学習上又は生活上の困難や、これまでの学習状況の視点から整理する段階

②-3　収集した情報(①)を卒業後（〇年後）の姿の観点から整理する段階

③　①をもとに②-1、②-2、②-3で整理した情報から課題を抽出する段階

④　③で整理した課題同士がどのように関連しているかを整理し、中心的な課題を導き出す段階

課題同士の関係を整理する中で今指導すべき指導目標として	⑤　④に基づき設定した指導目標を記す段階	
	知識及び技能	
	思考力, 判断力, 表現力等	
	学びに向かう力, 人間性等	

指導目標を達成するために必要な項目の選定	⑥　⑤を達成するために必要な項目を選定する段階					
	健康の保持	心理的な安定	人間関係の形成	環境の把握	身体の動き	ｺﾐｭﾆｹｰｼｮﾝ

⑦　項目と項目を関連付ける際のポイント

選定した項目を関連付けて具体的な指導内容を設定	⑧　具体的な指導内容を設定する段階		
	ア	イ	ウ

指導内容について具体的に指導方法を設定	⑨　⑧を実施するために具体的な指導方法（段階、教材・教具の工夫、配慮など）を設定する段階		
	ア	イ	ウ

⑩各教科等との関連（指導場面、指導内容、指導方法）を設定する段階＜関連する教科等のみ記載＞	
国語	
社会／地歴／公民	
算数／数学	
理科	
生活	
音楽／芸術	
図画工作／美術／芸術	
家庭／技・家／職・家／職業	
体育／保健体育	
外国語活動／外国語	
情報	
道徳	
総合的な学習（探究）の時間	
特別活動	
その他（　　　　　　　　）	
日常生活の指導	
遊びの指導	
生活単元学習	
作業学習	

＊その他は、理数、農業、工業、商業、水産、看護、福祉、保健理療、印刷、理容・美容、ｸﾘｰﾆﾝｸﾞなど。
＊各学校の教育課程の編成に応じて教科等を取捨選択して作成する。（基本的な教育課程の構造は示す）

⑪　指導経過（⑧の指導内容、⑨の指導方法に対する指導経過）		
1学期　ア	イ	ウ
2学期　ア	イ	ウ
3学期　ア	イ	ウ

⑫−1　自立活動の学習評価（⑤の指導目標に対する学習評価） ◎よくできた　○できた　▲できなかった		
	知識・技能	思考・判断・表現	主体的に学習に取り組む態度
年間の評価			
その他			

⑫−2　各教科等の関連評価（⑩の各教科等を通して） <関連する教科等のみ記載>　　　　◎○▲で評価	
国語	
社会／地歴／公民	
算数／数学	
理科	
生活	
音楽／芸術	
図画工作／美術／芸術	
家庭／技・家／職・家／職業	
体育／保健体育	
外国語活動／外国語	
情報	
道徳	
総合的な学習（探究）の時間	
特別活動	
その他（　　　　　　　　）	
日常生活の指導	
遊びの指導	
生活単元学習	
作業学習	

⑬　指導計画の作成から実施までの全般的な評価（良かった点、改善すべき点、意見など）	
実態把握 指導目標	
指導内容 指導方法	
教科等との関連	
指導経過 学習評価	
本人の意見 本人用シート	
保護者の意見	
その他	

⑭　次年度への引継ぎ事項（変更点、要望など）	
担任・担当者へ	
本人・保護者へ	
その他	

自立活動の学習

学校・学部　年　名前 _____

自分の得意なことや苦手なこと、困っていること					
健康について （健康の保持）	自分の気持ちについて （心理的な安定）	人付き合いについて （人間関係の形成）	周りの感じ方について （環境の把握）	体の動かし方について （身体の動き）	友達や他人との会話について （コミュニケーション）

特に、がんばりたいこと、良くしたいこと、直したいこと					
健康について （健康の保持）	自分の気持ちについて （心理的な安定）	人付き合いについて （人間関係の形成）	周りの感じ方について （環境の把握）	体の動かし方について （身体の動き）	友達や他人との会話について （コミュニケーション）

１年間の目標	
知識及び技能	①
思考力，判断力，表現力等	②
学びに向かう力，人間性等	③

学習内容 学習方法		

	学期	◎とてもよくできた　　○できた　　▲できなかった		
ふり返り	１学期	①	②	③
	２学期	①	②	③
	３学期	①	②	③
	その他			

＜様式3：本人用（中度〜重度）＞

自立活動の学習

学校・学部　　年　名前 _____

自分の得意なことや苦手なこと、困っていること

健康について （健康の保持）	自分の気持ちについて （心理的な安定）	人付き合いについて （人間関係の形成）
周りの人の感じ方に ついて（環境の把握）	体の動きについて （身体の動き）	友達や周りの人との 会話について（コミュニケーション）

1年間の目標

①知識及び技能

②思考力，判断力，表現力等

③学びに向かう力，人間性等

学習の内容や方法

ふり返り　　　　〇できた　　　▲むずかしかった

1学期☞

2学期☞

3学期☞

自立活動（特別支援学級）

▶学習指導要領に対応した知的障害児への授業改善の視点

　授業改善の視点は，これまでの「教員が作成した指導計画を基に設定した学習」から，「生徒自身が本人用の自立活動の個別の指導計画を作成し，自分の課題に取り組む学習」へと転換した点です。この授業案では，集団の中での個別化を図り，自分の状況や個別課題について振り返りながら，主体的な姿や学びとなるように考えました。

特別支援学級（知的障害）　自立活動　学習指導案

日　時：令和3年11月26日（金）　第1時限
対　象：中学校3年2名，2年1名，1年1名　計4名
場　所：体育館
指導者：佐貝賀子

1. 本時の指導に関わる生徒の実態　　（抜粋：プロフィール，個別の指導計画①～③）

生徒	実態（学習上または生活上の困難や指導に生かす強み）
A 3 年	知的障害，自閉スペクトラム症　　　　WISC-Ⅳ（FSIQ=60）KABC-Ⅱ（認知=61，習得=64） ・間違いを指摘されたり，失敗したりすると，泣き出してしまうなど不安定になることがある。 ・体力がなく筋力の弱さも見られることから，疲れやすい。 ・活動の見通しがもてると，落ち着いて学習に取り組むことができる。
B 3 年	知的障害　　　　　　　　　　　　　　　　　　　　　　　　　　　　WISC-Ⅳ（FSIQ=70） ・思ったことをすぐに言葉にしてしまう反面，相手からの声がけには答えられないことがある。 ・相手と関わるときの距離が近すぎることがある。 ・体を動かすことはあまり好きではない。
C 2 年	知的障害，ADHD　　　　　　　　　　　　　　　　　　　　　　　　WISC-Ⅳ（FSIQ=69） ・移動の際に，狭い場所を通ってしまうことがあり，物や人にぶつかってしまうことが多い。 ・肥満傾向が見られるため，運動することの楽しさも味わえるようにしたい。
D 1 年	知的障害，自閉スペクトラム症　　　WISC-Ⅳ（FSIQ=53）KABC-Ⅱ（認知=68，習得=69） ・疲れやすさがあるが，友達と身体を動かすことを楽しむことができる。 ・集中力の持続が難しい。

2. 対象生徒の自立活動の目標　（抜粋：個別の指導計画⑤）

生徒	観　点	自立活動の目標
A 3 年	知識及び技能	体の部位を意識しながら，体を動かすことができる。
	思考力，判断力，表現力等	視覚情報を整理して，自分で考えて体を適切に動かすことができる。
	学びに向かう力，人間性等	活動に積極的に取り組み，少しでも長く活動に参加しようとする。

B 3 年	知識及び技能	相手の受け止め方を意識した関わり方ができる。
	思考力, 判断力, 表現力等	仲間のいいところや課題を伝えるなど, 伝え方に気をつけながら, 適切な関わり方ができる。
	学びに向かう力, 人間性等	仲間と関わりながら, 意欲的に活動に参加しようとする。
C 2 年	知識及び技能	自分の体と物や人との距離を意識して, 体を動かしたり, 移動したりできる。
	思考力, 判断力, 表現力等	視覚情報を整理して, 距離を考えながら, 適切に体を動かしたり, 移動したりできる。
	学びに向かう力, 人間性等	仲間と関わりながら, 意欲的に活動へ参加しようとする。
D 1 年	知識及び技能	体の部位を意識しながら, 自分の体を動かすことができる。
	思考力, 判断力, 表現力等	視覚情報を整理し, 動かす体の部位に気づきながら, 適切に動かすことができる。
	学びに向かう力, 人間性等	活動に集中して参加しようとする。

3. 具体的な指導内容

（抜粋：個別の指導計画⑧）

生徒	具体的な指導内容【6 区分 27 項目】
A 3 年	アー2（5 時間） 　体の部位を意識して動かすことができる。【身－(1)】
B 3 年	アー2（5 時間） 　設定した場面で, 相手と気持ちよく関わるための表現について考え, 言葉や態度で表現することができる。 【コー(5)】
C 2 年	アー2（5 時間） 　自分の体を基点とした, 前後左右等の方向感覚を養ったり, 人や物との距離感をつかんだりすることができる。【環－(4)】
D 1 年	アー2（5 時間） 　体の部位を意識して動かすことができる。【身－(1)】

4. 合理的配慮

（抜粋：プロフィール「合理的配慮」）

生徒	合理的配慮（観点）
A 3 年	・スモールステップで指導に当たり, 本人の成功体験や成就感につながるようにしていく。（①－1－1） ・うまくできずに気持ちが不安定になるようなときは, 休憩を取るようにしたり, 単純な活動に切り替えたりするなどの配慮を行う。（①－2－3）
B 3 年	・指導においては, 実物や写真, 動画など, 視覚支援教材を活用していく。（①－2－1）
C 2 年	・活動の見通しがもてるよう, ホワイトボードに流れを記入し, 確認できるようにする。（①－1－1） ・指導においては, 実物や写真, 動画など, 視覚支援教材を活用していく。（①－2－1）
D 1 年	・活動の見通しがもてるよう, 絵カードや目の前で教示するなど, 個別の指示を行う。（①－1－1） ・心理状態や体調面を見ながら, 指導内容を柔軟に調整する。（①－2－3）

5. 本時の指導

(1) 本時の個人目標　　「2 対象生徒の自立活動の目標」及び「3 具体的な指導内容より設定」

生徒	時数	観点	本時の個人目標
A 3年	10／35	知識及び技能	・体の部位を意識しながら，前後左右のバランスをとって体を動かすことができる。
		思考力，判断力，表現力等	・自分が動かそうとしている体の部位を意識しながら，適切に体を動かすことができる。
B 3年	10／35	思考力，判断力，表現力等	・ペアや小グループで，イメージ通りに体を動かすことができているか，アドバイスをすることができる。
		学びに向かう力，人間性等	・仲間と関わりながら，楽しんで活動することができる。
C 2年	10／35	知識及び技能	・視覚情報を整理しながら，自分のボディイメージをつかみ，ぶつからないように気をつけて，体を動かすことができる。
		思考力，判断力，表現力等	・様々な大きさのボールや道具を使用しながら，力加減や相手との距離を考えて，体を動かすことができる。
D 1年	10／35	知識及び技能	・体の部位を意識しながら，前後左右のバランスをとって体を動かすことができる。

(2) 本時の学習活動（50分）

時間（分）	学習活動（○），教員の支援（・），及び配慮（＊）			
	A3年	B3年	C2年	D1年
導入（5分）	○本時の学習を知る。 ・ホワイトボードに本時の学習内容等を書いて見通しをもてるようにする。 <めあて> ・上手にバランスよく体を動かそう。	<めあて> ・仲間に分かりやすくアドバイスしよう。	<めあて> ・上手に距離を取りながら，バランス感覚をつかもう。	<めあて> ・上手にバランスよく体を動かそう。
	・目標が異なることを確認しておく。			
展開①（10分）	○模倣運動で体を大きく動かす。 ・体の部位や方向を言語化しながら，ヒントを示す。 ＊体の部位と方向を図式したものを提示しておく。	・C2年とペアを組み，気づいたことを言葉にするように伝える。 ＊体の部位の名称を正しく使いながら，相手に伝えることを意識できるようにする。	・大きく体を動かすときに，適度な距離を取ることを確認する。 ＊少しずつ距離を近づけるなど，自分の体の可動域を感覚的に分かるようにする。	・体の部位や方向を言語化しながら，ヒントを示す。 ＊体の部位と方向を図式したものを提示し，指差しなどで確認できることを伝える。

	○ボールをいろいろな姿勢でキャッチする。			
展開② (15分)	・教員とペアで活動し，ボールの大きさを少しずつ小さくしていく。 ・柔らかいボールを使用し，「右手でキャッチ」「肘でタッチ」など，具体的な体の部分を指定して活動する。 ＊できていることを認めながら，安心した気持ちで活動できるようにする。	・C2年とペアで活動し，相手がキャッチできないときに，どうするととれるか，相手に伝えられるようにする。 ・相手の動きや表情を見ながら，タイミングを調整したり，声がけしたりする活動を促す。	・B3年とペアで活動し，相手がキャッチできないときに，どうするととれるか，自分で考え，言語化できるようにする。 ・相手の動きや表情を見ながら，タイミングを調整したり，声がけしたりする活動を促す。 ＊言語化が難しい場合，動作によるアドバイスでもいいことを伝える。	・教員とペアで活動し，ボールの大きさを少しずつ小さくしていく。 ・柔らかいボールを中心に使うようにし，恐怖心を抱かずに活動に参加できるようにする。 ＊情緒が不安定になったときは，別室で休憩する時間をとる。
展開③ (15分)	・ボールの速さを変えたりするなど，様々な変化をつけて，キャッチする。 ・ラケットなど道具を用いる。 ・道具を持った分，可動範囲が広くなることを確認しておく。 ＊道具を持つことで，可動域が広くなるため，仕切りを用いて場所を固定し，お互いにぶつからないような環境にする。			
終末 (5分)	○本時を振り返る。 ・具体的な体の名称を用いながら，活動の振り返りができるように，一人一人の発表の時間を確保し，学びを共有できるようにする。 ＊言語化が難しい場合は，視覚情報や教員が実際に動いて示すなど，支援し，全体共有を図る。 ○終わりの挨拶をする。			

(3) 場の設定・準備物

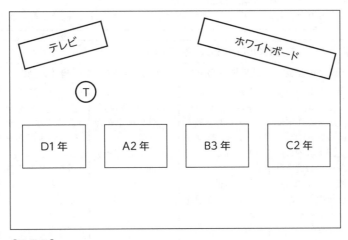

【準備物】
ビデオカメラ，いろいろな大きさのボール(ソフトバレーボール，バスケットボール，バレーボール，ソフトボール，テニスボール，卓球のボールなど)，テニスラケット，卓球のラケット

【自立活動の個別の指導計画】

名　前	C2 年 (山形花子)	性別	女	学年　組	中学校 2 年　特別支援学級 (知的障害)
障害名等	軽度知的障害 (佐藤病院・川西 Dr.)，小学校 2 年より知的障害特別支援学級在籍					
検査結果 手帳取得	WISC-Ⅳ　FSIQ=69 (佐藤病院・須藤臨床心理士，小学校 6 年時) 療育手帳なし					
指導期間	令和 3 年 4 月～令和 4 年 3 月 (1 年間)		指導時数		特設：年間 35 時間 (週 1 時間)	
指導場所	教室・体育館他		指導者		担任 (佐貝賀子教諭)	
関係者等	主治医，学習支援員					
合理的配慮 (観点)	・学習内容を精選して授業を進め，本人の理解度や様子を見て，柔軟な変更を行う。(①－1－2) ・指導においては，実物や写真，動画など，視覚支援教材を活用していく。(①－2－1) ・交流授業に参加する際は，学習支援員がつき，学習や関わりの様子を見て，適切な支援を行う。(①－2－1) ・下足箱は職員側に配置し，着替えやクールダウンの際はパーティションで仕切った場所を確保する。(③－2)					

①　障害の状態，発達や経験の程度，興味・関心，学習や生活の中で見られる長所やよさ，課題等について情報収集

・挨拶がなかなかできないが，日直などで号令をかけるときは大きな声でしっかりとできている。
・自分の準備が整うまでは，なかなか次の作業に進めなかった。
・食事量に差があり，朝食は食べず，夕食は量が多いため，肥満傾向である。
・洗髪，朝食，着替え，下着の着用など，家庭での生活習慣に課題がある。
・面倒見がよいが，支援学級内の同級生の面倒を見過ぎてしまい，自分のことがおろそかになることがある。
・清掃時や休み時間，教室移動など，狭い所を無理やり通ろうとしてぶつかることがある。ぶつかっても「ごめんなさい」と言うことが難しい。
・書く姿勢や座位など，姿勢を保持することが難しい場面がある。
・作文や国語のプリントに取り組むときは，ひらがなで丁寧に書くことが多い。
・体育と音楽は交流学級で授業を受けているが，生徒同士の関わり面では課題がある。
・絵を描くことが好きで，休み時間は好きな絵を描きながら過ごしている。
・折り紙などが得意で，折り方を示すと，集中することができ，支援学級の友達に折り方を教えながら作業ができる。

②－1　収集した情報 (①) を自立活動の区分に即して整理する段階

健康の保持	心理的な安定	人間関係の形成	環境の把握	身体の動き	コミュニケーション
・食事量に差があり，朝食は食べず，夕食は量が多いため，肥満傾向である。 ・洗髪，朝食，着替え，下着の着用など，家庭での生活習慣に課題がある。	・自分の準備が整うまでは，なかなか次の作業に進めなかった。 ・支援学級内の同級生の面倒を見過ぎてしまい，自分のことがおろそかになることがある。	・面倒見がよい。 ・支援学級の仲間に折り方を教えながら，作業を進めることができる。 ・交流学級での関わりには課題がある。	・清掃時や休み時間，教室移動など狭い所を無理やり通ろうとしてぶつかることがある。	・書く姿勢や座位など，姿勢を維持することが難しい場面がある。 ・折り紙など得意で，手先は器用である。	・挨拶がなかなかできない。 ・ぶつかっても「ごめんなさい」と言うことが難しい。

②－2　収集した情報 (①) を学習上又は生活上の困難や，これまでの学習状況の視点から整理する段階

・身だしなみが整わず，清潔感に欠けており，下着の着用ができずに，周りの男子生徒の刺激になる恐れがある。(健)
・自分のことよりも，行動が遅い生徒の手助けを過剰にしてしまう傾向があったり，自分の準備が整うまでは次の作業に移れなかったりする。(心)
・無理やり狭い所を通ろうとしてぶつかってしまう。(環)
・書く姿勢や座位など，姿勢を維持することが難しい場面がある。(身)
・挨拶に対して応えたり，「ごめんなさい」という場面で言えなかったり相手を意識した関わりの面での課題がある。(コ)

②－3　収集した情報（①）を卒業後（2年後）の姿の観点から整理する段階

・身だしなみを整えて，清潔感のある頭髪，身なりで高等部での生活を送ることができる。（健）
・見通しをもった生活や行動ができ，安全で健康な生活を送ることができる。（心，環，身）

③　①をもとに②－1，②－2，②－3で整理した情報から課題を抽出する段階

・生活習慣を見直し，入浴，洗髪，洗顔，歯磨きや身だしなみを整えるなど清潔でいることの「快」を学ぶ。（健）
・姿勢を保持し，諸活動に取り組むことができる。（環）
・距離感覚や空間認知力を高めて，安全面に配慮した生活を送ることができる。（環，身）

④　③で整理した課題同士がどのように関連しているかを整理し，中心的な課題を導き出す段階

　相手からのどのように見られているかの意識がもてず，身だしなみや清潔さには関心が向いていない。また，書くときや座位の姿勢維持に困難さが見られたり，狭い所を無理やり通ろうとしたりするなど，自分の体とものや人と距離感覚の認知が難しく，ぶつかってしまうことがたびたびあり，安全面での課題がある。
　まず，生活リズムの見直しや清潔さを保つことの必要性について学び，清潔でいることの気持ちよさを感じることができるようにしていきたいと考える。肥満傾向であることから，運動する楽しさを味わうことも健康的な生活へつながると考える。さらに，自分の体を動かしながら，自分とものや人との距離感覚をつかみ，ものや人にぶつからないようになることで，安全で安心できる生活につながり，将来の本人の生活の安定にも結び付いていくと考える。

課題同士の関係を整理する中で今指導すべき指導目標として	⑤　④に基づき設定した指導目標を記す段階	
	知識及び技能	・自分の体とものや人との距離を意識して，体を動かしたり，移動したりできる。
	思考力，判断力，表現力等	・視覚情報を整理して，距離を考えながら，適切に体を動かしたり，移動したりできる。
	学びに向かう力，人間性等	・仲間と関わりながら，意欲的に活動へ参加しようとする。

指導目標を達成するために必要な項目の選定	⑥　⑤を達成するために必要な項目を選定する段階					
	健康の保持	心理的な安定	人間関係の形成	環境の把握	身体の動き	コミュニケーション
	(4) 障害の特性の理解と生活環境の調整に関すること。	(3) 障害による学習上又は生活上の困難を改善・克服する意欲に関すること。		(4) 感覚を総合的に活用した周囲の状況についての把握と状況に応じた行動に関すること。 (5) 認知や行動の手掛かりとなる概念の形成に関すること。	(5) 作業に必要な動作と円滑な遂行に関すること。	

⑦　項目と項目を関連付ける際のポイント

・<距離を意識して体を動かしたり移動したりできるように>（環）(4) と（身）(5) と（健）(4) を関連付けて設定した具体的な内容が⑧アである。
・<距離を考えながら適切に体を動かしたり移動したりできるように>（環）(4) と（環）(5) と（身）(5) と（心）(3) を関連付けて設定した具体的な内容が⑧イである。
・<意欲的に活動に参加できるように>（心）(3) と（身）(5) を関連付けて設定した具体的な内容が⑧ウである。

選定した項目を関連付けて具体的な指導内容を設定（計35時間）	⑧　具体的な指導内容を設定する段階		
	ア	イ	ウ
	ア－1（5時間） 　体のいろいろな部位を動かしながら，自分の身体の可動域を知る。 ア－2（7時間） 　自分の体を基点とした，左右前後等の方向感覚を養ったり，人や物との距離感をつかんだりする。	イ－1（4時間） 　ソーラン節の映像を見ながら，模倣して踊る。 イ－2（4時間） 　実際に動いている自分の姿をビデオなどで見て，動きを確認する。	ウ－1（7時間） 　音楽に合わせて動きを確認しながら取り組む。 ウ－2（8時間） 　周りの人と一緒に動きながら，声を出し，踊ることができる。

指導内容について具体的に指導方法を設定	⑨　⑧を実施するために具体的な指導方法（段階，教材・教具，工夫，配慮など）を設定する段階		
	ア	イ	ウ
	ア－1 ・ジャンプしたり，しゃがんだり，手を伸ばしたりしながら，自分の体のボディイメージを確認する。 ・ゲーム要素を取り入れながら，粗大運動での機敏性や持続性の向上を図る。 ・ゴムでつないだ机の間を，くぐったり跨いだりするなど，自分の体を高さに合わせて動かしながら，ボディイメージをつかめるようにする。 ア－2 ・お手玉やボールなど，道具を用いながら，目と手と身体を協応できるようにする。 ・手足の交差上げ，後ろ歩きなど，バランスをとったり，障害物を意識したりしながら，ボディイメージを確認する。	イ－1 ・全体の動きと個別の動きがそれぞれ分かるような映像で，動きを確認する。 ・指導者が動きやリズムを補足する声がけをしながら取り組む。 イ－2 ・実際の動きをビデオで撮り，自分の動きを振り返る。	ウ－1 ・全体の動きとリズムを確認し，移動の際のイメージをつかむ。 ウ－2 ・個人の動きから，ペアやグループでなど，少しずつ人数を増やし，全体に合わせて動けるようにしていく。

⑩　各教科等との関連（指導場面，指導内容，指導方法）を設定する段階　＜関連する教科等のみ記載＞	
国語	全体の前での発表など，移動を伴う際に，適切な距離をとって安全に移動できるように言葉で注意を促す。
社会	グループで作業を行う際は，個の活動スペースを確保し，集中して取り組めるようにしていく。
数学	自分の身体の腕や足の長さ，ジャンプして届く距離など，長さの学習と連動させていく。
理科	実験などの活動の際は，個のスペースを確保したり，役割分担したりするなどして，集中して取り組める環境にしていく。
音楽	パート練習やペアでの学習になった際に，適切な距離で学習が進められるよう，教員が見届ける。
美術	見通しをもって作業を進められるようにしていく。
技術・家庭	細やかな作業，難しい作業になる際は，場所を個別化し，安全に作業に取り組めるようにする。
保健体育	グループやペアでの練習になった際，適切な距離で学習が進められるよう，教員が見届ける。

外国語	ペアでやりとりしたり，ALTとロールプレイをしたりする際に，状況に合わせた距離をとれるようにしていく。
道徳	ソーシャルスキルトレーニングなどで，相手との距離について学ぶ学習を取り入れる。
総合的な学習の時間	集団で活動する際，移動や作業を伴う際は，教員が様子を見届ける。
特別活動	集団で活動する際には，支援員が見守り，関わりの様子を見て，よかったことやこうするともっといいよ，という点を本人に伝えていく。
日常生活の指導	係活動や移動の様子を見ながら，できていることを伝えたり，こうするともっといいよ，という点を本人に伝えたりしていく。
生活単元学習	役割分担するなど，活躍の場を設定し，自信につなげられるようにしていく。
作業学習	役割分担するなど，活躍の場を設定し，自信につなげられるようにしていく。

⑪ 指導経過（⑧の指導内容，⑨の指導方法に対する指導経過）			
1学期	ア ・体を動かすことは好きだが，人や物との距離を考えながら行動することには難しさがあった。	イ ・映像から全体の動きをつかむことができた。	ウ ・音楽を聴いた後に，拍ごとに，動きを分割するところまでできた。
2学期	ア ・ゲーム性のある運動は楽しみながら，活動できた。少しずつ，ぶつからないことを意識することができるようになってきた。	イ ・手本映像と，自分の動きの映像を比較しながら，足や手の伸ばし方など，細かいところを意識できるようになってきた。	ウ ・分割した動きを少しずつ長くし，音楽に合わせて動くことができるようになってきた。
3学期	ア ・ボールなど自分の体以外の物のコントロールは少し難しさがあった。	イ ・教員の補足の声がけがなくても，自分でリズムを取りながら動くことができた。	ウ ・周りに人がいることで緊張感もあるが，みんなとリズムを合わせて踊ることを少しずつ意識できるようになった。

⑫－1 自立活動の学習評価（⑤の指導目標に対する学習評価）			◎よくできた ○できた ▲できなかった
	知識・技能	思考・判断・表現	主体的に学習に取り組む態度
年間の評価	○自分の体に対する感覚は，少しずつ身に付けることができてきた。 ▲日常生活の中でも意識できるような声がけが必要である。	○このままではぶつかってしまうなど，考えて行動できる場面が増えてきた。 ▲着替えなど，狭い場所でぶつかることが多いため，場所に合わせた動きについても学ぶ必要がある。	◎意欲的に学習に臨む姿勢が見られた。関わりの中で，プラスの言葉をかけてもらったことで，自信になった。
その他	体を意識して動かす経験を重ねることで，人や物に対する意識ができるようになってきたが，日常生活の中では，衝動性による動きも見られ，今後も指導を継続していく必要がある。		

⑫－2　各教科等の関連評価（⑩の各教科等を通して）	＜関連する教科等のみ記載＞　　◎○▲で評価
国語	言葉での指示を聞き，周囲に注意をはらいながら，安全に移動し，発表をすることができた。
社会	個のスペースが確保されたことで，作業に集中することができた。
数学	◎積極的に計測するなど，自分と友人の違いにも興味をもって学習できた。
理科	▲どうしても気になる生徒に関わりすぎてしまう面があった。
音楽	▲交流学級の生徒との関わりの苦手さからか，距離を取りすぎてしまう場面も見られた。安心して学習に参加できる環境づくりが課題である。 ◎リコーダーなどは興味・関心が高く，家庭でも指使いの練習を行うなど，意欲的である。
美術	◎指示を聞いて，細やかな作業なども丁寧に取り組むことができた。
技術・家庭	◎木材を切ったり，裁縫したりするなど，様々な作業に対して，集中して取り組む姿が見られた。
保健体育	▲交流学級の生徒との関わりの苦手さからか，距離を取りすぎてしまう場面も見られた。安心して学習に参加できる環境づくりが課題である。
外国語	ALTとは緊張のためか離れすぎてしまうことがあったが，ペアでの活動では，適切な距離でやりとりをすることができた。
道徳	▲学習したことと，日常生活が結び付いていない場面が見られた。
総合的な学習の時間	▲交流学級の生徒との関わりの苦手さからか，距離を取りすぎてしまう場面も見られた。安心して活動できる環境づくりが課題である。
特別活動	▲交流学級の生徒との関わりの苦手さからか，距離を取りすぎてしまう場面が見られた。安心して活動できる環境づくりが課題である。
日常生活の指導	○係活動や移動の際に，意識して行動できている様子が見られた。 ▲着替えの際は，狭い場所のためか，ぶつかることが多かった。
生活単元学習	◎折り紙やハサミを用いた活動などを得意としており，仲間に教える場面なども見られた。
作業学習	◎牛乳パックの紙すき作業など，細かい作業にも集中して取り組めた。

⑬　指導計画の作成から実施までの全般的な評価（良い点，改善すべき点，意見など）	
実態把握 指導目標	・生活の様子から，より安全で，安心した生活ができるようにという視点で目標を設定したが，本人も意識しやすい目標になった。
指導内容 指導方法	・体の粗大運動から細やかな動き，そこからソーラン節につなげることができ，学級全体でも教え合いの場を設定することができた。
教科等との関連	・教科担当で目標を共有しながら，同一歩調で進めることができたが，自立活動での学習の様子や見られた成長などについて，情報共有する時間を確保できなかった。
指導経過 学習評価	・本人と話し合いながら，理解度に合わせて指導内容を改善していけるとよい。 ・教科での様子など，記録を取りながら，担任が把握できるようにすることで，普段の声がけなどに活かすことができるし，見直しにもつなげられる。
本人の意見 本人用シート	・自立活動について，目的を話しながら，自分の言葉で考えることができた。 ・自己評価についても，学習状況を本人と確認しながら，自分で記入することができ，より主体的な学びにつなげることができた。
保護者の意見	・家庭での困っていることなど情報を共有して，目標設定できるとよい。 ・学校での様子（見られた成長など）を伝え，家庭でも様子を見守ってもらう。
その他	

⑭　次年度への引継ぎ事項（変更点，要望など）	
担任・担当者へ	・卒業後の姿を本人とイメージしながら，「どんな人になりたいか」を考え，そのためにどんなことをしていったらよいかについて，具体的に話ができると，本人も目標をもちやすいと思います。
本人・保護者へ	・「今できること」「できるようになりたいこと」など，細かいところを整理しながら，頑張りたいことを本人の言葉で確認しておくといいと思います。 ・保護者の方からも，「ここは頑張ってほしい」ということを伝えてもらって，本人と一緒に「どう頑張れそうか」について，考えてほしいと思います。
その他	

自立活動の学習

川西中学校2年　名前　山形　花子

自分の得意なことや苦手なこと，困っていること					
健康について（健康の保持）	自分の気持ちについて（心理的な安定）	人付き合いについて（人間関係の形成）	周りの感じ方について（環境の把握）	体の動かし方について（身体の動き）	友達や他人との会話について（コミュニケーション）
・お手伝いが得意。	・緊張しやすい。 ・交流学級に行くと，少し緊張する。	・小さい子の面倒見るのが好き。 ・友達は多くない。	・よく転んだり，ぶつけたりする。 ・そうじすると集中する。	・体は柔らかい。 ・料理が得意。 ・折り紙とか絵を描くのが得意。	・文を書くのが得意。 ・話すことは苦手。

特に，がんばりたいこと，良くしたいこと，直したいこと					
健康について（健康の保持）	自分の気持ちについて（心理的な安定）	人付き合いについて（人間関係の形成）	周りの感じ方について（環境の把握）	体の動かし方について（身体の動き）	友達や他人との会話について（コミュニケーション）
・体を動かしてやせたい。	・交流学級の授業も頑張る。	・あいさつができるようにする。	・人や物にぶつからないようにしたい。	・ダンスが踊れるようになりたい。	・いろんな人と話せるようにする。

1年間の目標	
知識及び技能	①ぶつからないように行動する。
思考力，判断力，表現力等	②体をうまく動かせるように，運動の練習をする。
学びに向かう力，人間性等	③友達と一緒に，楽しく活動できるようにする。

学習内容学習方法	・体をうまく動かせるように，いろんな動きをやりながらがんばりたい。 ・ソーラン節の見本を見て，みんなと合わせて踊れるようにする。

	学期	◎とてもよくできた　　〇できた　　▲できなかった		
ふり返り	1学期	① ▲すぐにぶつかってしまうことが多かった。	② 〇できなかったことは一人でも練習したりするようになった。	③ ◎友達に優しく声をかけることができた。
	2学期	① 〇教室で転んだりすることが減ってきて，ケガしないようになった。	② 〇ソーラン節が少し難しいけど，がんばれた。	③ ◎友達にアドバイスしたりできた。楽しく活動できた。
	3学期	① 〇▲着替えるときにちょっとぶつかってしまうので，周りを見て気をつけるようにしたい。	② 〇▲ラケットとかボールを使った運動は簡単だったけど，強さを変えたりすることは難しかった。	③ 〇交流学級の人とソーラン節をするときは，少し緊張したけど，頑張った。
	その他			

指導案 19 自立活動（特別支援学校）

▶学習指導要領に対応した知的障害児への授業改善の視点

　授業改善の視点は，これまでの「教員が作成した指導計画を基に設定した学習」から，「生徒自身が本人用の自立活動の個別の指導計画を作成し，自分の課題に取り組む学習」へと転換した点です。この授業案では，本人用の個別の指導計画を作成した後，授業後に毎時間，自分の状況や課題について振り返り，加筆修正しながら普段の生活や将来の自立に向けて主体的な姿や学びとなるように考えました。

特別支援学校高等部（知的障害）自立活動　学習指導案

　　　　日　時：令和3年12月3日（金）第1時限
　　　　対　象：高等部第3学年3名（男子2名，女子1名）
　　　　場　所：学習室
　　　　指導者：志鎌知弘

1．本時の指導に関わる生徒の実態

（抜粋：プロフィール，個別の指導計画①～③）

生徒	実態（学習上または生活上の困難や指導に生かす強み）
A 3年	知的発達症，自閉スペクトラム症　　　　　　　　　　　　　　　　　　　　　　田中ビネー（IQ=44） ・手洗いやはみがきなど水を使う活動に関して，同じことを繰り返すため時間が掛かり，時計を持っていても時間に遅れることが多い。 ・洗顔や手洗いの回数が多いことを理解している。時間を意識すると繰り返す回数が減ることがある。
B 3年	知的発達症，自閉症　　　　　　　　　　　　　　　　　　　　　　WISC-Ⅳ（FSIQ=40未満） ・思ったことを率直に表現することや言葉遣いの未熟さから，相手に対して失礼な言動をしてしまうことがある。 ・互いに気持ちよくやり取りできる言い方などを考えながら実践している。
C 3年	知的発達症，自閉的傾向　　　　　　　　　　　　　　　　　　　　　　　　　　田中ビネー（IQ=47） ・間違いを指摘されたり，失敗したりすると，大声で返事したり，特定のフレーズを繰り返したりして不安定になることがある。 ・独り言を言うことが多く，時折声が大きくなるが，言葉掛けを受けると自分で気を付けることができる。

2．対象生徒の自立活動の目標

（抜粋：個別の指導計画⑤）

生徒	観　点	自立活動の目標
A 3年	知識及び技能	様々な場面で，友達と気持ちよく関わるための言動を理解することができる。
	思考力，判断力，表現力等	場面や状況に応じて，どのような言動をとればよいか考えたり，自分の言動を振り返ったりしながら友達と関わることができる。
	学びに向かう力，人間性等	言動に気を付けながら，友達と関わろうとすることができる。

B 3 年	知識及び技能	伝え方と表情によって，相手の受け取り方が異なることを知ることができる。
	思考力，判断力，表現力等	相手の気持ちを考えながら，伝え方と表情を判断し，友達や教員と穏やかにやり取りすることができる。
	学びに向かう力，人間性等	自分の言動やそのときの表情を振り返りながら，伝え方に気を付けようとすることができる。
C 3 年	知識及び技能	どのようなときに自分の気持ちが落ち着かない状態になるのかを理解することができる。
	思考力，判断力，表現力等	気持ちが落ち着かないときにどうすればよいかを考えて行動することができる。
	学びに向かう力，人間性等	自分の気持ちを整えることができた達成感を得ながら，落ち着いて活動を続けようとすることができる。

3. 具体的な指導内容

（抜粋：個別の指導計画⑧）

生徒	具体的な指導内容【6区分27項目】
A 3 年	ア－2（10時間） 自分に合った落ち着く方法を複数考えることができる。【心－(1)】
B 3 年	イ－1（10時間） 言葉や身振りなどで，自分の意思や気持ちを相手に適切な方法で伝えることができる。【コ－(4)】
C 3 年	ウ－1（10時間） 相手と関わって活動し，自分の感情に気付いて活動の幅を広げることができる。【人－(4)】

4. 合理的配慮

＊抜粋：プロフィール「合理的配慮」

生徒	合理的配慮（観点）
A 3 年	・障害の特性に応じて，時計を見えやすいところに置いて時間を意識しやすいようにする。（①－1－1）
B 3 年	・障害の特性に応じて，情報を得られやすいよう，個別に文字化したり，動画や写真を活用したりするなど視覚支援を活用する。（①－2－1）
C 3 年	・学習中の心理状態により，指導内容を柔軟に調整する。（①－1－2）

5. 本時の指導

(1) 本時の個人目標

（「2　対象生徒の自立活動の目標」及び「3　具体的な指導内容」より設定）

生徒	時数	観　点	本時の個人目標
A 3 年	60／70	学びに向かう力，人間性等	・卒業時を意識して，自分の予想と異なることがあったときに，いくつかの落ち着く方法を考えられる。
B 3 年	60／70	思考力，判断力，表現力等	・卒業時を意識して，自分の意思や気持ちを相手に丁寧な言葉遣いで伝えられるようになる。
C 3 年	60／70	知識及び技能	・卒業後の姿をイメージして，相手と関わりながら，自分の感情に気付く。

(2) 本時の学習活動（50分）

時間 （分）	学習活動（○），教員の支援（・），及び配慮（＊）		
	A3年	B3年	C3年
導入 （5分）	○本時の学習を知る。 ・ホワイトボードに本時の学習内容等を書いて確認する。 <本日の学習> ・目指す社会人，やり取り（友達） <めあて> ・気持ちが不安定になったときの落ち着く方法を考えよう	<本日の学習> ・目指す社会人，やり取り（友達） <めあて> ・社会人として丁寧な言葉遣いで話そう	<本日の学習> ・目指す社会人，やり取り（教員） <めあて> ・自分のいろいろな気持ちに気付こう
展開① （10分）	○卒業後の生活をイメージして，どのような自分でありたいかや課題を考えて書く。 ・本人用の個別の指導計画を提示し，加筆するようにする。		
展開② （15分）	○落ち着く方法を考え，まとめて，ロールプレイをする。 ・表を活用して，より多く考えられるようにする。 ＊友達のアイディアを伝えて，他者の意見を受け入れることができるようにする。 ・実際の場面を想定し，ロールプレイをできるようにする。 ＊具体的な場面を設定し，生徒が実感をもって考えることができるようにする。	○どのようなときに言葉遣いが乱れるのかを考える。 ・実際の場面を想定し，ロールプレイをすることができるようにする。 ・本人の言葉で気付くように教員が言い直したり動画を撮ったりする。 ＊具体的な場面を設定し，生徒が実感をもって考えることができるようにする。	○様々な場面を想定して，そのときの自分の気持ちを考える。 ・本人に身近な場面を想定する。 ・実際の場面を想定し，ロールプレイをできるようにする。 ＊個別に書いたり，イラストを使ったりし，分かりやすくする。
展開③ （15分）	○どの方法が自分に合っているか考える。 ・表に○や△などを付けて考えられるようにする。 ・日常生活で活用できるようにノートに貼ってまとめ，必要に応じて振り返るように促す。	○どのような言葉遣いをしたらよいかまとめる。 ・表にして考え，○や△を付けて考えられるようにする。 ＊撮影した動画を活用し，実際の言葉遣いを振り返られるようにする。	○様々な感情の対処法を考える。 ・表にして考え，○や△を付けたり，簡単な言葉でまとめたりできるようにする。 ＊学習中の心理状態により，指導内容を柔軟に調整する。
終末 （5分）	○本時を振り返る。 ・本人用の個別の指導計画にファイリングして，できたことを確かめる。		

(3) 場の設定・準備物

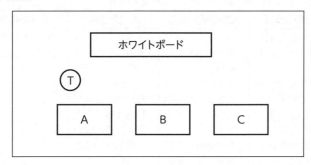

【自立活動の個別の指導計画】

名　前	A3（山形太郎）	性別	男	学部学年組	高等部 3 年
障害名等	知的障害，自閉症（県立こども医療センター・西川 Dr. 6 歳 6 か月時） 小学校 1 年生より知的障害特別支援学級在籍，高等部 1 年生より特別支援学校在籍				
検査結果 手帳取得	WISC-Ⅳ　FSIQ45（中学校 2 年時） 田中ビネー IQ44，MA6:4，CA61（中学校 1 年時） 療育手帳 B 取得（中学校 1 年時）				
指導期間	令和 3 年 5 月〜令和 4 年 3 月 （1 年間）	指導時数		特設：年間 70 時間	
指導場所	教室，学習室他	指導者		担任（志鎌知弘教諭）	
関係者等	相談支援事業所，放課後等デイサービス				
合理的配慮 （観点）	・障害の特性に応じて，時計を見えやすいところに置いて時間を意識しやすいようにする。（①-1-1） ・学習中の心理状態により，指導内容を柔軟に調整する。（①-1-2）				

---

①　障害の状態，発達や経験の程度，興味・関心，学習や生活の中で見られる長所やよさ，課題等について情報収集

・肥満であり，食事の管理について意識が低い。
・自分で清潔を保てるが，トイレや入浴，歯磨き，洗顔に時間が掛かる。
・手洗いに時間が掛かる傾向がある。
・トイレに行く頻度が多い。（水分補給を多く行ったとき）
・洗顔や手洗いの回数が多いことを理解している。時間を意識すると繰り返す回数が減ることがある。
・ゆっくり丁寧に話すと理解しやすい。
・イライラしているときは，返事の声が大きくなりやすい。
・相手からの質問に対して，質問の意図と異なる返答をすることがある。
・苦手なことは自分から断ることができる。
・ダンスでは，大まかにまねてダイナミックに踊ることができる。
・時間ぎりぎりで行動することが多く，焦りながら移動することがある。
・体が硬く，体を前後左右に反らせることが難しい。
・一方的な話が多いが，仲間との受け答えができる。
・個別に話し掛けられていない場合，相手の方を見ずに話を聞いていないときがある。
・その場にいる人たちにとって不快になる話題を持ち出すことがある。
・時折，大きい声で返事をしたり，言葉遣いが乱れたりすることがある。

②－1　収集した情報（①）を自立活動の区分に即して整理する段階					
健康の保持	心理的な安定	人間関係の形成	環境の把握	身体の動き	コミュニケーション
・肥満であり，食事の管理について意識が低い。 ・自分で清潔を保てるが，トイレや入浴，歯磨き，洗顔に時間が掛かる。	・手洗いに時間が掛かる傾向がある。 ・トイレに行く頻度が多い。（水分補給を多く行ったとき） ・洗顔や手洗いの回数が多いことを理解している。時間を意識すると洗顔や手洗いをする回数が減ることがある。	・ゆっくり丁寧に話すと理解しやすい。 ・イライラしているときは，返事の声が大きくなりやすい。 ・相手からの質問に対して，質問の意図と異なる返答をすることがある。 ・苦手なことは，自分から断ることができる。 ・全体指示で動けないことがある。	・ダンスでは，大まかにまねてダイナミックに踊ることができる。 ・時間ぎりぎりで行動することが多く，焦りながら移動することがある。	・体が硬く，体を前後左右に反らせることが難しい。	・一方的な話が多いが，仲間との受け答えができる。 ・個別に話し掛けられていない場合，相手の方を見ずに話を聞いていないときがある。 ・不快な話題を持ち出すことがある。 ・時折，大きい声で返事をしたり，言葉遣いが乱れたりすることがある。

②－2　収集した情報（①）を学習上又は生活上の困難や，これまでの学習状況の視点から整理する段階

・手洗いやはみがきなど水を使う活動に関して，同じことを繰り返すため時間が掛かり，時計を持っていても時間に遅れることが多い。（心，環）
・遅れたときに，言い訳をすることがあり，素直に報告したり謝ったりできないことがある。（人，コ）
・時間のことや，手洗いのことなどで指摘を受けると，声が大きくなったりため息をついたりすることがある。（心，人，コ）
・集団でいるときに，話を聞いていないことがある。また，急に話し掛けたり一方的だったりすることがある。（環，コ）

②－3　収集した情報（①）を卒業後の姿の観点から整理する段階

・時間を意識し，余裕をもって行動する。（心，環）
・状況に応じた声の大きさや言葉遣いに気を付けて話す。（心，人，コ）
・相手や場に応じたかかわり方を行う。（環，人，コ）
・相手の方を向いて話を聞く。（環，人）

③　①をもとに②－1，②－2，②－3で整理した情報から課題を抽出する段階

・水を使う活動に対して同じことを繰り返し，時間が掛かる。（心）
・時計を持っていても，遅れたりギリギリの行動になったりしがちで，余裕をもった行動が難しい。（環）
・時間に遅れたときに，報告をしなかったり言い訳をしたりすることが多い。（コ）
・自分にとって都合の悪い指摘を受けると，声が大きくなったりため息をついたりする。（心）
・集団や友達とのかかわりで，場に適さないかかわりをすることがある。（人）

④　③で整理した課題同士がどのように関連しているかを整理し，中心的な課題を導き出す段階

　　水に対するこだわりがあり，活動終了の時間になったことが分かっていても洗顔や手洗い等の同じ行為を繰り返し，時間にギリギリになったり間に合わなかったりすることある。そのため，水へのこだわりを軽減する，また，時間を意識して気持ちを切り替えることができるようになることで，時間に余裕をもって行動することができるようになるのではないかと考えられる。

　　自分にとって都合の悪いことがあると，そのままにしていたり声が大きくなったりするなど，不適切な行動や気持ちの不安定さが見られる。適切な人間関係の形成につなげたり，落ち着いた行動がとれるようになったりすることで，適切な行動を身に付けられるようになると考える。

　　集団で話を聞き漏らしたり，急に特定の人に話し掛けたりすることがある。必要なことに対して集中して話を聞いたりその場の状況が分かったりすることで，社会性が高められると考える。

課題同士の関係を整理する中で今指導すべき指導目標として	⑤　④に基づき設定した指導目標を記す段階	
	知識及び技能	・様々な場面で，友達と気持ちよく関わるための言動が分かる。
	思考力，判断力，表現力等	・場面や状況に応じて，どのような言動をとればよいか考えたり，自分の言動を振り返ったりしながら友達と関わる。
	学びに向かう力，人間性等	・言動に気を付けながら，友達と関わろうとする。

指導目標を達成するために必要な項目の選定	⑥　⑤を達成するために必要な項目を選定する段階					
	健康の保持	心理的な安定	人間関係の形成	環境の把握	身体の動き	コミュニケーション
		(2) 状況の理解と変化への対応に関すること。 (3) 障害による学習上又は生活上の困難を改善・克服する意欲に関すること。	(1) 他者とのかかわりの基礎 (2) 他者の意図や感情の理解に関すること。 (3) 自己の理解と行動の調整	(5) 認知や行動の手掛かりとなる概念の形成		(5) 状況に応じたコミュニケーション

⑦　項目と項目を関連付ける際のポイント
・＜友達と気持ちよく関わる言動が分かるように＞（人）（1）（2）と（環）（5）と（コ）（5）を関連付けて設定した具体的な内容が⑧アである。 ・＜自分の言動を調整したり振り返ったりできるように＞（心）（2）と（人）（3）と（コ）（5）を関連付けて設定した具体的な内容が⑧イである。 ・＜言動に気を付けて関わることができるように＞（心）（3）と（人）（3）と（コ）（5）を関連付けて設定した具体的な内容が⑧ウである。

選定した項目を関連付けて具体的な指導内容を設定 （計70時間）	⑧　具体的な指導内容を設定する段階		
	ア	イ	ウ
	ア－1（10時間） 　言葉や表情などからいろいろな気持ちがあることが分かるようになる。 ア－2（10時間） 　相手の言葉や表情などから，どのような気持ちか分かるようになる。 ア－3（10時間） 　友達と気持ちよく関わる言動が分かるようになる。	イ－1（10時間） 　相手とのやり取りから，自分の気持ちについて気付くようになる。 イ－2（10時間） 　自分の言動を振り返って，言動を調整するやり方に気付くようになる。	ウ－1（10時間） 　相手のことを意識して関わろうとする。 ウ－2（10時間） 　相手と気持ちよく関わろうと，言動に気を付けて関わろうとする。

指導内容について具体的に指導方法を設定	⑨ ⑧を実施するために具体的な指導方法（段階，教材・教具の工夫，配慮など）を設定する段階		
	ア	イ	ウ
	ア-1 ・快や不快な気持ちなどについて，視覚や聴覚の情報を活用する。 ア-2 ・相手のどのような言動から，気持ちが分かるかやり取りする。 ア-3 ・相手とやり取りするときに，顔を見るなどどのようにするとよいか，気付けるようにやり取りする。	イ-1 ・自分の気持ちについて，これまでの体験などを基にして，気付くように促す。 イ-2 ・特に不快な気持ちについては，体のどのあたりが熱く感じるかに気付くようにし，調整するやり方を自分で考えられるように促す。	ウ-1 ・具体的な場面を設定して，相手を意識したかかわりができるようにする。 ・安心できる雰囲気の中でコミュニケーションがとれるよう，環境を設定する。 ウ-2 ・徐々に関わる相手を広げていくようにする。

⑩ 各教科等との関連（指導場面，指導内容，指導方法）を設定する段階＜関連する教科等のみ記載＞	
国語	授業中の発言の仕方について，はじめに確認をしておく。 文字とイラストなどを活用して，意味が分かるように伝える。
社会	
数学	授業中の発言の仕方について，はじめに確認をしておく。 問題を間違えたときの言動について，あらかじめ伝えておく。
理科	
音楽	ペアでの活動を設定して，相手を意識して活動できるようにする。
美術	
保健体育	ペアでの活動を設定して，相手を意識して活動できるようにする。 相手の気持ちを教員が言葉で代弁する。
職業	
家庭	
外国語	
情報	
道徳	気持ちについて扱う題材のときに，どのような気持ちか確認をする。
総合的な探究の時間	交流の活動で，他校の生徒と気持ちよく関わるためにはどうするとよいか探究できるようにする。
特別活動	生徒会の活動で，相手のことを意識できるような活動を検討する。
その他 （　　）	
日常生活の指導	相手が気持ちよいと感じる挨拶などについて扱う。
生活単元学習	ペアやグループでの活動を設定し，友達と気持ちよく関わるようにする。
作業学習	協力して製品を作ったり，感想を伝え合ったりして，相手を意識できるようにする。

⑪ 指導経過（⑧の指導内容，⑨の指導方法に対する指導経過）			
1学期	**ア** ・気持ちについて，「うれしい」「楽しい」「かなしい」程度の感情の理解であった。	**イ** ・自分の気持ちを，快の気持ちで表すことが多く，不快については表すことがなかった。	**ウ** ・授業中でも，気になることがあると友達に話し掛けることがあった。
2学期	**ア** ・表情や身振りから相手の気持ちを読み取ることができるようになってきた。	**イ** ・間違いを指摘されたときに「間違えて嫌だった。」と言葉で表すことができるようになった。	**ウ** ・相手に嫌なことを言ってしまった直後に，「今のはダメだった」と気付くようになった。
3学期	**ア** ・相手の顔を見てやり取りをすることができるようになった。	**イ** ・不快なときに，胸のあたりを抑えて深呼吸するなど，対処できるようになった。	**ウ** ・他校の交流相手とも，気持ちよくやり取りできるようになった。

⑫-1 自立活動の学習評価（⑤の指導目標に対する学習評価） ◎よくできた ○できた ▲できなかった			
	知識・技能	思考・判断・表現	主体的に学習に取り組む態度
年間の評価	◎いろいろな感情について理解し，様々な場面で友達と気持ちよく関わるようになった。 ▲体験がつながらない感情については，適切でない言動をすることがある。	◎自分の言動を振り返って，次回どのようにすればよいか考えながら相手と関わるようになった。 ▲気になることがあると，突発的に話し掛けてしまうことがあった。	◎相手のことを意識しながら，顔を見て話したり，話す内容に気を付けたりしながら関わるようになった。 ○自分の話題になることがあるが，自然な流れで会話できるようになってきた。
その他			

⑫-2 各教科等の関連評価（⑩の各教科等を通して）　＜関連する教科等のみ記載＞　◎○▲で評価	
国語	○その言葉の意味が分かると適切な言動につながった。
社会	
数学	◎間違いを指摘されても，すぐに否定せずに直すことができるようになった。
理科	
音楽	○ペアの生徒に合わせて楽器を演奏できるようになった。
美術	
保健体育	◎ペアの生徒に優しい力加減でボールを投げることができるようになった。 ▲ランニングなど苦手な活動のときは気持ちが荒々しくなることがあった。
職業	
家庭	
外国語	
情報	
道徳	◎登場人物の気持ちを汲み取った発言ができるようになった。

総合的な探究の時間	○交流活動で，他校の生徒に対してあらかじめ質問を考えて，タイミングを合わせて会話ができた。
特別活動	◎生徒会活動で，朝の挨拶運動を考え，登校する生徒に対して，笑顔で元気よく挨拶した。
その他（　　）	
日常生活の指導	◎登校時に会う教員だけでなく，すれ違う生徒に対しも，自分から挨拶をすることができるようになった。
生活単元学習	○友達の希望も取り入れながら活動できることが増えた。
作業学習	○相手のペースに合わせて製作したり，相手の頑張りを見付けて伝えたりできるようになってきた。

⑬　指導計画の作成から実施までの全般的な評価（良い点，改善すべき点，意見など）

実態把握指導目標	・気持ちの理解の少なさや，自分や相手の理解の乏しさから，課題となる目標設定に結び付けることができた。
指導内容指導方法	・相手の感情や自分の理解を指導内容として扱ったことで，相手に合わせたり，時間を意識したりするなど自分の行動を改めることもできるようになってきた。
教科等との関連	・間違えたとしても，興奮せずに落ち着いて直すことができるようになった。 ・相手のことを考えて行動することが多く見られるようになった。
指導経過学習評価	・本人と話し合いながら，理解度に合わせて指導内容を改善していけるとよい。 ・本人の自己評価を取り入れて，目標や内容を見直しながら評価を検討していけるとよい。
本人の意見本人用シート	・自立活動の時間に，教科等での出来事を振り返りながら，指導や学習内容の改善につなげることができた。 ・自己評価のしやすさについては，日々見直しながら分かりやすく検討していけるとよい。
保護者の意見	・家庭で活用できることを伝えることができた。 ・保護者の困りにも共有しながら，今後の計画を検討できるとよい。
その他	

⑭　次年度への引継ぎ事項（変更点，要望など）

担任・担当者へ	・卒業後，生徒がどのような社会人になりたいかを意識できるようにすると，苦手さを本人も理解して，改善していこうと意欲的に学習するようになると考えます。
本人・保護者へ	・得意なところと苦手なところを理解してよりよい社会人になってほしいです。 ・家やいろいろな場面でもさらにできるようになってほしいと思います。
その他	

私が考える自立活動の個別の指導計画

名前　　A3年

こんな自分をめざしたい（目標）

- 卒業したら、しっかりした仕事をしたい。
- お金をもらって欲しいものを買いたい。
  そのために、ルールを守る。断ってから行動する。

自分の得意なことや苦手なこと、困っていること、できること、していること

健康について	自分の気持ちについて	入付き合いについて	周りの感じ方について	体の動きについて	コミュニケーションについて
（健康の保持）	（心理的な安定）	（人間関係の形成）	（環境の把握）	（身体の動き）	（コミュニケーション）
・早起きが得意 ・レバーが苦手 ・健康、痩せたい	・緊張しやすい ・ひょうきんな性格 ・修学旅行のことを考えると心配 ・ついイライラしてしまう	・友達とよく話をしている	・PC、スマホが欲しい ・ゲームをしたい ・視力は良い ・耳は聞こえる ・数学の大きい数が得意 ・英語が苦手、ローマ字も	・疲れたら歩いてしまう ・和式トイレを使える ・背中はタオルで洗える	・書くことが得意 ・話すのが得意 ・言葉遣いに気をつけている

学習内容①
- 体力をつける。
- 健康な体つくりをする。
  （体重増加に注意）

学習内容②
- ローマ字入力ができる。
- 言葉や数の学習でスキルアップする。

学習内容③
- 気持ちの理解をする。
  （イライラ状態が分かる）
- イライラしても落ち着く。
  （返事の声は小さく）
- いろいろな人と話をする。

学習の場①：保健・体育、総合、ランタイム

学習の場②：国語、数学、生単など

学習の場③：ホームルーム、休み時間などいつも

ふり返り①
- 体重がへりました。
- ランタイムで走るようになりました。

ふり返り②
- PCでローマ字を少し打てるようになりました。
- 漢字や計算ができるようになりました。

ふり返り③
- 自分のいろいろな気持ちが分かりました。
- 短い時間で落ち着くことができるようになりました。
- 言葉遣いに気を付けて話ができました。

文　献

【第 1 章】

文部省 (1963)『養護学校小学部・中学部学習指導要領　精神薄弱教育編』.

文部省 (1966)『養護学校小学部・中学部学習指導要領　－精神薄弱教育編解説－』.

文部省 (1971)『養護学校（精神薄弱教育）小学部・中学部学習指導要領』.

文部省 (1979)『盲学校，聾学校及び養護学校小学部・中学部学習指導要領』.

文部省 (1989)『盲学校，聾学校及び養護学校小学部・中学部学習指導要領』.

文部省 (1991)『特殊教育諸学校小学部・中学部学習指導要領解説　－養護学校（精神薄弱教育）編－』.

文部省 (1999)『盲学校，聾学校及び養護学校小学部・中学部学習指導要領』.

文部科学省 (2009)『特別支援学校幼稚部教育要領　特別支援学校小学部・中学部学習指導要領　特別支援学校高等部学習指導要領』.

文部科学省 (2009)『特別支援学校学習指導要領解説』.

文部科学省初等中等教育局特別支援教育課 (2015)『教育支援資料』.

文部科学省 (2017)『特別支援学校幼稚部教育要領　特別支援学校小学部・中学部学習指導要領』.

文部科学省 (2018)『特別支援学校教育要領・学習指導要領解説　自立活動編（幼稚部・小学部・中学部）』.

渡邉健治編 (2014)『知的障害教育における学力問題　－「学ぶ力」「学んでいる力」「学んだ力」－』，ジアース教育新社.

渡邉健治編 (2017)『知的障害教育における生きる力と学力形成のための教科指導』，ジアース教育新社.

【第 2 章】

木村宣孝監修・小塩允護・徳永豊・佐藤克敏・小澤至賢・涌井恵・齊藤宇開・内田俊行・竹林地毅 (2006)『生活単元学習を実践する教師のためのガイドブック　－「これまで」，そして「これから」－』，国立特殊教育総合研究所.

国立特別支援教育総合研究所 (2015)『特別支援教育の基礎・基本　－共生社会の形成に向けたインクルーシブ教育システムの構築－』，ジアース教育新社.

進藤拓歩・今野和夫 (2013)「知的障害特別支援学校における遊びの指導　－学習指導要領解説の遊びの指導に関する記述の分析－」，秋田大学教育文化学部教育実践研究紀要，第 35 号，69-78.

田淵健・佐々木全・東信之・名古屋恒彦・最上一郎 (2020)「知的障害特別支援学校における育成を目指す資質・能力と各教科を合わせた指導の関連　－授業づくりの要領の探求として－」，岩手大学大学院教育学研究科年報，第 4 巻，213-222.

丹野哲也 (2018)「知的障害のある児童生徒のための各教科等の今後の展開」特別支援教育研究，AUGUST，24-27.

名古屋恒彦 (2016)『わかる！できる！各教科を合わせた指導　－どの子も本気になれる特別支援教育の授業づくり－』，教育出版.

名古屋恒彦 (2017)「各教科等を合わせた指導の魅力　－本物の生活を子供主体に－」，全日本特別支援教育研究連盟編集『特別支援教育研究』，No.717，東洋館出版社，2-5.

名古屋恒彦 (2020)「教科別の指導と各教科等を合わせた指導を関連付けた視点からの授業づくり」特別支援教育研究，No.756，9-11，東洋館出版社.

野崎美保・栗林睦美・和田充紀 (2018)「知的障害特別支援学校に求められる教育課程編成の視点の検討」富山大学人間発達科学部紀要，第 13 巻第 2 号，319-333.

細川かおり・橋本創一・李受眞・山口遼・渡邉貴裕・尾高邦生・熊谷亮・杉岡千宏・霜田浩信 (2021)「知的障害特別支援学校のカリキュラムと教科等を合わせた指導に関する調査研究」，千葉大学教育学部研究紀要，第 69 巻，57-63.

文部科学省 (2018)『特別支援学校学習指導要領解説　各教科等編（小学部・中学部）』.

【第 3 章】

岡部直樹・和田茉莉子 (2021)「教科等を合わせた指導から教科別の指導への教育課程の転換－障害の重い児童生徒の教科指導とアドバイザー派遣－」月刊『実践障害児教育』，1 月号，40-43，学研みらい.

仁村裕美子・三浦光哉 (2020)「教科等を合わせた指導から教科別の指導への教育課程の転換－学習指導要領に基づく教育課程の見直し－」月刊『実践障害児教育』，12 月号，36-39，学研みらい.

文部科学省初等中等教育局特別支援教育課 (2020)『特別支援教育資料』，「特別支援学級の設置率」.

文部科学省 (2020)『新しい時代の特別支援教育の在り方に関する有識者会議報告』，「管理職のリーダーシップの重要性」.

文部科学省 (2015)『これからの学校教育を担う教員の資質能力の向上について』，「教員は学校で育つ」.

文部科学省 (2007)『特別支援教育の推進について』，文部科学省初等中等教育局長通知.

【第 5 章】

三浦光哉編 (2020)『本人参画型の「自立活動の個別の指導計画」』，ジアース教育新社.

文部科学省 (2018)『特別支援学校教育要領・学習指導要領解説　自立活動編（幼稚部・小学部・中学部）』.

おわりに

　本書は，知的障害教育について学習指導要領との関連を意識しながら，以前から実施されてきた「各教科等を合わせた指導」を踏まえながら，今後の「教科別の指導」への転換を模索し提案したものです。加えて，後半からは，実際に子供たちの指導にあたる現場の先生方の日々の指導におけるヒントになるような，新学習指導要領に対応した学習指導案の実践19を事例にまとめました。ここに取り上げた事例は，各教科を網羅していることはもちろんのこと，対象となる児童生徒の実態も多岐にわたっています。

　学習指導案は，授業を構想する際の設計図であることに加え，授業を行う際の進行表となったり，授業や学習指導の記録や次への構想の準備となったりするものです。この学習指導案には，単元目標，指導上の留意点，評価の観点など，学習指導を進める上で考えるべき重要な内容が含まれています。より良い授業を行って子供たちのより良い学びを引き出すためには，より良い学習指導案を構想して授業実践に取り組むことが重要であると考えます。そして，そのためには，子供の障害特性を含めた実態や現在の学習状況，得意や不得意，認知の特性などを把握することが必要不可欠です。

　しかし一方で，より良い学習指導案を構想することができたからといって，必ずしも素晴らしい授業ができるとは限りません。つまり，指導者がより良い授業を行うためには，子供たちに身に付けてほしい力に対して，どれだけ子供たちの実態に合わせた指導内容と留意点を考え，学習指導を行うための見通しを教員自身の中に描き，それを学習指導案として具現化できるかが重要なポイントとなります。

　現在，学習指導案には統一した書式というものはなく，多くがそれぞれの都道府県教育センター等や各学校学級で独自に作成されているものです。本書で紹介した学習指導案の実践事例は，その一部です。今後，学習指導案の検討がなされ，より良いものにブラッシュアップされていくことを期待します。

　最後に，ご多忙の日々に加え，このコロナ禍における不安定な社会情勢の中において，本書のために理論や実践について執筆していただいた先生方に感謝申し上げます。本書が特別支援学校の先生方のみならず，特別支援教育に関わる多くの先生方の手に届き，末永くご愛読していただければ幸いです。さらには，本書が日々取り組まれている授業実践の一助になり，未来ある子供たちのための教育実践に還元されることを切に願っております。

2021（令和3）年10月29日

岩松　雅文

執筆者一覧

三浦　光哉　　（前掲）第1章第1節～第2節，第2章第4節，第3章第1節～第3節，
　　　　　　　第5章第1節～第3節

川村　修弘　　（前掲）第1章第3節，第2章第4節

岩松　雅文　　（前掲）第2章第1節～第4節，第4章学習指導案9　保健体育科

山口　純枝　　（名古屋市立西養護学校校長）第3章第4節

髙久　清子　　（山形県立新庄養護学校教務主任）第3章第5節

濱田　尚人　　（名古屋市立宝南小学校校長）第3章第6節

岡部　　芳　　（名古屋市立旭出小学校教諭）第3章第7節

岡部　直樹　　（名古屋市教育委員会指導部指導室主事）第3章第8節

仁村裕美子　　（名古屋市立西養護学校教諭）第4章学習指導案1　生活科

森　　浩隆　　（名古屋市教育センター特別支援教育室室長）第4章学習指導案2　国語科

伊藤　優里　　（山形県立新庄養護学校教諭）第4章学習指導案3　社会科

岡村　瑞季　　（山形県立新庄養護学校教諭）第4章学習指導案3　社会科

和田茉莉子　　（名古屋市立南養護学校教諭）第4章学習指導案4　算数科

武田　豊己　　（山形大学附属特別支援学校教諭）第4章学習指導案5　数学科

加藤　隆紳　　（名古屋市立天白養護学校教諭）第4章学習指導案6　理科

瀧田香世子　　（名古屋市立南養護学校教諭）第4章学習指導案7　音楽科

西川　　崇　　（長崎大学教育学部附属特別支援学校主幹教諭）第4章学習指導案8　図画工作科

白井　暑士　　（名古屋市立守山養護学校教諭）第4章学習指導案10　職業科

安岡　知美　　（高知大学教育学部附属特別支援学校教諭）第4章学習指導案11　家庭科

山口真由美　　（名古屋市立西養護学校教諭）第4章学習指導案12　外国語科

伊藤那津子　　（山形大学附属特別支援学校教諭）第4章学習指導案13　道徳科

柴田雄一郎　　（山形大学附属特別支援学校教諭）第4章学習指導案14　日常生活の指導

舩山美貴子　　（山形大学附属特別支援学校教諭）第4章学習指導案14　日常生活の指導

辻　　洋子　　（北海道教育大学附属特別支援学校教諭）第4章学習指導案15　遊びの指導

加藤　平恵　　（山形大学附属特別支援学校教諭）第4章学習指導案16　生活単元学習

千明亜由美　　（高知大学教育学部附属特別支援学校教諭）第4章学習指導案17　作業学習

佐貝　賀子　　（山形県川西町立川西中学校教諭）第5章学習指導案18　自立活動（特別支援学級）

志鎌　知弘　　（山形大学附属特別支援学校教諭）第5章学習指導案19　自立活動（特別支援学校）

中谷　　誠　　（名古屋市教育委員会指導部主幹）コラム1

山田　浩貴　　（名古屋市教育委員会指導部指導室指導主事）コラム2

阿部　達也　　（名古屋市教育委員会指導部指導室主査＜特別支援教育の推進担当＞）コラム3

岡部　　啓　　（名古屋市教育委員会指導部指導室主任指導主事）コラム4

城間　政次　　（沖縄県立美咲特別支援学校校長）コラム5

（令和2年度）

監修者・編著者紹介 ─────────────────────────

三浦　光哉 （みうら・こうや）

　山形大学教職大学院教授　兼任　山形大学特別支援教育臨床科学研究所所長。東北大学大学院教育学研究科博士課程後期満期退学。宮城県公立小学校教諭，宮城教育大学附属養護学校教諭，宮城教育大学非常勤講師，山形大学教育学部助教授・同教授を経て現職。名古屋市特別支援学校の在り方検討委員会座長，名古屋市特別支援学校運営アドバイザー，山形県発達障がい者支援施策推進委員会委員などを歴任。特別支援教育士 SV，学校心理士 SV。

　主な編著書に，『本人参画型の自立活動の個別の指導計画』(2020)，『特別支援教育のステップアップ指導方法 100』(2019)，『特別支援学級のための学級経営サポート Q&A』(2018)，『知的障害・発達障害の教材・教具117』(2016)（いずれもジアース教育新社）など多数。

岩松　雅文 （いわまつ・まさふみ）

　宇都宮大学共同教育学部附属特別支援学校教諭，同校研究副主任。山形大学大学院教育学研究科修了。

　主な論文に，「特別支援学校における短距離走の指導効果に関する研究」（特別支援教育実践研究，第 1 号,79-87,2021），「知的障害児に対するチーム支援による肥満改善の効果」（発達障害研究，第 39 巻第 3 号,288-296,2017）など。

川村　修弘 （かわむら・のぶひろ）

　宮城教育大学附属特別支援学校教諭，同校附属校園通級指導教室さぽーとルーム室長。宮崎大学大学院教育学研究科修了，東北大学大学院教育学研究科博士課程後期在学。公認心理師。

　主な論文に，「知的障害の可能性のある小 1 男児への時計の読み方指導」（K-ABC アセスメント研究，第 23 巻,31-42,2021），「学習障害の疑いのある小 2 男児への片仮名の読み書き指導」（K-ABC アセスメント研究，第 20 巻,71-82,2018）など。

知的障害教育の
「教科別の指導」と「合わせた指導」

新学習指導要領を踏まえた19の学習指導案

2021 年 12 月 2 日　初版第 1 刷発行
2022 年 6 月 17 日　初版第 2 刷発行

■監修・編著　　三浦 光哉
■編　　著　　岩松 雅文・川村 修弘
■発 行 人　　加藤 勝博
■発 行 所　　株式会社 ジアース教育新社
　　　　　　　〒 101-0054　東京都千代田区神田錦町 1-23　宗保第 2 ビル
　　　　　　　TEL：03-5282-7183　FAX：03-5282-7892
　　　　　　　E-mail：info@kyoikushinsha.co.jp
　　　　　　　URL：https://www.kyoikushinsha.co.jp/

■表紙デザイン・DTP　　土屋図形 株式会社
■印刷・製本　　三美印刷 株式会社
Printed in Japan
ISBN978-4-86371-607-0
定価は表紙に表示してあります。